Berndt Georg Thamm **TERRORZIEL DEUTSCHLAND**

Berndt Georg Thamm

TERRORZIEL DEUTSCHLAND

Strategien der Angreifer –
Szenarien der Abwehr

Rotbuch Verlag

Guten Freunden mit Dank für viele Hilfen –
Karola & Michael und Alexandra & Björn

Dieses Werk wurde vermittelt durch
Aenne Glienke ǀ Agentur für Autoren und Verlage,
www.AenneGlienkeAgentur.de

ISBN 978-3-86789-130-1

1. Auflage
© 2011 by Rotbuch Verlag, Berlin
Umschlaggestaltung: Buchgut, Berlin
Umschlagabbildung: Alimdi
Druck und Bindung: GGP Media GmbH, Pößneck

Ein Verlagsverzeichnis schicken wir Ihnen gern:
Rotbuch Verlag GmbH
Neue Grünstraße 18
10179 Berlin
Tel. 01805/30 99 99
(0,14 Euro/Min., Mobil max. 0,42 Euro/Min.)

www.rotbuch.de

Inhalt

Vorwort

Am 11. September 2001 hatte ich Besuch aus Süddeutschland. Ein Kollege, früher beim Bundesnachrichtendienst, war zum Gedankenaustausch über die Sicherheitslage nach Berlin gekommen. Nur eine Woche zuvor war meine Titelgeschichte »Gotteskrieger tragen Terror nach Europa« in der Zeitschrift *Deutsche Polizei* mit einem drohenden Osama Bin Laden als Titelbild erschienen. Mitten im Gespräch rief der Sohn meines Gastes an. Wir sollten das Fernsehen einschalten.

Die Bilder, die an diesem Tag um die Welt gingen, von militanten Islamisten zu Lenkwaffen umfunktionierte Passagierflugzeuge in tödlicher Mission, haben sich tief in das kollektive Gedächtnis der Menschen gegraben. Und die Dimensionen dieser terroristischen Attacken übertrafen bei weitem jene Gefahren, die ich im Septemberheft der Zeitschrift der Gewerkschaft der Polizei beschrieben hatte. Meinem nachrichtendienstlich erfahrenen Kollegen und mir war bewusst, dass dieses Terrorgeschehen eine sicherheitspolitische Zäsur markieren würde, deren globale Nachhaltigkeit noch in Jahren nicht abzuschätzen sein würde.

Infolge der Anschläge des 9/11 entwickelte sich gerade in zivilen Gesellschaften eine Art »Gespür für die Gefahr«. Es war seinerzeit nicht vorstellbar, dass diese Sensibilität gegenüber der Terrorgefahr verloren gehen könnte; und doch ist dieser Verlust im Lauf der Jahre eingetreten – mehr oder weniger. Dabei konnten in den vergangenen neun Jahren Entwicklungen beobachtet werden, die ganz objektiv betrachtet mehr als bedrohlich sind. Wir werden von einer weltweit agierenden militant islamistischen Bewegung, die ihre Gewaltanwendung religiös begründet, strategisch attackiert. In dieser Tradition steht auch die al-Qaida. Sie führt einen »Heiligen Krieg« *(Djihad)* zur »Durchsetzung der göttlichen Ordnung«, stellt ihre Vorstellung von »Gottesrecht« vor Menschenrecht. Seit den 9/11-Anschlägen haben Djihadisten Tausende sogenannter Märtyrer-Operationen durchgeführt, vornehmlich auf den Djihad-Schauplätzen dieser Welt, so am Golf (seit 2003 im Irak) und mit der Rückkehr der Taliban am Hindukusch (seit 2005 in Afghanistan, seit 2007 in Pakistan). Zigtausende meist unschuldiger Zivilisten wurden Opfer dieser Selbstmordanschläge mittels explosiver Sprengmittel, Zehntausende verwundet oder verstümmelt.

Bis zum heutigen Tag bemühen sich Djihadisten aber auch um die Herstellung oder den Erwerb biologischer und chemischer Kampfstoffe; sie würden diese und selbst eine »schmutzige Bombe« gegen »Ungläubige« und andere »Feinde des Islam« einsetzen. Vor diesem Hintergrund wurde insbesondere in der westlichen Hemisphäre nach dem 9/11 Undenkbares gedacht – und Unvorstellbares Wirklichkeit. So wurde um der Sicherheit willen die Verteidigungsdoktrin um einen nuklearen Präventivschlag (Erstschlagsstrategie) bei konkreter ABC-Bedrohung durch nichtstaatliche und andere Akteure erweitert.

Parallel dazu nahmen Gefahren im Innern durch »hausgemachten« Terrorismus *(home grown terrorism)* zu. Zur Zeit des 9/11 war nicht vorstellbar, dass Jahre später einmal zum Islam konvertierte Deutsche sich so radikalisieren könnten, dass sie ihre eigenen Landsleute im In- und Ausland medial bedrohen und erpressen und mit selbstmörderischen Märtyrer-Einsätzen töten würden. »Deutschland liegt weiterhin im unmittelbaren Zielspektrum terroristischer Gruppierungen. Ungeachtet zahlreicher Festnahmen und Erfolge der Sicherheitsbehörden bei der Vereitelung von Anschlägen bleibt diese Gefährdungslage bestehen. Dass sich daran bald etwas ändert, ist nicht zu erwarten«, so der Präsident des Bundesamts für Verfassungsschutz Heinz Fromm noch im März 2010.

Ein halbes Jahr später begann mit dem September das Jahr zehn nach den 9/11-Anschlägen. Zu dieser Zeit gab es keinerlei Übereinstimmungen mehr zwischen der objektiven Bedrohungslage des Landes und dem subjektiven Bedrohungsgefühl seiner

Bevölkerung. Erst konkrete Terrordrohungen gegen Deutschland im Oktober und November 2010 – sowie sicherheitspolitische Reaktionen darauf – brachten temporär die Sensibilität für diese Gefahren zurück, deren Entstehungsgeschichte in diesem Buch dokumentiert wird. Vor genannten Hintergründen ist es mir ein großes Anliegen, das »Gespür für die Langzeitbedrohung« aufrechtzuerhalten.

Berndt Georg Thamm,
Berlin im Dezember 2010

Die Deutschen sind Feinde Gottes – Eine Einleitung

Im Jahr 2011 erschüttern vier Terroranschläge Deutschland. Am 13. Februar rasen zwei junge Araber mit einem mit Benzinkanistern beladenen Auto in den Eingangsbereich des Frankfurter Flughafens. Ihr Wagen geht in Flammen auf. Die beiden Selbstmordattentäter erliegen noch am Tatort ihren schweren Verbrennungen. Die Tat selbst erinnert an den glücklicherweise gescheiterten Autobombenanschlag zweier Islamisten auf den Flughafen von Glasgow Ende Juni 2007. Zur Märtyrer-Operation in Frankfurt am Main bekennt sich im Internet wenig später die terroristische Bewegung »al-Qaida auf der Arabischen Halbinsel«. Die beiden Attentäter hatten ihre Ausbildung im Jemen bekommen (zu ihrer rund 20-köpfigen Märtyrer-Gruppe hatte übrigens auch ein junger Nigerianer gehört, der mit seinem Flugzeugattentat zu Weihnachten 2009 auf einem Flug von Amsterdam nach Detroit gescheitert war).

Den Tag für ihren Anschlag hatten die zwei Jemeniten mit Bedacht gewählt. Am 13. Februar 2003 hatte das Oberlandesgericht Frankfurt am Main die Auslieferungshaft für einen jemenitischen Geistlichen angeordnet. Scheich Mohammed Ali Hassan al-Moayad, Imam der Hauptmoschee der Landeshauptstadt Sanaa, war durch eine verdeckte CIA-/FBI-Operation nach Frankfurt am Main gelockt worden, wo er zusammen mit seinem Sekretär auf Bitten der USA von deutschen Fahndern festgenommen wurde. Die Amerikaner sahen in dem Spitzenfunktionär der islamistischen Reformpartei des Jemen den mutmaßlichen Finanzverwalter der al-Qaida, der zugleich für den Anschlag auf das Kriegsschiff *USS Cole* am 12. Oktober 2000 vor der jemenitischen Küste mitverantwortlich gemacht wurde. In den USA wegen Verschwörung zur Unterstützung der terroristischen al-Qaida und Hamas angeklagt, wurden der Geistliche und sein Sekretär Mitte November 2003 an die USA ausgeliefert – trotz aller Proteste der jemenitischen Regierung. Acht Jahre später fand nun der Racheanschlag statt.

Am 1. Juli wird in den Gassen der Souks von Alexandria, der ägyptischen »Perle des Mittelmeers«, ein Bombenattentat auf vornehmlich deutsche Touristen verübt. Die Tat erinnert an einen Terroranschlag in den Gassen des Khan el-Khalili, des großen Basars in der Altstadt Kairos, der am 22. Februar 2009 auf eine französische Reisegruppe verübt wurde. Die Attentäter wollten Frankreich dafür »bestrafen«, dass sich eine französische Fregatte an der Seite der israelischen Marine an der Blockade von Gaza beteiligt hatte, um einen Waffenschmuggel zu verhindern. Zum Anschlag in Alexandria bekennen sich militante Islamisten. Einst waren sie Mitglieder der Gruppe »al-Gamaa al-Islamija«, die im Oktober 1981 in die Ermordung des ägyptischen Präsidenten Anwar al-Sadat verwickelt war. Als diese der Gewalt abgeschworen hatte, verließen sie die Gruppe und bildeten eine eigene kleine radikale Zelle.

Den 1. Juli hatten die Attentäter zur »Strafaktion gegen Deutsche« gewählt, weil an diesem Tag vor zwei Jahren eine ägyptische Frau in Deutschland brutal ermordet worden war. Marwa el-Sherbini stammte aus Alexandria. Die studierte Pharmazeutin war zusammen mit ihrem Mann 2004 erst nach Bremen, dann nach Dresden gekommen. Ihr Mann promovierte dort am Max-Planck-Institut für molekulare Zellbiologie und Genetik, sie absolvierte im Uni-Klinikum und bei einer Apotheke Praktika, um später als Apothekerin zu arbeiten. Im Sommer 2008 traf die ein Kopftuch tragende 31-jährige Muslima auf einem Kinderspielplatz in Dresden-Johannstadt auf den 28-jährigen arbeitslosen Russlanddeutschen Alex W. Als sie den Mann um einen Platz auf der Schaukel für ihren kleinen Sohn bat, beschimpfte dieser die junge Mutter als »Terroristin«, »Islamistin« und »Schlampe«. Zeugen riefen die Polizei. Marwa el-Sherbini zeigte den aus Perm stammenden Mann, der seit sechs Jahren in Deutschland lebte, wegen Beleidigung an. Gegen den folgenden Strafbefehl über 330 Euro legte Alex W. Einspruch ein. Eine

Verhandlung im Amtsgericht führte zu einer noch höheren Geldstrafe. Erneut legte der Verurteilte – aber auch die Staatsanwaltschaft – Einspruch ein. Nächste Instanz war nun das Landgericht, in diesem Berufungsprozess war Alex W. gar von einer möglichen Freiheitsstrafe bedroht. Marwa el-Sherbini, die nochmals als Zeugin aussagen sollte, kam mit ihrer Familie. Kaum hatte sie sich zu den Pöbeleien auf dem Spielplatz geäußert, ließ der Angeklagte seinem »ausgeprägten Hass auf Nichteuropäer und Muslime« freien Lauf. In seinem Rucksack hatte er ein Messer in den Gerichtssaal 10 eingeschmuggelt, mit dem er »mit mindestens 16 Stichen innerhalb von höchstens drei Minuten« die völlig wehrlose, im dritten Monat schwangere Frau vor den Augen ihres dreijährigen Sohnes tötete. Ihr Mann, der sie zu schützen suchte, wurde erst vom rasenden Täter schwer verletzt und dann von einem Polizeibeamten, der ihn versehentlich für den Angreifer hielt, angeschossen.

Über die Bluttat empörten sich Muslime in Pakistan, im Iran und vor allem in Ägypten. In dortigen Tageszeitungen, im Fernsehen und im Internet war die vermeintliche Islamophobie und Diskriminierung von Muslimen im Westen *das* Thema. Unzählige junge Leute sahen durch den Mord ihre Befürchtungen bestätigt, der Westen sei von blindem Hass auf die arabische und muslimische Welt bestimmt. Tausende Trauergäste nahmen am 6. Juli 2009 an der Beisetzung der »Kopftuch-Märtyrerin« in Alexandria teil. Dabei wurden Schmährufe und Rassismusvorwürfe gegen Deutschland laut. »Es gibt keinen Gott außer Gott, und die Deutschen sind Feinde Gottes«, sangen die Trauernden. »Wir werden ihren Mord rächen«, sagte der Bruder einer westlichen Nachrichtenagentur am Telefon. Zwei Jahre später werden deutsche Touristen in der Heimatstadt Marwa el-Sherbinis Opfer eines Racheanschlags.

Am frühen 4. September muss die Bundeswehr in Nordafghanistan die bis dahin höchste Zahl an gefallenen Soldaten beklagen. Diese gehörten zu einer deutsch-afghanischen Patrouille, die in einem gefährdeten Gebiet des deutschen Kommandobereichs an einer »Taliban-Verdrängungsoperation«

beteiligt war. Durch den Verrat afghanischer Dorfbewohner
waren die Männer in einen Hinterhalt geraten und durch massiven Einsatz von Explosivstoffen zu Tode gesprengt worden.
Nur wenige Stunden danach bekennen sich die Taliban in der
»Stimme der Scharia« – ihr Sender war bereits im April 2005
wieder auf Sendung gegangen – zu dem Vernichtungsschlag.
An diesem Tag vor zwei Jahren, so der Talibansprecher, war auf
deutschen Befehl hin ein Luftangriff bei Kundus erfolgt, der
mit bis zu 142 toten Afghanen der »blutigste deutsche Militäreinsatz seit dem Zweiten Weltkrieg« war.

Südlich von Kundus hatten am 3. September 2009 Kämpfer
der Taliban zwei Tanklaster gekapert, die auf dem Weg nach
Kabul waren. Sie zwangen die Fahrer auf eine Nebenstraße, um
dann den Kundus-Fluss an einer Furt zu überqueren. Als die
Laster dabei auf einer Sandbank stecken blieben und nicht
mehr flottgemacht werden konnten, luden die Taliban die Bewohner der umliegenden Dörfer zum Abzapfen des Treibstoffs
ein. Am Südrand von Kundus liegt der Bundeswehrstützpunkt.
Hier waren warnende Hinweise eingegangen, dass die Taliban
vor der Bundestagswahl Ende des Monats mit Hilfe von Lastwagen einen Sprengstoffanschlag auf das deutsche Feldlager
planten. Vor dem Hintergrund, dass eben diese entführten
Tanklaster zu Bomben umfunktioniert werden könnten, forderte Oberst Georg Klein Luftunterstützung *(Close Air Sup-
port)* an, um eine potenzielle Gefahr von seinen Soldaten abzuwenden. Auf seinen Befehl hin bombardierten Piloten amerikanischer F-15-Kampfjets die Tanklastzüge. Nach Angaben des
Internationalen Roten Kreuzes kamen durch den Bombenan-
griff über 70 Zivilisten um, Bewohner der umliegenden Dörfer,
Angehörige des Volkes der Paschtunen. Bis zum heutigen Tag
basiert deren Verhalten und Handeln auf einem Ehrenkodex,
dem *Pashtunwali*. Diese uralte Werteordnung beinhaltet auch
die »heilige« Verpflichtung zur Blutrache *(Badal)*. Sie rangiert
für jeden Paschtunen an erster Stelle, verjährt nicht und endet
erst, wenn die Schuld ausgeglichen ist. Mit dem tödlichen Luft-
schlag hatte das deutsche Regionalkommando Nord Schuld auf

sich geladen. Mit dem Verrat einer Patrouille deutscher Soldaten, die dadurch den Tod finden, wird im Sinne des *Pashtunwali* die Schuld beglichen.

Aus der Deckung des vorweihnachtlichen Geschäftstrubels heraus kommt es am 22. Dezember in Berlin zum terroristischen *worst case*. Bewaffnete Islamisten stürmen im Bezirk Charlottenburg in der Fasanenstraße das Hotel *Kempinski* und attackieren das Jüdische Gemeindehaus. Eine weitere Kampfgruppe dringt in das größte Kaufhaus Kontinentaleuropas ein, in das *KaDeWe* in der nicht weit entfernten Tauentzienstraße. Zugleich stürmen um sich schießende Terroristen in den Hauptbahnhof. Ein fünfter Überfall findet zeitgleich im Weihnachtsmarkt auf dem Gendarmenmarkt statt. Die deutsche Hauptstadt erlebt ihren 9/11, sie befindet sich im Ausnahmezustand.

Die Vorgehensweise nach al-Qaida-Muster, koordinierte Aktionen gleichzeitig an mehreren Orten, erinnert an die Terroroperation in Indiens Metropole Mumbai (Bombay). Hier hatten Ende November 2008 zehn junge Pakistani, die von der Islamisten-Organisation »Laschkar-e-Taiba« (»Armee der Reinen«) militärisch ausgebildet und religiös unterwiesen worden waren, an fünf Stellen beinahe gleichzeitig Anschläge verübt. Bei den kaltblütigen Terrorangriffen auf das Hotel *Trident Oberoi*, ein Café, das jüdische Zentrum *Nariman House*, das Hotel *Taj Mahal Palace* und den *Chatrapathi-Shivaji*-Bahnhof *(The Victoria Terminus)* waren insgesamt 165 Menschen umgekommen und über 300 verletzt worden. Die Mission des Selbstmordkommandos hieß: »Richtet den größtmöglichen Schaden an! Kämpft weiter! Lasst euch nicht lebend gefangen nehmen!«

Das »Modell Mumbai« machte in den Folgejahren nicht nur in Afghanistans Hauptstadt Kabul Schule. Nun hat es Berlin getroffen. Die militanten Islamisten, darunter einige radikale deutsche Konvertiten mit detaillierten Ortskenntnissen, geben sich als ein Kommando der »Afghanischen Revolutionären Front« zu erkennen. Eine Gruppe, die in Europa erstmals Mitte Dezember 2008 durch ein Bekennerschreiben in Frankreich in Erscheinung trat. Sie hatte damals, ebenfalls zur Weihnachts-

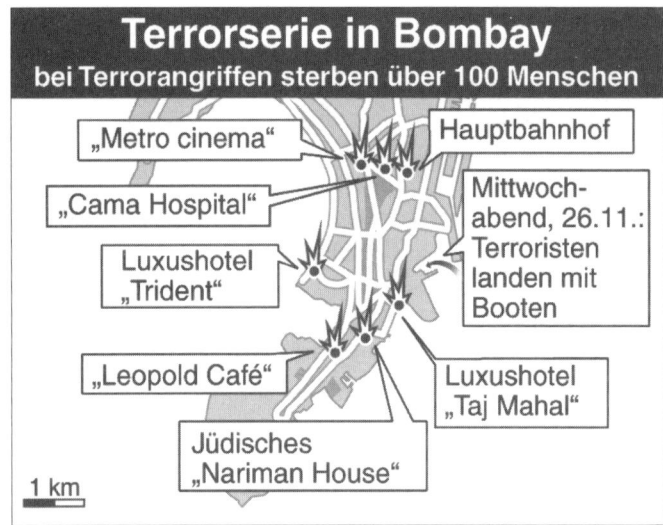

Terrorserie in Bombay
bei Terrorangriffen sterben über 100 Menschen

„Metro cinema"

Hauptbahnhof

„Cama Hospital"

Mittwoch-
abend, 26.11.:
Terroristen
landen mit
Booten

Luxushotel
„Trident"

„Leopold Café"

Luxushotel
„Taj Mahal"

Jüdisches
„Nariman House"

1 km

Tatorte der Anschlagsserie in der westindischen Metropole Mumbai
(Bombay) vom 26. November 2008

zeit, Sprengsätze im berühmten Pariser Kaufhaus *Printemps*
deponiert, das daraufhin geräumt wurde. Sie drohte in ihrem
Schreiben mit Anschlägen, sollte Frankreich nicht seine Soldaten innerhalb eines Vierteljahres aus Afghanistan abziehen.

In Berlin verlangen die Terroristen den sofortigen Abzug der
deutschen Soldaten aus Afghanistan, sie verleihen der Forderung mit ungezählten Geiseln Nachdruck. Am 22. Dezember vor
zehn Jahren, so der Anführer des Märtyrer-Kommandos in einer
Erklärung an die Medien, hatte der Deutsche Bundestag in Berlin erstmals für die Entsendung von Bundeswehrsoldaten für die
ISAF (»International Security Assistance Force«) in Afghanistan gestimmt. Im Lauf der vergangenen zehn Jahre war jedoch,
so die »Afghanische Revolutionäre Front«, aus einer multinationalen Friedenstruppe eine Besatzungsmacht geworden, deren
tödliches Wirken weit entfernt von einer politischen Neuordnung der Islamischen Republik Afghanistans war und ist.

So oder so ähnlich könnten die dargestellten Anschläge im Jahr 2011, dem »Jahr zehn des 9/11«, aussehen. Sie könnten aber auch an anderen »Tagen mit Deutschlandbezug« stattfinden. Beispielswiese am 4. März. An diesem Tag hatte im Jahr 2010 das Oberlandesgericht Düsseldorf im größten Terrorprozess Deutschlands nach der juristischen Aufarbeitung des RAF-Terrors die Urteile gegen vier Mitglieder der terroristischen »Sauerland-Gruppe« gesprochen. Der 6. Strafsenat verurteilte die Angeklagten zu Haftstrafen zwischen fünf und zwölf Jahren. Wäre diesen radikalen Islamisten gelungen, was sie im Auftrag der usbekisch-turkestanischen Terrorgruppe »Islamic Jihad Union« planten, hätte es »ein ungeheures Blutbad gegeben mit einer unübersehbaren Vielzahl von Toten und Verletzten, vornehmlich unter US-amerikanischen Armeeangehörigen«, so der Vorsitzende Richter Ottmar Breidling in seiner Urteilsbegründung. Mit Erschrecken müsse man erkennen, führte der Richter aus, »dass die Geißel unserer Zeit, die ungeheure Bedrohung der internationalen Staatengemeinschaft, nämlich der weltweite Terrorismus, um sich greift und auch junge Menschen erfasst, die in westlicher Kultur aufgewachsen sind«.

Es könnte auch der 12. September sein. An diesem Tag hatte der deutsche Papst Benedikt XVI. bei einem Treffen mit Vertretern der Wissenschaft in der Aula Magna der Universität Regensburg im Jahr 2006 eine Rede über das Verhältnis von Glaube und Vernunft gehalten. Darin zitierte der Pontifex einen mittelalterlichen interreligiösen Dialog, den der gelehrte byzantinische Kaiser Manuel II. Palaiologos 1391 im Winterlager zu Ankara mit einem gebildeten Perser über Christentum und Islam und beider Wahrheit führte: »Zeig mir doch, was Mohammed Neues gebracht hat, und da wirst du nur Schlechtes und Inhumanes finden wie dies, dass er vorgeschrieben hat, den Glauben, den er predige, durch das Schwert zu verbreiten.«[1] Dieses Zitat löste massive Proteste in der islamischen Welt aus – von Kairo über Istanbul und Islamabad bis nach Jakarta. Kaum verhüllte Drohungen und geharnischte diplomatische Noten gingen im Kleinstaat Vatikanstadt ein, dessen Oberhaupt von der Führung der Terrorbewegung al-Qaida in einer Internet-Botschaft als »Hochstapler, der die rote Linie überschritten hat«, beleidigt wurde. Die missverstandene Regensburger Rede des deutschen Papstes wurde im kollektiven Gedächtnis radikaler Islamisten nachhaltig verankert.

Als Anschlagsdatum käme aber auch der 16. November infrage. An diesem Tag genehmigte der Bundestag im Jahr 2001 auf Anforderung der USA hin mit den Stimmen der Regierungskoalition die deutsche Beteiligung an der Antiterror-Operation »Enduring Freedom« (OEF). Über Jahre stellte Deutschland für diese Operation am Hindukusch unter anderem Elitesoldaten des Kommandos Spezialkräfte (KSK). So führte Oberst Klein seine Luftwaffenoperation gegen die von Taliban entführten Tanklaster vom Gefechtsstand der »Task Force 47« aus – weil dieser besser ausgestattet war. Bei der »Task Force 47« handelte es sich um einen von der KSK geführten Verband deutsch-afghanischer Spezialisten, der auch die Aufgabe hatte, Taliban-Führer aufzuspüren und auszuschalten.

Neben diesen genannten gibt es noch eine Vielzahl weiterer Anlässe, die mörderischen »Jubiläumsplanern« Gründe für Anschläge in Deutschland und gegen Deutsche im Ausland liefern. Rückblickend gesehen hat sich Deutschland in der Terrorismusbekämpfung sehr früh und sehr deutlich positioniert. Schon ein halbes Jahr nach den 9/11-Anschlägen wurde in Sachen Djihad-Terrorismus globale Justizgeschichte geschrieben. So war das Verfahren, das im April 2002 vom Oberlandesgericht Frankfurt am Main gegen »ungebundene Gotteskrieger« *(non-aligned Mudjaheddin)* eröffnet wurde, ein Novum. Den Angeklagten wurde vorgeworfen, im Dezember 2000 einen Anschlag auf den Straßburger Weihnachtsmarkt geplant zu haben. Nirgendwo in Europa war bis dahin Djihadisten, die in Afghanistan ausgebildet worden waren, der Prozess gemacht worden. Nur sechs Monate später begann im Oktober vor dem Hanseatischen Oberlandesgericht Hamburg im Verfahren gegen den marokkanischen Terrorhelfer Mounir al-Motassadeq der weltweit erste Prozess um die Anschläge des 11. September 2001.

Die deutsche Sicherheitspolitik hatte danach dem gewaltigen Aufgabenbereich der Terrorismusbekämpfung einschließlich präventiver Möglichkeiten Rechnung getragen, indem alle Schutzorgane – Strafverfolgungsbehörden, Nachrichtendienste und Streitkräfte – eingebunden wurden. Die Gewinnung und Sammlung von nationalen und internationalen Informationen und deren Auswertung wurde zu einem wichtigen Arbeitsbereich. Vor diesem Hintergrund fanden Strafverfolger über das Bundeskriminalamt (BKA) und Nachrichtendienstler über das Bundesamt für Verfassungsschutz (BfV) in einem im Dezember 2004 gegründeten »Gemeinsamen Terrorabwehrzentrum« (GTAZ) mit Sitz in Berlin zusammen, wo heute Informationen von über 40 Einrichtungen des Bundes und der Länder, aber auch befreundeter ausländischer Dienste einfließen und ausgewertet werden. Und zwar so, dass das GTAZ mehr als einen guten Ruf genießt. Ein Ergebnis der professionellen Terrorismusbekämpfung ist die Erstellung der Antiterror-Datei (ATD). Die Arbeit wird unterstützt durch ein im Mai 2006 eröffnetes »Gemeinsames Analyse- und Strategiezentrum illegale Migration« (GASIM). Da in den letzten fünf Jahren das Internet zum »Leitmedium für Terroristen« wurde, schuf man zudem ein »Gemeinsames Internetzentrum« (GIZ) in Berlin-Treptow. Die dortigen Terrorismusfahnder werten die virtuellen Botschaften der Djihadisten aus, für die der Onlineaufruf zum Djihad – seit 2007 auch gegen Deutschland – längst fester Bestandteil ihrer Strategie ist.

Im Lauf der vergangenen Dekade gingen die Schutzorgane gegen Mitglieder einer ganzen Reihe sowohl militant-islamistischer als auch ideologisch-islamistischer Gruppen und Bewegungen vor. Dazu gehörte schon 2002 die »al-Tawhid« (»Einheit Gottes«), eine Gruppe, die ursprünglich in palästinensischen Flüchtlingslagern in Jordanien gebildet wurde, sich später internationalisierte und über Franchising die Netzstruktur der al-Qaida übernahm. Oder ab 2002/2003 die »Hizb ut-Tahrir (HuT) al-Islami« (»Partei der Islamischen Befreiung«), die bereits 1953 in Ostjerusalem/Jordanien gegründet wurde. Diese panislamische Bewegung wurde im Januar 2003 mit einem Betätigungsverbot belegt. Oder ab 2003 die »Ansar al-Islam« (»Partisanen des Islam«), die vor Jahren in den nordirakischen Kurdengebieten begründet wurde und deren Freischärler insbesondere im Irak kämpften. Ihr Anschlagsversuch auf den irakischen Übergangspräsidenten während dessen Besuch in Berlin 2004 konnte erfolgreich verhindert werden. Oder ab 2007 die »Islamic Jihad Union«. Diese Bewegung turkestanischer Djihad-Terroristen hatte sich 2002 von der »Islamischen Bewegung Usbekistans« (IBU) abgespalten. Ihre deutsche »Sauerland-Zelle« hatte den Auftrag, verheerende Anschläge gegen US-amerikanische Einrichtungen in Deutschland zu begehen.

Mit dieser gescheiterten Terrorattacke konnten die Schutzorgane bis zum heutigen Tag über ein halbes Dutzend Anschlagsversuche in Deutschland bereits im Planungs- beziehungsweise im späten Vorbereitungsstadium verhindern. Hunderte von Ermittlungsverfahren wurden gegen mutmaßliche islamistische Terroristen geführt, zwei Drittel davon bearbeitete das Bundeskriminalamt. Deutschland kann inzwischen auf rund neun Jahre Einsatz und Erfahrung in der Bekämpfung des Djihad-Terrorismus zurückblicken. Ein noch längeres Erfahrungswissen besteht über »islamistische Organisationen, die zwar in Deutschland nicht terroristisch agieren, Gewalt aber als Mittel zur Durchsetzung ihrer politischen Ziele befürworten«. Nach Kenntnissen des Verfassungsschutzes gab es Ende 2009 – wie im Jahr zuvor – »29 bundesweit aktive islamistische Organisationen. Das islamistische Personenpotenzial in Deutschland betrug zu diesem Zeitpunkt 36 270 Mitglieder/Anhänger, ein leichter Anstieg gegenüber dem Vorjahr. Mit 30 340 Personen bildeten die Anhänger türkischer Gruppierungen das größte Personal. Den Gruppierungen aus dem arabischen Raum hatten sich fast 3800 Personen angeschlossen«[2]. Zu den in Deutschland in internationale Mudjaheddin-Netzwerke eingebundenen Personen liegen zwar keine gesicherten Zahlen, aber Schätzungen vor. Demnach gehören etwa 1100 Personen zum islamistisch-terroristischen Bereich. Bundesweit haben die Sicherheitsbehörden über 120 »Gefährder« (Islamisten mit »Kampferfahrung«) im Visier. Bei bis zu vier Millionen in Deutschland lebenden Muslimen stellt dieses »islamistische und terroristische Personal« mit nicht einmal einem Prozent eine winzige Minorität dar. Dennoch leidet zumindest temporär die Majorität der Muslime »unter einem Generalverdacht«.

Nicht nur, aber auch vor diesem Hintergrund gründete Bundesinnenminister Wolfgang Schäuble im Jahr 2006 die Deutsche Islam Konferenz (DIK) als zentrales Dialoggremium der Regierung. Zur knapp drei Jahre arbeitenden DIK gehörte auch ein Gesprächskreis »Sicherheit und Islamismus«. »Praktischer und konkreter« soll die zweite Deutsche Islam Konferenz (DIK II) werden, die Bundesinnenminister Thomas de Maizière im Mai 2010 auf den Weg brachte. Nach seinen Vorstellungen soll die Konferenz auch »daran arbeiten, Islam und Islamismus zu trennen«. Die Abgrenzung von Terrorismus und Extremismus ist nicht immer leicht und braucht Zeit, auch oder vielleicht gerade im Rechtsstaat. So schränkte der Bundesgerichtshof (BGH) in Karlsruhe im Mai 2007 die Strafbarkeit von Propaganda für Terrorgruppen ein. Allgemeine Aufrufe zum »Heiligen Krieg« waren durch BGH-Beschluss künftig nicht mehr als Werbung für eine terroristische Vereinigung strafbar. Der Beschluss folgte der Gesetzesänderung aus den Jahren 2002 und 2003, die wegen der verfassungsrechtlich geschützten Meinungsfreiheit die Strafbarkeit eingeschränkt hatte. Geahndet wurde nun nur noch das konkrete Werben um Unterstützung für eine bestimmte Gruppe, für eine konkrete Organisation.

Für den Djihad wurde auch in Hamburg geworben, wo nach neun Jahren der Beobachtung mit der weit über Deutschlands Grenzen hinaus berüchtigten Taiba-Moschee ein »Hort für militante Islamisten« geschlossen wurde. Die am Steindamm im Stadtteil St. Georg gelegene Moschee war unter ihrem früheren Namen al-Quds-Moschee weltweit bekannt geworden, weil sie einigen Attentätern des 9/11 als Anlauf- und Treffpunkt gedient hatte. Auch danach blieb das Gotteshaus und der dazugehörige bereits 1993 gegründete »Arabische Kulturverein e.V. Masjid al-Quds« für gewaltbereite Islamisten und Djihadisten aus aller

Welt, aber auch für die örtliche Djihadisten-Szene Anlaufstelle. Am 9. August 2010 wurde der Verein mit sofortiger Wirkung verboten und die Moschee versiegelt. Vorausgegangen war ein Verbotsverfahren nach dem Vereinsrecht. Es bedurfte vieler Beweise und dauerte seine Zeit, bis den Sicherheitsbehörden der Gerichtsbeschluss mit dem Verbot zugestellt wurde und in der Folge eine der »bekanntesten Keimzellen des Islamismus in Deutschland« ihr Ende fand. Lediglich der Rat der islamischen Gemeinschaften in Hamburg übte Kritik, waren für ihn Schließung und Verbot doch nur »symbolische Politik«.

Aber nicht nur im Inland, auch im Ausland exponierte sich Deutschland in der internationalen Terrorismusbekämpfung aufseiten der Bündnispartner. Dementsprechend hieß es schon vor drei Jahren im Verfassungsschutzbericht: »Deutschland zählt in den Augen gewaltbereiter Islamisten zu den Unterstützern der USA und Israels. Die Beteiligung Deutschlands am weltweiten Kampf gegen den islamistischen Terrorismus wird von Islamisten als Rechtfertigung für ihre Aktivitäten angeführt. Insbesondere das deutsche Engagement in Afghanistan ist ver-

Polizeibeamte verladen am Morgen des 9. August 2010 vor der Taiba-Moschee in Hamburg sichergestellte Computer und andere Gegenstände.

stärkt in den Fokus islamistischer Terroristen gerückt. Die aktuelle Sicherheitslage in Deutschland wird darüber hinaus durch die Situation im Irak und im Nahen Osten bestimmt. Die Lage an diesen Djihad-Schauplätzen beeinflusst auch in Deutschland lebende Islamisten.«[3]

Betroffen reagierte die Welt auf die Terroranschläge des 9/11. Zum ersten Mal in ihrer Geschichte rief die 52 Jahre zuvor gegründete NATO den »Bündnisfall« aus. Es begann (aus amerikanischer Sicht) ein *Global War on Terrorism* (GWOT) – verbunden mit der Hoffnung auf eine schnelle Niederkämpfung des militanten islamistischen Terrorismus. Deutschland, damals vertreten durch Bundeskanzler Gerhard Schröder, sagte den USA seine »uneingeschränkte Unterstützung« zu; auch um sicherzustellen, dass sich das, was am 11. September 2001 von afghanischem Boden ausging, nicht wiederholt. Bereits acht Wochen nach dem 9/11 gab der Bundestag am 16. November 2001 mittels Mandat grünes Licht für die Beteiligung an der internationalen Antiterror-Operation »Enduring Freedom«. Ziel der OEF-Missionen war und ist die Ausschaltung von Führungspersonen und Ausbildungseinrichtungen der Terroristen. Diese sollen bekämpft, gefangengenommen und vor Gericht gestellt werden. Außerdem sollen Dritte dauerhaft von der Unterstützung terroristischer Aktivitäten abgehalten werden. An der Operation sind bis heute rund 70 Nationen beteiligt.

Die Beteiligung der Bundeswehr hatte am 22. Januar 2002 begonnen. Die Deutsche Marine nutzte den Hafen Dschibutis an der strategisch wichtigen Stelle am Ausgang des Roten Meeres und am Golf von Aden als Basis für den Einsatz. Nach achteinhalb Jahren wurde er Ende Juni 2010 wegen der »geringen Terrorbedrohung im Seegebiet am Horn von Afrika« beendet, so die Begründung des Bundesverteidigungsministers Karl-Theodor zu Guttenberg. Die Bundesmarine bleibt aber vor Ort und beteiligt sich weiterhin am 2008 begonnenen EU-Einsatz »Atalanta« zur Bekämpfung der Piraterie vor der Küste Somalias.

Im letzten Monat des deutschen maritimen OEF-Einsatzes waren von den Niederlanden zehn mutmaßliche Piraten aus

Somalia an Deutschland ausgeliefert worden. Diese hatten im April 2010 rund 500 Seemeilen vor Somalia das Hamburger Containerfrachtschiff *Taipan* gekapert und waren später von einem niederländischen Marinekommando überwältigt und festgenommen worden. Ein Gericht in Amsterdam hatte nun entschieden, die Männer an die Hamburger Staatsanwaltschaft zu überstellen. Damit kam es in Hamburg zum ersten Seeräuberprozess nach rund 400 Jahren. Den Somaliern wurde versuchter Menschenraub und Angriff auf den Seeverkehr vorgeworfen. Doch nicht nur für die EU-Operation »Atalanta«, auch für die NATO-Mission »Active Endeavour«, die insbesondere auf die Kontrolle ziviler Schiffe im Mittelmeerraum abstellt, konnten die frei gewordenen deutschen Marine-Kapazitäten genutzt werden. Seit 2003 beteiligte sich die Bundesmarine an dieser Mission. Drei Jahre später beteiligte sie sich zudem an der UN-Mission UNIFIL (»United Nations Interim Force in Lebanon«) im östlichen Mittelmeer. Nach Ende der israelischen Seeblockade vor der Küste des Libanon wachte die Bundeswehr darüber, dass die Hisbollah-Miliz über den Seeweg keine Waffen ins Land schmuggeln konnte. Anfang Juni 2010 beschloss das Bundeskabinett die Fortführung dieses Mandats bis zum 30. Juni 2011 – unter Vorbehalt der Zustimmung des Bundestags.

Dieser hatte nur drei Monate nach dem 9/11 am 22. Dezember 2001 für die Entsendung von Bundeswehrsoldaten für eine multinationale Friedenstruppe, für die ISAF, in Afghanistan gestimmt. In den Folgejahren wurde dieses Mandat durch Bundestagsbeschlüsse für jeweils weitere zwölf Monate verlängert – bis zum heutigen Tag. Mittlerweile sind neun Jahre versuchter Stabilisierung ins Land gegangen. Im Sommer 2010 waren mehr als 120 000 ISAF-Soldaten aus mehr als 40 Staaten unter NATO-Kommando in Afghanistan stationiert, darunter mehr als 4700 aus Deutschland. Die Beteiligung an der ISAF hatte nach Angaben der Bundesregierung von 2002 bis 2010 insgesamt 3,6 Milliarden Euro und das Leben von 43 deutschen Soldaten gekostet, von denen 26 bei Anschlägen und Gefechten getötet worden waren. An Entwicklungshilfe hatte Deutschland seit 2001 etwa

1,6 Milliarden Euro bewilligt. Noch im Frühjahr 2004 hatten sich auf der dritten internationalen Afghanistan-Konferenz Regierungsdelegationen aus 56 Ländern in ihrer »Berliner Erklärung« zur »Vision eines sicheren, stabilen, freien, prosperierenden und demokratischen Afghanistan« bekannt. Weit entfernt von dieser Vision ging es sechs Jahre später auf der internationalen Afghanistan-Konferenz in Kabul im Juli 2010 um einen Zeitplan für den Abzug der internationalen Truppen. Vertreter aus mehr als 70 Staaten und internationalen Organisationen bekräftigten ihr Ziel, bis Ende 2014 die Verantwortung für die Sicherheit an afghanische Kräfte zu übergeben. Präsident Hamid Karzai sagte, er sei »entschlossen«, den Beschluss umzusetzen. 2011 will sich die NATO zunächst aus drei bis vier Provinzen zurückziehen und Truppen abziehen. Auch eine Provinz im Kommandogebiet der Bundeswehr im Norden soll dann übergeben werden.

Die Situation auf dem Djihad-Schauplatz Hindukusch erinnert an die Situation auf dem Djihad-Schauplatz Golf. Hier zogen nach mehr als sieben Jahren Krieg bis Ende August 2010 die letzten US-amerikanischen Kampfeinheiten über Kuwait ab; im März waren noch 140 100 Soldaten im Irak stationiert. Am 20. März 2003 hatten die USA als Führungsnation einer »Koalition der Willigen« ihre »Operation Iraqi Freedom« (OIF) begonnen, die Präsident George W. Bush wenige Wochen später am 1. Mai für beendet erklärte. Danach begann ein Krieg nach dem Krieg. Auf dessen Höhepunkt hatte die »Koalition der Willigen« eine Truppenstärke von 300 000 Soldaten aus 38 Ländern; rund 250 000 davon stellten die USA, etwa 40 000 Großbritannien. Die Koalition endete im August 2009 mit dem Abzug der letzten zwölf australischen Soldaten, zudem lief das Mandat für die verbliebene kleine britische Einheit aus. Nach Abzug aller Kampftruppen bleiben noch 50 000 US-Soldaten im Land, die die irakische Armee weiter ausbilden sollen. Bis Ende 2011 sollen dann aber alle Soldaten das Land verlassen haben.

Zur Bilanz dieses Golfkrieges: Die USA verloren über 4400, die Briten 179 und die übrigen Koalitionstruppen 139 Soldaten. Zehntausende wurden körperlich und seelisch gezeichnet. Der

Waffengang kostete mehr als eine Billion Dollar – und die Vision, den Irak nach dem Sturz Saddam Husseins in eine »Vorzeigedemokratie im Mittleren Osten überführen zu können, die auf die Nachbarn ausstrahlt«, blieb Vision: Der Irak sieht sich in unsicherer Lage alleingelassen. Hoch war der Blutzoll im Land. Von Mai 2003 bis August 2010 gab es über 106000 zivile Tote. Die überwältigende Mehrheit davon wurde Opfer schiitischer und sunnitischer Todesmilizen oder starb durch Anschläge islamistischer Extremisten und Djihad-Terroristen. Als im August die letzten Kampftruppen aus dem Irak abzogen, wurde das Land durch eine Welle gezielter Morde, Entführungen und Überfälle erschüttert. Im Volk, aber auch bei der irakischen Armeespitze, wuchsen die Zweifel, ob das eigene Militär mit den immer tückischer vorgehenden militanten Islamisten und al-Qaida-Terroristen allein fertigwerden kann. Wie sich die Lage im Irak nach der vollständigen Übergabe der Sicherheitsverantwortung Ende 2011 entwickeln wird, kann nur vermutet werden.

Wie sich die Lage in Afghanistan nach der vollständigen Übergabe der Sicherheitsverantwortung Ende 2014 entwickeln wird, kann ebenfalls nur vermutet werden. Noch im Juli stellte auf der einen Seite der Sonderbeauftragte der Bundesregierung für Afghanistan und Pakistan klar, dass sich die Bundeswehr auch nach 2014 nicht direkt aus dem Land zurückziehen wird. Auf der anderen Seite werben am Hindukusch nun schon »Deutsche Taliban Mudjaheddin« mit Internetpropaganda um neue Mitglieder. Die Völkergemeinschaft muss zur Kenntnis nehmen, dass über die Jahre eine »Generation Djihad« die andere ablöst. Der Djihad-Terrorismus ist zur strategischen Langzeitbedrohung geworden, der mit meist nationalen Antiterrorismus-Strategien begegnet wird. Deutschland, aus Sicht militanter Glaubenskrieger längst ein »Feind des Islam«, stellt sich seit bald einer Dekade dieser djihadistischen Herausforderung, die ein in islamistischen Kreisen gefeierter Selbstmordattentäter so formulierte: »Es gibt nur ein Problem mit Märtyrer-Operationen, und dafür gibt es keine Lösung. Es besteht darin, dass man es nur einmal machen kann.«

1. KAPITEL

Eine neue Weltordnung nach dem 9/11 – Die Wiege des modernen Djihad-Terrorismus

Im ersten Einsatz Deutschlands in Afghanistan während des Ersten Weltkrieges war der Abenteurer, Wissenschaftler und Agent Oskar Ritter von Niedermayer (1885–1948) eine Art Gegenspieler des legendären Lawrence von Arabien. Von Kabul aus sollte er, der 1916 militärischer Führer der deutschen Afghanistan-Expedition war, Afghanen und Inder sowie von der Levante aus Araber gegen Briten und Franzosen aufwiegeln. Wie Lawrence hatte Niedermayer einen Anteil an der damals versuchten Neuanordnung im Mittleren Osten.

Die alte religiös-bipolare Weltordnung und ihre neuen Kämpfer

Den Sowjetrussen galt der im Auftrag von deutscher Heeresleitung und Auswärtigem Amt aktive Geopolitiker als »Mittelpunkt einer ausgedehnten Spionageorganisation«. Als Spion war Niedermayer 1945 zu 25 Jahren Gefängnis verurteilt worden. Die neue bipolare Weltordnung nach dem Zweiten Weltkrieg, die politisch-ideologisch die zweite Hälfte des 20. Jahrhunderts prägte, erlebte der gelehrte Generalmajor nicht mehr. Er verstarb am 25. September 1948 in der Strafanstalt Wladimir (Russland).

Die neue Ordnung führte zu einem Konflikt zwischen den demokratischen und marktwirtschaftlich orientierten Ländern des »Westens« und den autoritär regierten Regimen des sozialistischen »Ostens«, der den Erdkreis umspannte und die Welt in zwei Blöcke spaltete. Feindlich standen sich die Mitgliedstaaten der NATO unter Führung der USA und die Warschauer-Pakt-Staaten unter Führung der Sowjetunion in einer Art »Kaltem Krieg« gegenüber. In der nördlichen Hemisphäre, dem Kernbereich der Blöcke, wurde ein Frieden durch ein »Gleichgewicht des Schreckens« (Bedrohung der gegenseitigen nuklearen Vernichtung, die Hand in Hand mit einer ideologischen, aber auch materiellen Hochrüstung sowie permanenter Kriegsbereitschaft ging) erzwungen. In der südlichen Hemisphäre hingegen, der »Dritten Welt«, fanden zwischen 1945 und 1989 mehr als 150 größere bewaffnete Konflikte, eben »Stellvertreterkriege«, statt.

Der wohl wichtigste dieser »heißen« Kriege im Kalten Krieg spielte sich von 1979 an nach der Invasion sowjetischer Truppen in Afghanistan ab. Für die UdSSR war es die größte militärische Operation seit Ende des Zweiten Weltkrieges; und für die amerikanische CIA auf der anderen Seite war die Aufrüstung der antisowjetischen Mudjaheddin-Guerilla das wohl größte Einzelprojekt in der Geschichte des Geheimdienstes. Dieser »Stellvertreterkrieg« machte Afghanistan zum finalen Schauplatz des Kalten Krieges. Er führte letztlich nicht nur zur Auflösung der Sowjetunion am 26. Dezember 1991, sondern zum Ende der damaligen bipolaren Weltordnung und somit der bis dahin mehr oder weniger verlässlichen Sicherheitsarchitektur. Während des Kalten Krieges war klar gewesen, woher die Gefahr kam und wie man ihr begegnen musste. Mit dem weltgeschichtlichen Umbruch 1989/90 hatte sich dies fundamental geändert. Brach nun die Zeit für einen Neubeginn für die alten Supermächte des auslaufenden 20., des »atlantischen« Jahrhunderts und künftiger Supermächte des 21., des »pazifischen« Jahrhunderts an? Ein Beginn für eine neue, eine multipolare Weltordnung?

Wie die künftige Weltordnung im 21. Jahrhundert aussehen könnte, war und ist Gegenstand von Befragungen und Studien

diverser Stiftungen, Denkfabriken, aber auch Nachrichtendienste. So hatte das Institut TNS Emnid im Auftrag der Bertels-
mann Stiftung mehr als 10 000 Menschen in Brasilien, China,
Deutschland, Frankreich, Großbritannien, Indien, Japan, Russland und den USA zum künftigen Ranking der Nationen befragt. In der im Sommer 2006 in Berlin vorgestellten Studie hieß
es, die USA würden bis 2020 ihren alleinigen Weltmachtstatus
verlieren. Eine ebenso wichtige Rolle wie die USA werde dann
China spielen. Nach der Studie würde die Europäische Union
im Weltmacht-Ranking den vierten Platz nach Japan einnehmen.
Auch Deutschland werde weltweit an Einfluss verlieren. In allen
neun Ländern betrachteten die Befragten den Terrorismus als
größte Herausforderung.[4]

Ebenfalls 10 000 Menschen (in zehn Ländern) wurden für
eine Studie über die Wirtschaftsmächte der Zukunft befragt, die
das Forschungsinstitut Global Market Insite (GMI) in Seattle
(USA) leitete. Der 2006 vorgestellten Studie zufolge waren die
Aufsteiger im globalen Nationen-Ranking bis 2026 die vier nach
ihren Anfangsbuchstaben genannten BRIC-Länder Brasilien,
Russland, Indien und China – China hatte nach dieser Studie
die USA vom Spitzenplatz als Wirtschaftsmacht verdrängt. Sie
repräsentierten mehr als 40 Prozent der Weltbevölkerung und
umfassten fast ein Drittel der Landmasse der Erde. Die BRIC-
Länder würden künftig unsere Verbrauchs- und Produktionsge-
wohnheiten verändern und in der Weltpolitik eine stärkere
Rolle spielen.[5]

In den USA erstellen alle vier Jahre die 16 Geheimdienst-
Agenturen[6] gemeinsam eine Studie zur künftigen Weltsituation.
In der im November 2008 vorgestellten Studie *Global Trends
2025. A Transformed World* sagen die Analytiker des National
Intelligence Council ein rasches Ende der globalen Dominanz
der USA und des Westens voraus. Bis zum Jahr 2025 werde eine
multipolare Weltordnung die Zentrierung auf die Supermacht
ersetzen. Im fünften Kapitel (»Growing Potential for Conflict«)
heißt es über die Gefahren des Terrorismus, al-Qaida bleibe
zwar eine erhebliche Bedrohung in den pakistanischen Stam-

mesgebieten, werde aber international rascher an Gewicht verlieren als erwartet. In der islamischen Welt gebe es einen Trend zur Desillusionierung über das Terrornetzwerk.[7]

In diesen, aber auch in anderen Studien, die auf Weltordnungen in 10 oder 15 Jahren abstellen, blieb ein Faktor mehr oder weniger unberücksichtigt – die Religion. Welche nachhaltigen Dimensionen dieser Faktor haben kann, mussten schon in der Endphase des Kalten Krieges sowjetische Militärstrategen in Afghanistan erfahren. In keinster Weise war für sie zu Beginn des Konflikts absehbar, dass dort im Zuge der Auseinandersetzungen mit den »Kämpfern des Glaubens«, den Mudjaheddin, die Kaderschmiede des islamistischen Djihad-Terrorismus errichtet werden würde. Man unterschätzte gänzlich die Brisanz des Faktors Religion. Eine gravierende Fehleinschätzung, die mit Abstrichen bis zum heutigen Tage gemacht wird. In den letzten Jahren bekamen diese beispielsweise die Antiterrorkoalition am Hindukusch, die Russen im Nordkaukasus und selbst China in der Unruheregion Xinjiang mehr als deutlich zu spüren.

Aus Sicht gläubiger Muslime blieb das seinerzeit blockfreie Afghanistan trotz seiner sozialistischen Regierung in Kabul ein muslimisches Land, das zum südasiatischen »Gebiet des Islam« *(dar al-Islam)* gehörte. Als dieses von ungläubigen Invasoren aus dem »Reich der Gottlosen« – der kommunistischen UdSSR – besetzt wurde, sahen sich die Muslime in der Pflicht des sogenannten kleinen Djihad. Diese »Anstrengung aller Kräfte, den Islam auch im militärischen Sinn zu verteidigen«, nahmen Zehntausende radikale Muslime aus über 40 islamischen Ländern des Mittleren Ostens, aus Nord- und Ostafrika, Zentralasien und dem Fernen Osten auf sich. An der Seite ihrer afghanischen Glaubensbrüder kämpften und gewannen sie den »Heiligen Verteidigungskrieg«.

Dieser erste globale Djihad der Neuzeit (1979–1989) hinterließ auch eine »Allianz von islamistischen Organisationen, die entschlossen waren, den Islam gegen alle nicht muslimischen Kräfte zu fördern«[8], so der amerikanische Politologe Samuel P.

Huntington. Seine vier Jahre nach dem Ende des Afghanistan-krieges veröffentlichte These, dass die Urquelle von Konflikten in der Welt nach dem Ende des Ostblocks weder ideologischer noch ökonomischer, sondern kultureller Natur sein wird, war 1993 eine revolutionäre Zukunftsprognose. Den Frontenverlauf seines *Clash of Civilizations* sah er zwischen den großen Welt-kulturen – zwischen chinesischer, japanischer, hinduistischer, islamischer, westlicher, lateinamerikanischer und afrikanischer Kultur. Damit zeichnete er als »Mahner vor dem Kulturkrieg« letztlich eine multipolare Welt.

Die Sicht der Sieger des Djihad in Afghanistan hingegen war eine andere. Für sie war am Hindukusch das Fundament, die Basis (arabisch *al-Qaida*) für eine neue Weltordnung gelegt worden. Diese ist nicht multipolar, sondern wie die vergangene ebenso bipolar. Im Gegensatz dazu ist sie jedoch nicht politisch-ideologischer, sondern religiös-politischer Natur. Die Kämpfer für diese neue bipolare Ordnung haben eine andere, vom »un-gläubigen Westen und Osten« abweichende Vorstellung von der Weltgeschichte, ihre Deutung derselben ist religiöser Natur. Ihre Einteilung der Welt ergibt sich aus dem Universalitätsanspruch ihrer Religion. Da gibt es das Gebiet, in dem der Islam bereits herrscht *(dar al-Islam)*, und das Gebiet, in dem noch Krieg herrscht *(dar al-harb)*, die islamische Herrschaft also noch nicht errichtet ist. Ein Frieden mit dem nichtmuslimischen »Ge-biet des Krieges« kann – wenn überhaupt – nur provisorisch sein. Ein Dialog mit Vertretern der *dar al-harb* mit dem Ziel der Gleichberechtigung ist nicht möglich. Die Theologen des mili-tanten Islamismus sehen die Offenbarung Gottes an seinen Pro-pheten als »endgültige Botschaft«. Damit vollendet der Koran, was zuvor in Thora und Evangelien der Menschheit bereits zur Kenntnis gegeben, dann aber durch Juden und Christen ver-fälscht wurde. Vor diesem Hintergrund gibt es nur die »Unter-werfung« *(Islam)* unter den Willen (= Koran) als endgültige Botschaft Gottes und die Verbreitung dieser Botschaft. Eine Gleichberechtigung der »Verfälscher« (der Botschaft) schließt sich selbstverständlich aus.

Der Sieg über die »Gottlosen« im Djihad in Afghanistan war ein Schlüsselereignis. »Ihre religiösen und politischen Zeugnisse sind unter Djihad-Gesichtspunkten makellos. Sie haben eine der beiden Supermächte der Welt geschlagen, und jetzt knöpfen sie sich die andere vor«, so die Worte eines amerikanischen Offiziers über die »heiligen Krieger«, die Djihadisten, nach ihrem Sieg.[9] Mit diesem Schlüsselereignis war nun auch die Zeit angebrochen, den großen, den globalen Djihad gegen das »Gebiet des Krieges« mit dem finalen Ziel der Errichtung eines globalen Gottesstaates (Kalifat) zu führen. Zur Speerspitze des weltweiten Djihad wurde die in der Endzeit des Afghanistankrieges begründete al-Qaida, deren Bewegung bis heute den »Djihad als Gipfel des Glaubens« spirituell beeinflusst und die Gewaltanwendung gegen ihre Feinde zum »ultimativen Gottesdienst« verklärt. Die neuen Kämpfer teilen ihre Feinde nicht bipolar politisch in Ost und West, sondern bipolar religiös in Angehörige des Glaubens *(Iman)* und des Unglaubens *(al-Kufr al-Alami)* ein. Zu den »international Ungläubigen« zählen sie ein Sammelsurium von »Feinden des Islam«, zu denen nicht nur westliche »Kreuzfahrer« und »gottlose« Kommunisten, sondern auch muslimische Kollaborateure und andere »Verräter des Glaubens« gehören. Ein Krieg gegen diese Feinde ist ein Religionskrieg, der bis zur »Endschlacht« *(Armageddon[10])* geführt wird und – wann und wo auch immer – nur zugunsten des rechten Glaubens ausgehen kann. Nur die Muslime, die diesen Djihad bewaffnet, ideologisch, finanziell oder/und anders unterstützen, werden von den neuen Kämpfern zu den Rechtgläubigen gezählt. Der Sieg der Djihadisten ist zugleich das Ende ihrer heutigen bipolar religiösen Weltordnung. An deren Stelle tritt nun die globale Ordnung eines Weltkalifats.

Durch die Augen unserer Feinde /
Through our Enemies' Eyes

Der »große Satan« (so nannte Ayatollah Khomeini die USA 1979) verfolgt zusammen mit dem »kleinen Satan« (Israel) und den Bündnispartnern – Ungläubigen und Verrätern – den Plan, die islamische Welt zu besetzen. Mit dem zweiten Golfkrieg (1991) ist ihm dies zu Teilen schon geglückt. Seinerzeit ließ die verräterische Regierung der Saudis sich von »amerikanischen Tempelhuren« (Soldatinnen der US-geführten Alliierten) verteidigen. Danach ließen sich die ungläubigen Besatzer auf der Arabischen Halbinsel mit ihren Heiligen Stätten Mekka und Medina nieder. Den drittheiligsten Platz der Rechtgläubigen, *al-Quds* (Jerusalem), hält Israel mit US-Unterstützung schon seit Jahrzehnten besetzt. Den dritten Golfkrieg haben die USA 2003 angefangen, um den Irak – für 500 Jahre bis Mitte des 13. Jahrhunderts Mittelpunkt des Kalifats mit dem Zentrum Bagdad – zu besetzen.

Die Ungläubigen aus der *dar al-Islam* (»Gebiet des Islam«) zu vertreiben, ist Pflicht eines jeden Rechtgläubigen. Das Kalifat, das vom letzten islamischen Großreich (der Osmanen) 1924 aufgegeben wurde, wieder zu errichten, ist Ziel in einem Heiligen Verteidigungskrieg *(Djihad)*. Und in diesem Kampf gegebenenfalls den Märtyrertod zu sterben, ist die Aufgabe der Krieger Gottes, der Glaubenskämpfer *(Mudjaheddin)*. Seit der Zeit ihrer barbarischen Kreuzfahrer, die vor fast 1000 Jahren in das nahöstliche Gebiet des Islam einfielen, demütigen uns die Ungläubigen. In jüngerer Zeit suchen sie uns ihre Vorstellungen von Demokratie und Recht aufzuzwingen, die nichts anderes als eine Herrschaft der Heiden bedeuten. In einem islamischen Staat Gottes kann es nur ein Recht, das islamische Recht, die Scharia geben. Seit wir in der afghanischen *dar al-Islam* die Erfahrung gemacht haben, vereint im Djihad die gottlosen Kommunisten der Weltmacht Sowjetunion zu schlagen und zu vertreiben, wissen wir, dass wir auch die Ungläubigen der USA, des westlichen Verteidigungsbündnisses NATO, ja der ganzen Welt besiegen können. Zehntausende sind für diesen Djihad ausgebildet worden und werden immer noch ausgebildet. Tausende kämpfen an der Seite ihrer Glaubensbrüder am Hindukusch, im Kaukasus und am Golf – nicht zu vergessen die Gotteskrieger in Südost- und Zentralasien sowie im Maghreb (Nordafrika) und im subsaharischen Afrika. In Europa gehörte uns einst mit Spaniens Süden bis 1492 über bald 800 Jahre *al-Andaluz*. Mit dem 11. März 2004 haben wir deutlich gemacht, dass der Besitzanspruch nie aufgegeben wurde. Mit Hilfe von Millionen unserer Glaubensbrüder werden wir aus Europa ein »Eurabien« machen – wir haben für die Islamisierung alle Zeit. Unser Djihad besteht nicht nur aus dem bewaffneten Kampf (des Schwertes), sondern auch aus dem ideologischen Kampf (des Wortes); und nicht zu vergessen aus einem Wirtschaftskrieg gegen die Welt der Ungläubigen und Verräter, die unsere Welt (wegen wertvoller Rohstoffe) berauben und ausplündern. Unsere Djihadisten ziehen gegen Amerikaner, Russen und Europäer, aber auch gegen Inder und Chinesen. Am Ende unseres Djihad steht, wann auch immer, die Errichtung eines weltweit islamischen Gottesreiches.

Berndt Georg Thamm

Masterplan der »Ungläubigen« und der »defensive« Djihad

Den Rechtgläubigen in der *dar al-Islam* war der missionarische Charakter des »westlichen Universalismus« der *dar al-harb* schon über lange Jahre mehr als ein Dorn im Auge. In ihm sah der al-Qaida-Begründer Osama Bin Laden eine Art »Masterplan«, nach dem die »Ungläubigen der amerikanischen *dar al-*

harb« und ihre Verbündeten das Ziel verfolgen, die Länder der Muslime anzugreifen, zu besetzen und auszuplündern, ja ihre Einwohner, auch Frauen und Kinder, in großer Zahl zu töten. Zu den derart bedrohten Ländern zählte er vor rund fünfzehn Jahren Bosnien, Burma, Tschetschenien, Eritrea, Äthiopien (Ogaden), Indien (Assam), Irak, Kaschmir, Libanon, Palästina, die Philippinen, Saudi-Arabien, Somalia, Tadschikistan und Thailand (Pattani)[11]; spätere Erklärungen beinhalten zudem Afghanistan, Osttimor, Ägypten und den Sudan. Die dort begangenen »Verbrechen« stellten eine klare »Kriegserklärung an Gott und seinen Gesandten und an die Muslime« dar, so Bin Laden in seiner »Botschaft an seine muslimischen Brüder in aller Welt und ganz besonders auf der Arabischen Halbinsel«[12] 1996.

Da aus Sicht der Führung der ersten al-Qaida-Generation alle friedlichen Mittel zur Beilegung der »Verbrechen« versagt hatten, blieb als letzte Lösung nur der Djihad. Dessen Ziel war »defensiv«. Schließlich ging es darum, die Ungläubigen so lange zu bekämpfen, »bis ihre Streitkräfte alle islamischen Gebiete verlassen, besiegt oder unfähig sind, irgendeinen Muslim zu bedrohen«. So hieß es in der »Erklärung der Internationalen Islamischen Front für den Heiligen Krieg gegen die Juden und Kreuzfahrer« 1998.[13] Bereits zwei Jahre zuvor hatte Bin Laden in seiner »Erklärung des Heiligen Krieges gegen die Amerikaner, die das Land der beiden heiligen Stätten besetzen« wegen der überwältigenden militärischen Überlegenheit des Feindes geraten, konventionelle Kriegsführung zu meiden und sich stattdessen auf einen internationalen Guerillakrieg zu konzentrieren: »Euch zu terrorisieren, während ihr in unserem Land Waffen tragt, ist legitim und unsere moralische Pflicht … tötet die Götzendiener, wo immer ihr sie findet, und ergreift sie und belagert sie und lauert ihnen aus jedem Hinterhalt auf.«[14]

Schauplatz des defensiv geführten Djihad war und ist nicht nur die Halbinsel Arabien, sondern die ganze Welt. Mit dieser territorial ungebundenen Strategie wich der al-Qaida-Führer deutlich von territorial gebundenen Strategien anderer bewaffneter islamistischer Gruppen ab, wie beispielsweise von den Guerillakämpfern der Hisbollah im »Territorium Libanon« und der Hamas im »Territorium Palästina«. Für Osama Bin Laden und die al-Qaida war und ist der bewaffnete Kampf nicht die einzige Form des defensiven Djihad. Auch der Wirtschaftskrieg, insbesondere der Boykott von Gütern der Ungläubigen, und der ideologische Kampf gehören dazu – vor allem für jene Muslime, die nicht in der Lage sind, am bewaffneten Kampf teilzunehmen. Die Hauptakteure dieses defensiven Djihad haben nichts übrig für Nationalismus, Kapitalismus, Sozialismus/Kommunismus und Demokratie. Vielmehr stellen sie dem westlichen Konzept der Globalisierung ihr Konzept von einer globalisierten islamischen Welt gegenüber.

Masterplan der Gläubigen und der »offensive« Djihad

Zu den Vätern des islamistischen Terrorismus zählt – unter anderen – der zum Christentum konvertierte Ägypter Mark A. Gabriel, der vor seiner Konversion islamische Geschichte an der Al-Azhar-Universität in Kairo lehrte, den Religionsgelehrten Ibn Taimiya (1263–1328). Der wehrhafte Syrer, er kämpfte gegen die mongolische Invasion in seiner Heimat, vertrat die Prinzipien: »Muslime sollten sich gegen jede islamische Regierung, die das Land nicht ausschließlich nach dem islamischen Gesetz regiert, Widerstand leisten, sie bekämpfen und stürzen. Muslime sollten in den Djihad gegen jeden ziehen, dessen Glaube vom Islam abweicht, besonders gegen Juden und Christen.«[15]

Osama Bin Laden berief sich auf Taimiya und behauptete, im defensiven Djihad dürften die Glaubenskämpfer »notfalls auch die Hilfe von Menschen in Anspruch nehmen, die aus unreinen Motiven kämpften (etwa um des persönlichen Vorteils willen) oder einige Regeln und Gebote des Islam nicht beachten«[16]. Zu dieser »dunkel definierten Kategorie von Verbündeten« dürfte auch der einstige Kleinkriminelle und Afghanistankriegsveteran

Abu Mussab al-Sarkawi (1966–2006) gehört haben, dessen Terrornetzwerk den Irak über Jahre mit blutigsten Kampagnen überzog. In Jordanien gehörte al-Sarkawi zu einer Gruppe, die von der Polizei zu den größten extremistischen Bedrohungen für das Königreich gezählt wurde. Als einer der Anführer wurde er zu einer langjährigen Haftstrafe verurteilt.

Im Gefängnis kam es 1996 dann zum ersten Gespräch zwischen dem jordanischen Djihadisten al-Sarkawi und dem jordanischen radikalen Journalisten Fouad Hussein.[17] Auf diesem und weiteren Interviews, auch mit anderen Führungsoffizieren des Netzwerks der Djihad-Terroristen, basierte ein in Arabisch verfasstes Buch Husseins mit dem Titel *Al-Zarqawi: The Second Generation of al-Qaeda* (2005). In demselben wird der »Masterplan der Gläubigen«[18] beschrieben, dessen Ziel in der Übernahme der Welt und deren Umwandlung in einen islamischen (Gottes)Staat besteht. Beginnend mit der »Erweckung *(awakening)* des 9/11« wollen die Djihadisten den Plan bis 2020 in sieben Stufen erfüllen. Wir befinden uns zurzeit im Übergang von Phase 3 zu Phase 4. »Erhebung und Aufstand« *(arising and standing up)* wird die dritte Phase des Masterplans genannt. Im Zeitraum von 2007 bis 2010 soll es hier zu stärkeren Attacken gegen die säkulare Türkei und den »Erzfeind« Israel kommen. Gerade Israel warnte erst im Februar 2010 vor Gefahren des Cyber-Krieges, für den es sich als Hochtechnologieland aber gut gerüstet sieht. Diese Art des Krieges wird insbesondere für den Zeitraum 2010 bis 2013 angekündigt, Phase 4 des Plans. Sie dient insbesondere dem Untergang der verhassten arabischen Regime, einschließlich Saudi-Arabiens und Jordaniens, es werden die Öl-Lieferanten angegriffen und die US-Wirtschaft gezielt durch Cyber-Terrorismus getroffen. Seinen Abschluss findet der Masterplan nach einem »definitiven Sieg« der Djihadisten in der Gründung des schon Jahre zuvor ausgerufenen Kalifats nach der letzten Schlacht *(Armageddon)* zwischen dem Glauben und dem internationalen Unglauben. In westlichen Printmedien wurde der Masterplan bereits vor einem halben Jahrzehnt in englischer Sprache veröffentlicht, so 2005 in *The Age* in Australien und 2006 in *The New Yorker* in den USA. Bekannt wurde die Veröffentlichung, aus welchen Gründen auch immer, jedoch nicht. Es bleibt nun dahingestellt, ob die djihadistische Internationale im Zeitplan bleibt und den Plan in den nächsten zehn Jahren erfüllt – oder ob sie doch mehr Zeit braucht.

Wie es in den Zeiten der bipolaren politisch-ideologischen Weltordnung »Stellvertreterkriege« gab, so gibt es in der jetzigen Zeit der bipolaren religiös-politischen Weltordnung ebenso einen Stellvertreterkrieg, allerdings der anderen Art. Stellvertretend für die riesige islamische Weltgemeinschaft *(umma)* führen Angehörige einer quantitativ winzigen, aus eigener Sicht qualitativ aber wichtigen »Rettergeneration« einen Djihad, der ihre Glaubensbrüder aus der Dekadenz der sie umgebenden »Unreinheit« führen soll. Jeder einzelne »Retter« ist wichtig für diese globale Mission. Paramilitärisch ausgebildet und »zum Töten programmiert«, religiös und psychologisch geschult und damit die »Rettungsideologie verinnerlicht«, sind diese »Auserwählten« im finalen Einsatz bereit, das eigene Leben »heldenhaft als Märtyrer« zu opfern – für sich selbst, für die »Bruderschaft der Retter« und die große muslimische Gemeinschaft. Das Auslöschen von Leben wird für sie somit zum »ultimativen Gottesdienst«. »Wir lieben den Tod, ihr liebt das Leben« – diese Opferbereitschaft belegt die überlegene Stärke vor den Feinden des Islam,[19] zu denen schon seit Jahren auch Deutschland zählt. Den drittgrößten Truppensteller in Afghanistan scheinen al-Qaida und Verbündete seit 2005 zunehmend als »attraktives« Anschlagsziel zu betrachten. Just in jenem Jahr hatten die Taliban die Rückeroberung Afghanistans verkündet.

**Masterplan der zweiten al-Qaida-Generation zur
Errichtung des Kalifats und der Beherrschung
des globalen islamistischen Gottesstaates**

Phase	Zeitraum	Planerfüllung/Plan (Phasen), Ziel
1	2001/02	»Erweckung« *(awakening)* des Bewusstseins der Muslime infolge der 9/11-Selbstmordanschläge. Das Ziel dieser Märtyrer-Aktionen war es, die USA zu einer Kriegserklärung gegenüber der islamischen Welt zu provozieren und dadurch die Radikalen zu mobilisieren.
2	2002 bis 2006/07	Periode der »geöffneten Augen« *(opening eyes)*. In dieser Phase hoffen die Djihadisten, die westliche »Verschwörung« *(al-Muamarah)* der Gemeinschaft aller Muslime *(umma)* bewusst machen zu können. Al-Qaida fährt in dieser Zeit fort, seine geheimen Bataillone zu formen, die dann für die Schlacht bereit wären.
3	2007 bis 2010	»Erhebung und Aufstand« *(arising and standing up)*. In dieser Phase soll es zu immer stärkeren beziehungsweise häufigeren Attacken insbesondere gegen die säkuläre Türkei und den »Erzfeind« Israel kommen.
4	2010 bis 2013	Dient dem Untergang der verhassten arabischen Regime, einschließlich Saudi-Arabiens und Jordaniens. Es werden die Öl-Lieferanten angegriffen und die US-Wirtschaft gezielt durch Cyber-Terrorismus getroffen.

5	2013 bis 2016	Der Zeitpunkt, zu dem ein islamischer Staat oder ein Kalifat ausgerufen werden kann. Erstrebt wird ein solches in Anlehnung an die idealisierte Anfangszeit (632–661) der vier ersten – »rechtgeleiteten« – Nachfolger *(khalifa)* des Propheten.
6	2016 bis 2018	Periode der »totalen Konfrontation« *(total confrontation)*. Sobald das Kalifat ausgerufen wurde, wird die »islamische Armee« den Kampf zwischen den Gläubigen und Ungläubigen schüren; was durch den al-Qaida-Begründer Osama Bin Laden oft vorhergesagt wurde. Dieser Krieg ist im Wesentlichen ein Religionskrieg, also einer zwischen Glauben *(Iman)* und dem internationalen Unglauben *(al-Kufr al-Alami)*.
7	2018 bis 2020	Auf die *total confrontation*, die eigentlich nicht länger als zwei Jahre dauern soll, folgt die Phase des »definitiven Sieges«. In den Augen der Djihadisten wird das Kalifat zweifellos erfolgreich sein, denn der Rest der Welt wird am Ende durch 1,5 Milliarden Muslime niedergeworfen sein. Mit der »Endschlacht« *(Armageddon)* ist die letzte Stufe des Masterplans spätestens 2020 abgeschlossen.

Nach Fouad Hussein. Einen Hinweis auf die Publikation des jordanischen Journalisten gab es im Artikel »Al-Queda 7-stage masterplan for terror campaign for global Caliphate«. In: The Age *(Melbourne), 24. August 2005.*

Von den Taliban lernen heißt siegen lernen

Für die Welt war das Emirat Afghanistan die reaktionärste Klerikaldiktatur auf Erden, für die Taliban hingegen ein Modell für die gesamte islamische Welt. Nach der Eroberung der Landeshauptstadt 1996 wurde aus Radio Kabul »Radio Scharia«, die »Stimme« der Taliban. Mit der Kapitulation der Taliban vor der internationalen Antiterrorkoalition im Dezember 2001 erlosch ihre »Stimme«. Keine vier Jahre später ging sie im April 2005 wieder auf Sendung und verkündete das Ziel der neu aufgestellten Taliban, die sich im afghanisch-pakistanischen Stammesgebiet der Paschtunen mit einer Art Ministaat neu positioniert hatten: die Rückeroberung Afghanistans.

Taliban-Begründer und -Führer Mullah Omar rief zum Djihad gegen die USA und ausländische Kräfte auf. Bereits im darauffolgenden Monat meldeten sich die Taliban mit Terror zurück. Ende Mai 2005 töteten sie in Kandahar den Führer des Rates der muslimischen Geistlichen, Maulawi Abdullah Fayaz, der einst Mullah Omar den Titel »Befehlshaber der Gläubigen« aberkannt hatte.[20] Nur drei Tage später mischte sich auf der Trauerfeier für den Ermordeten in der Abdul-Rab-Achundsada-Moschee ein Taliban-Märtyrer unter die Gemeinde. Mit seinem Selbstmord riss er 19 Trauernde, darunter auch Kabuls Sicherheitschef Akram Chakriswal, in den Tod. Dieser Anschlag war in Afghanistan das erste Selbstmordattentat auf eine Moschee, die Taliban leiteten damit ihre bis heute andauernde Offensive ein.

Bereits im Folgejahr war eine Propaganda-CD mit dem Titel »Karawane der Märtyrer« im Umlauf. Aktiv und aggressiv warben die Taliban weiter um neue Anhänger, die in mobilen Ausbildungslagern in Afghanistan (Kandahar, Helmand) und festen paramilitärischen Camps in Pakistan (Waziristan) für den Djihad ausgebildet wurden. Der zweiten Generation der Taliban-Djihadisten wurde nun auch ein in Paschtu-Sprache verfasstes militärisches Regelbuch mit Verhaltensanweisungen auf den Weg des Sieges gegeben. Die *Dschihadi Laayha* richtete sich

»an alle Mudjaheddin, die ihr Leben für den Islam und für Allah opfern wollten«. Das aus 30 Artikeln bestehende Regelbuch, eine »Anleitung für die Mudjaheddin auf dem Weg Gottes des Islamischen Emirates Afghanistan, um den geheiligten Krieg noch heiliger zu gestalten«, war von Mullah Omar unterzeichnet.[21] Der oberste Taliban-Führer hatte im Oktober 2006 in einer Botschaft die »sogenannte Demokratie« in Afghanistan für gescheitert erklärt und die NATO zum Abzug aufgefordert: »Mit Allahs Gnade wird der Kampf um ein Vielfaches verstärkt und viel organisierter werden ... Ich bin zuversichtlich, dass die Amerikaner wie die Sowjets geschlagen werden.«[22] Ende 2006 kontrollierten die Taliban bereits ein dreimal so großes Territorium im Süden und Osten wie noch Ende 2005. Mit 140 Selbstmordanschlägen 2006 versechsfachte sich deren Zahl gegenüber dem Vorjahr. Die Feuerüberfälle auf NATO-Truppen verdreifachten und die Angriffe auf afghanische Einheiten vervierfachten sich.

Im Februar 2007 kündigte Taliban-Kommandeur Mullah Hajatullah Khan das »blutigste Jahr für ausländische Truppen« an. Für die Frühjahrsoffensive würden 10 000 Kämpfer in Stellung gebracht, darunter etwa 2000 Selbstmordattentäter. Zum Ende des Jahres waren über 6000 Menschen der Gewalt zum Opfer gefallen, 200 ausländische Soldaten hatten ihr Leben verloren. Das Verteidigungsministerium sprach im Dezember 2007 von dem »blutigsten Jahr« für das Land.

Zum Vorboten der Frühjahrsoffensive 2008 wurde ein Selbstmordanschlag am 14. Januar auf das einzige Fünf-Sterne-Hotel der Hauptstadt. Das *Serena* in Kabul wurde häufig von Botschaften für Gespräche und Feiern genutzt und galt als »Oase in einer vom Krieg verwüsteten Stadt«. Im laufenden Jahr erhöhten die Taliban die Zahl und den Schweregrad ihrer Anschläge. Mit 280 getöteten Soldaten wurde 2008 zum bis dahin verlustreichsten Jahr für das Bündnis. Mehr als 2100 Zivilisten waren infolge von Kampfhandlungen ums Leben gekommen, eine Steigerung um 40 Prozent gegenüber dem Vorjahr. Über 6300 Menschenleben hatte Afghanistan 2008 zu beklagen. Der bewaffnete Kampf, so die Analyse der United Nations, ist zunehmend gekennzeichnet von Selbstmordanschlägen, improvisierten Sprengsätzen, Entführungen und Luftangriffen, die alle dazu beitragen, die Zahl der Toten in der Zivilbevölkerung zu erhöhen.

Zu den Vorboten der Frühjahrsoffensive 2009 zählte eine Märtyrer-Operation in der südafghanischen Provinz Urusgan. Am 2. Februar hatte sich ein als Polizist verkleideter Selbstmordattentäter der Taliban auf dem Gelände der Polizeischule der Provinzhauptstadt Tirin Kot in die Luft gesprengt. Bei diesem Anschlag wurden 21 Polizisten getötet und mindestens 20 weitere verletzt. Nur eine gute Woche später töteten Selbstmordkommandos der Taliban bei einer bis dahin beispiellosen Angriffsserie in Kabul mindestens 26 Menschen, rund 50 weitere wurden verletzt. Kurz vor dem Besuch des neuen US-Sonderbeauftragten für Afghanistan und Pakistan, Richard Holbrooke, griffen acht Taliban drei Regierungseinrichtungen im stark gesicherten Zentrum an. Fast zeitgleich hatten die Kämpfer die Ministerien für Gesundheit und Justiz sowie die Gefängnisbehörde gestürmt. Einige der Täter sprengten sich in die Luft, andere verschanzten sich im Innenministerium. Eine derartige Anschlagsserie hatte es seit dem Sturz der Taliban im Jahr 2001 nicht gegeben. Die Mordtaten nach al-Qaida-Muster, koordinierte Aktionen gleichzeitig an mehreren Orten, erinnerte an die noch keine drei Monate zurückliegenden Terrorattacken im indischen Mumbai.

Flexibel reagierte die Taliban-Führung auf die Kriegsstrategie des neuen US-Präsidenten Barack Obama und dessen General Stanley McChrystal, der diese als ISAF-Oberbefehlshaber mit Richtlinien zur Aufstandsbekämpfung (*Counter insurgency*; COIN) umzusetzen suchte. Die Antwort auf die neue Strategie der NATO war ein neues Regelbuch für den Djihad, das nach Angaben des arabischen Senders al-Jazeera im Juli 2009 an alle Kämpfer verteilt wurde.[23] Mit demselben sollte die Bewegung der Mudjaheddin stärker zentralisiert werden. Das in 13 Kapitel und 67 Artikel unterteilte Buch stellte, im Grunde genommen analog zum Manifest McChrystals, auf das zentrale Anliegen des Kampfes ab, eben das Vertrauen und die Zustimmung des afghanischen Volkes. Die Glaubenskämpfer der Taliban sollten sich, so das Regelwerk, »gut benehmen und anständig mit dem Volk umgehen, um sich den Herzen der muslimischen Zivilisten zu nähern«; und sie sollten ihre »Selbstmordattacken nur gegen hohe und wichtige Ziele, nicht aber gegen brave Söhne des Islam« richten.

Die ISAF bekam dies deutlich zu spüren. In seiner Analyse zur Situation vom 30. August 2009[24] kam General McChrystal zu einer dramatischen Einschätzung, verbunden mit konkreten Forderungen: Entweder schicken wir mehr Soldaten ins Land oder wir werden diesen Krieg verlieren. Zur Umsetzung der Aufstandsbekämpfungsstrategie hielt er zusätzliche 30 000 bis 40 000 Soldaten für erforderlich. Zudem sollten in den von den Taliban befreiten Gebieten die Stämme und Dorfgemeinschaften Geld und Waffen bekommen, um deren Loyalität zu sichern.[25] Wie schon das Vorjahr war auch 2009 ein desaströses Jahr für Afghanistan. Über 2400 Zivilisten kamen durch Gewalt der unterschiedlichsten Art ums Leben, zwei Drittel davon wohl durch die Taliban. Die Soldaten auf der gegnerischen Seite zählten über 500 Tote, darunter 316 Amerikaner.

Zum Vorboten der Frühjahrsoffensive 2010 wurde eine koordinierte Märtyrer-Operation auf das gesicherte Zentrum Kabuls am 18. Januar, die stark an die Anschlagsserie am 11. Februar 2009 erinnerte. Bis zu 30 Taliban, darunter zehn Selbstmordattentäter, griffen im Regierungsviertel simultan den Regierungspalast, das Hotel *Serena*, zwei Einkaufszentren und ein Kino an. Die Attacken nach dem »Modell Mumbai« erfolgten symbolische zehn Tage vor der internationalen Afghanistan-Konferenz in London.

Im Februar erreichte die Zahl der in Afghanistan getöteten US-Soldaten nach einer unabhängigen Internetseite die Marke 1000. Im selben Monat begann die NATO-Operation »Muschtarak« (»Gemeinsam«) mit 15 000 Soldaten, zwei Drittel davon aus Afghanistan, in der Südprovinz Helmand. Die Großoffensive hatte zum Ziel, die Taliban im Kampf auf dem Boden zu vertreiben und das Land gemeinsam mit der Zivilbevölkerung neu aufzubauen sowie eine Rückkehr der Taliban nachhaltig zu verhindern. Nach diesem »taktischen Vorspiel« sollte ein noch größerer Einsatz in der Nachbarprovinz Kandahar erfolgen. Vor dem Feldzug gegen ihre Hochburg warnten die Taliban die NATO Mitte März mit einer Serie von Selbstmordanschlägen in Kandahar, bei der mindestens 35 Menschen ums Leben kamen.

Ob die durch Offensiven »vom Gegner gesäuberten« Regionen und Orte von der afghanischen Armee und Polizei auf Dauer gehalten werden können, bleibt abzuwarten. Schon bald werden sie zunehmend auf sich gestellt sein, sehen doch die USA, Großbritannien, aber auch Deutschland vor, bereits 2011 mit dem Rückzug zu beginnen. Zum verdeckten Einsickern in erobertes Gelände haben die Taliban alle Zeit, sie brauchen nur abzuwarten. Den Einsatz am Hindukusch hielt Obamas Gesandter Richard Holbrooke bereits vor einem Jahr für schlimmer, schwieriger und härter als den Vietnamkrieg: »Jedes Jahr töten wir mehr Taliban, und jedes Jahr gibt es mehr von ihnen.«[26]

Gegen die Welt und ihre Mächte

Am 7. Oktober 2001 begann die US-geführte Antiterror-Allianz ihre »Operation Enduring Freedom« mit dem Ziel, »die Verwendung von Afghanistan als Operationsbasis für Terroristen zu stören und die militärischen Fähigkeiten des Taliban-Regimes anzugreifen«[27]. Die Miliz des Taliban-Emirats wurde seinerzeit auf 50 000 Kämpfer geschätzt. Nicht diese Milizionäre, sondern die etwa 12 000 »Fremdenlegionäre des Djihad« waren die eigentlichen Elitetruppen, allen voran die gut 2000 Djihadisten der al-Qaida.[28] Gegen sie kämpften die OEF-Streitkräfte im Bündnis mit der einheimischen Nordallianz schon über einen Monat, da beschloss der UN-Sicherheitsrat am 14. November mit der Resolution 1378 die »Errichtung einer multinationalen Friedenstruppe für Afghanistan«.

Zur absehbar anstehenden politischen Neuordnung des Landes organisierten die United Nations eine internationale Konferenz, die am 26. November auf dem Bonner Petersberg begann. Sie endete am 5. Dezember mit der Wahl des paschtunischen Stammesführers Hamid Karzai zum Vorsitzenden einer provisorischen Regierung. An der Zeremonie zur Vereidigung der Übergangsregierung am 23. Dezember 2001, die Taliban hatten bereits kapituliert, nahmen Vertreter aller 31 Provinzen Afghanistans wie auch jene Kriegsfürsten teil, die sich bis zuletzt gegen die »Petersberger Beschlüsse« ausgesprochen hatten.

Nur drei Tage zuvor hatte der UN-Sicherheitsrat einstimmig mit der Resolution 1386 ein Mandat für den Einsatz einer internationalen Schutztruppe beschlossen. In der zu schaffenden UN-Friedenstruppe, der »International Security Assistance Force« (ISAF), sollten 5000 bis 6000 Soldaten aus bis zu 30 Staaten zur Stabilisierung des Großraums Kabul in Afghanistan stationiert werden. In Deutschland stimmte der Bundestag am 22. Dezember 2001 erstmals für die Entsendung von Bundeswehrsoldaten für diese Aufgabe.

Im Rotationsverfahren hatten Briten, Türken, Deutsche und Niederländer das Kommando über die ISAF, im August 2003 ging es an die NATO. Damit wurde die Arbeit der damals 5500 Mann (davon 1500 Bundeswehrsoldaten) starken ISAF zu einer historischen Mission, führte doch die NATO erstmals in ihrer Geschichte eine Operation außerhalb des Hoheitsgebietes ihrer Mitgliedsländer. Damit einher ging eine Erweiterung der Schutzaufgaben. Um die Friedensbemühungen auch ins Land tragen zu können, dehnte der UN-Sicherheitsrat im Oktober 2003 mit der Resolution 1510 das Mandat auf ganz Afghanistan aus. In der Folge stieg die ISAF-Truppenstärke Jahr für Jahr, 2006 lag sie bei 19 600 Soldaten (die Obergrenze der Bundeswehrsoldaten lag gemäß Bundestagsmandat bei 3000), 2009 bei 84 150 (4500).

Mit den ohne UN-Mandat operierenden OEF-Soldaten standen zum Jahreswechsel 2009/2010 rund 110000 Soldaten der Koalition in Afghanistan. Neben den ISAF-/OEF-Kräften unterhielten US-Sicherheitsfirmen wie Sentry, Special Operations Consulting-Security Management Group (SOC-SMG) sowie Xe Services (früher Blackwater) Privatarmeen und hatten wohl mehrere Zehntausend Mann im Land unter Vertrag.[29]

Dennoch hatten die stetig gewachsenen Kräfte das Land nicht sicherer gemacht; im Gegenteil, die Sicherheitslage hatte sich verschlechtert. Parallel zur Ausweitung der ISAF-Mission wurde die »Aufstandsbewegung« der Taliban immer virulenter. Ihre Angriffe und Anschläge forderten einen immer höheren Blutzoll. Seit ISAF-Beginn am 22. Dezember 2001 waren bis Januar 2010 über 1500 Soldaten, darunter weit über 30 Bundeswehrsoldaten, gefallen. Der Wiederaufbau im Land verlief schleppend. Die Regierung Karzai war auch durch die Wahl 2009 nicht wirklich demokratisch legitimiert. Ungelöst waren die landesweit riesigen Probleme Rauschgift und Korruption. Zu guter Letzt sank in den Heimatländern der Truppensteller die Zustimmung der Bevölkerung für die Mission, die auf nicht absehbare Zeit die Koalitionäre Milliarden über Milliarden kostete.

Vor dem Hintergrund dieser Bilanz traf sich die internationale Staatengemeinschaft Ende Januar 2010 zur Afghanistan-Konferenz in London.[30] Delegierte von 60 Staaten und zehn internationalen Organisationen einigten sich darauf, ihr Engagement am Hindukusch auszuweiten und neu auszurichten. Präsident Hamid Karzai versprach in seinem Sechs-Punkte-Plan zur Rettung Afghanistans, dass seine Regierung alles tun werde, um die Befriedung, die Aussöhnung und die wirtschaftliche Entwicklung seines Landes zu befördern. Sie werde gegen Korruption und Wahlfälschung vorgehen und eine funktionierende Verwaltung aufbauen. Die Koalition vereinbarte, die ISAF-Truppen auf 135000 Soldaten aufzustocken. Bis Oktober 2011 sollte die Zahl der Soldaten der Afghanischen Nationalarmee (»Afghan National Army«; ANA) auf rund 170000[31] und die der Polizei auf 134000[32] steigen. Darüber hinaus beschloss die Staatengemeinschaft einen »Reintegrationsfonds für kriegsmüde Taliban« mit einem Umfang von 500 Millionen US-Dollar (350 Millionen Euro). Deutschland wollte sich mit 50 Millionen Euro in den nächsten fünf Jahren daran beteiligen. Außerdem kündigte die Bundesregierung eine weitere Entsendung von bis zu 850 Bundeswehrsoldaten sowie die Verdopplung der Entwicklungshilfe an.

Dennoch, vergleicht man die erste Afghanistan-Konferenz Ende 2001 in Bonn mit der letzten Konferenz Anfang 2010 in London, dann waren die Koalitionäre vom idealistischen »Petersburger Programm« abgekommen und hatten sich ganz pragmatisch einem »Ausstiegsszenario unter Gesichtswahrung« gewidmet: »Bis Mitte 2011 muss unser Kampf gegen die Taliban an einen Wendepunkt gekommen sein«, so der britische Gastgeber, Premier Gordon Brown.[33]

Dass die letzten beiden Afghanistan-Konferenzen in London stattgefunden hatten, war nicht ohne Pikanterie. Keine ausländische Macht war am Hindukusch häufiger und dramatischer gescheitert als die Briten, die nach drei Anglo-Afghanischen Kriegen das Land schließlich 1919 in die Unabhängigkeit entließen.[34] Nur zwei Jahre später schloss das unabhängige Afghanistan 1921 einen Freundschaftsvertrag mit der UdSSR. Fast 60 Jahre später marschierten die Truppen des »Freundes« im Dezember 1979 ein. Mit dieser Invasion begann der bis 1989 dauernde Afghanistankrieg der Sowjets, an dem insgesamt 620000 Angehörige der Roten Armee teilnahmen.[35] In jedem der Kriegsjahre befanden sich zwischen 80000 und 104000 Militärangehörige und Zivilbedienstete in Afghanistan. Zusammen mit rund 25000 Soldaten der sozialistischen Zentralregierung sowie rund 5000 Mitarbeitern des Kabuler Geheimdienstes Chad bekämpften sie die Krieger afghanischer Stämme. Zwischen 150000 und 170000 Glaubenskämpfer aus 30 Mudjaheddin-Gruppen waren am Djihad gegen in- und ausländische Gottlose beteiligt. Unterstützt wurden sie von mindestens 35000 radikalen Muslimen aus 43 Ländern der islamischen Welt.

Wie sieht nun das Kräfteverhältnis der sich bekämpfenden Parteien ein Vierteljahrhundert später aus?

Wenige Wochen vor der letzten Afghanistan-Konferenz in London stellten 44 Länder insgesamt 84 150 ISAF-Soldaten.[36] Im Januar 2010 hieß es, dass die ISAF-Schutztruppe vorübergehend auf 135 000 Soldaten aufgestockt werden sollte. Zusätzlich zu den von den USA angekündigten 30 000 neuen Soldaten gab es Zusagen für mindestens 9000 Soldaten aus anderen NATO-Staaten. Neben der ISAF waren in der Bekämpfung der Taliban auch OEF-Soldaten und Spezialisten der privaten Militärindustrie sowie rund 100 000 Mann der Afghanischen Nationalarmee tätig, nicht zu vergessen die fast 100 000 Polizeikräfte.

Ihr »aufständisches« Gegenüber war qualitativ »ein locker organisierter Haufen mit auseinanderstrebenden Zielen«, so Richard Holbrooke, dessen quantitative Größenordnung bei »vielleicht 25 000 Mann lag«. Zur Auseinandersetzung mit denselben fügte der US-Sonderbotschafter hinzu: »Dies ist unser härtester Krieg, gegen einen Feind, der noch nie so schwer zu fassen war.«[37] Die Taliban kämpfen mittlerweile auf höchstem Guerilla-Niveau, zwingen ihrem militärisch weit überlegenen Gegner ihre asymmetrische Kriegsführung mit beängstigenden Erfolgen auf.

Zur Einsatz-Symbolik gehörte, dass die Taliban die United Nations ins Visier nahmen. Als Herren des ersten Emirats Afghanistan hatte die UNO den Taliban schon 1997/98 die Anerkennung als politisch rechtmäßige Führer des Landes verweigert;[38] und nun, im erneuten Kampf der Taliban für die Errichtung eines Emirats Afghanistan, war es wieder die UNO gewesen, deren Sicherheitsrat die »Einrichtung einer multinationalen Friedenstruppe« und deren militärisches Wirken in ganz Afghanistan beschlossen hatte. Darüber hinaus hatte die UNO das »Marionetten-Regime« Karzai nach der jüngsten Präsidentenwahl legitimiert, trotz mutmaßlichen Wahlbetrugs.

Wohl vor diesem Hintergrund wurde die UNO in Afghanistan zum Angriffsziel.[39] In Kabul unterhielt die Organisation 93 verschiedene Gästehäuser. Auf eines davon erfolgte am 28. Oktober 2009 ein gezielter Angriff, bei dem fünf ausländische UN-Mitarbeiter getötet wurden. Nach diesem Anschlag plante die UNO eine drastische Reduzierung ihres Personals in Afghanistan. So sollten 600 (bis 700) der rund 1100 Angestellten versetzt, an »sichere Orte« im Land umgesiedelt oder ins Ausland abgezogen werden. Das Signal dieses Abzugs war verheerend. Einerseits war und ist die UNO doch Synonym für das zivile Engagement der internationalen Staatengemeinschaft in Afghanistan. Andererseits wertete die Taliban-Führung den Anschlag in Kabul ob dieser Reaktion als vollen Erfolg. So soll sie ihre Kommandeure angewiesen haben, auch künftig ähnliche Anschläge gezielt auf UN-Einrichtungen im Land zu begehen.

In der asymmetrischen Auseinandersetzung von Selbstmordattentätern gegen ferngesteuerte Flugroboter (Drohnen) – das »Drohnenprogramm« hatte im Sommer 2008 begonnen – suchen die Taliban durch Spezialoperationen auch ihre moralische und gar intellektuelle Überlegenheit als Gotteskrieger zu dokumentieren. Eine derartige Märtyrer-Operation wurde Ende 2009 zum Modellfall. Mit Beginn der neuen »Strategie Aufstandsbekämpfung in Afghanistan« begannen die USA auch ihren Kampf gegen Taliban und al-Qaida, die sich in Waziristan, den Stammesgebieten an der Grenze von Pakistan zu Afghanistan, aufhalten, zu verstärken. Die CIA wurde autorisiert, den Einsatz von unbemannten Drohnen[40] in jenen Gebieten auszudehnen, die sich der Kontrolle durch die pakistanische Regierung weitgehend entziehen. Eine Schlüsselrolle für den Drohnen-Einsatz spielte die in der ostafghanischen Provinz Khost gelegene Militärbasis »Chapman«, auf der die CIA mit ihrer Station *(Forward Operating Base)* ein Überwachungszentrum für Operationen unterhielt.

Am 30. Dezember 2009 sprengte sich in diesem CIA-Camp ein Selbstmordattentäter in die Luft und riss acht weitere Menschen mit in den Tod. Der Attentäter, ein 36-jähriger Mediziner, stammte wie der 2006 getötete Führer der al-Qaida im Irak, Abu Mussab al-Sarkawi, aus der jordanischen Stadt Zarqa. Beim

Betreten des Camps hatte Humam al-Balawi alias Abu Dajana al-Chorasani[41] keinerlei Verdacht erregt, war er den Nachrichtendienstlern doch als zuverlässiger Informant bekannt. Der Arzt war 2007 wegen extremistischer Aktivitäten in seiner Heimat verhaftet worden und im Gefängnis vom jordanischen Geheimdienst GID[42] zur Spionage angeworben worden. In einer gemeinsamen Operation von CIA und GID bekam al-Balawi später die Aufgabe, in Waziristan die al-Qaida-Führung zu infiltrieren. Über Wochen lieferte er scheinbar korrekte Informationen und bat schließlich um ein Treffen auf der CIA-Basis bei Khost, um brisante Informationen persönlich vorzutragen. Doch statt zu informieren, wie der al-Qaida-Vizechef Aiman al-Zawahiri sicher »neutralisiert« werden könnte, brachte er als »heimlicher Doppelagent im Dienste des Djihadismus«[43] seinen unter der Kleidung verborgenen Sprengsatz zur Detonation und tötete seine Auftraggeber. Mit ihm starben sein jordanischer GID-Führungsoffizier sowie sieben CIA-Experten, darunter die Leiterin der Geheimdienstbasis.

Die Ausschaltung des Elite-Teams war ein verheerender Schlag: »Rein zahlenmäßig war es der höchste Verlust an CIA-Agenten durch einen einzigen Angriff seit dem Anschlag auf die US-Botschaft in Beirut 1983. Zugleich wurde die jahrzehntelange Aufbauarbeit eines Teams von Islam-Experten und Spezialisten für die Grenzregion Afghanistan-Pakistan ausgelöscht.«[44] Als »Held des Djihad« hatte al-Balawi mit seiner Mission der CIA einen schweren Schlag versetzt und zugleich den jordanischen GID düpiert. Nur zehn Tage nach dieser Märtyrer-Operation, Anfang Januar 2010, zeigte der Sender al-Jazeera das Video-Testament des Märtyrers, in dem dieser seine Tat mit Rache begründete.

Die unbemannten Drohnen der Ungläubigen lieferten nicht nur Echtzeitbilder auf der pakistanischen Seite, sie wurden und werden auch zu Luftangriffen auf Führungspersonen eingesetzt. Hunderte von Kämpfern waren so ums Leben gekommen.[45] Zu diesen zählte auch der pakistanische Taliban-Führer Baitullah Mehsud, der im August 2009 einem Luftangriff erlegen war. Sein

Tod war nun durch den Djihadisten al-Balawi gerächt worden:
»Wir sagen unserem Emir Baitullah Mehsud, dass wir sein Blut
niemals vergessen werden. Es erinnert uns daran, ihn in und
außerhalb von Amerika zu rächen.«[46] Die Taliban in Pakistan,
die Taliban in Afghanistan und auch die al-Qaida, sie alle ver-
buchten diesen Sieg über den Gegner für sich – dem Gegner
wurde durch diese erfolgreiche Operation eines Doppelagenten
eine Gefahr vor Augen geführt, die mehr einem Alptraum
gleicht: die praktische Möglichkeit der unbemerkten Infiltration
der Afghanischen Nationalarmee, aber auch der Afghan National Police (ANP) durch die talibanischen Aufständischen. Mit
dieser Gefahr müssen auch Bundeswehrsoldaten und deutsche
Polizeiausbilder leben.

Wenn Taliban gegen »ungläubige Besatzer« kämpfen, dann
töten und fallen sie in einem Krieg, im »Heiligen Krieg«, im
Djihad. Wenn ISAF-Bundeswehrsoldaten gegen Aufständische
kämpfen, dann töten und fallen sie in einem »internationalen
bewaffneten Konflikt«. Nach über acht Jahren »robusten Stabi-
lisierungseinsatzes« erkennt man die Situation in Afghanistan
als »kriegsähnlichen Zustand« an. Weil rein völkerrechtlich jedoch kein Krieg herrscht, ist eben auch das Bundeswehr-Camp
in Kundus offiziell kein Feldlager, sondern eine »Liegenschaft
des Bundes«. Aus Sicht der Taliban muss ein Truppensteller wie
Deutschland, der sich schwertut mit der Kriegssituation in Afghanistan und diese Realität über lange Zeit politisch gewollt
ausgeblendet hat, zunehmend bedrängt und angegriffen werden.
So mag diese Haltung ein Grund – neben militärisch wichtigen
anderen Gründen[47] – gewesen sein, der das Führungsgremium
der Taliban in Quetta zur Anordnung bewog, »dass die Taliban-
Führer in Kundus den Kampf gegen die ausländischen Gruppen
verstärken sollten. Vermutetes Ziel der Aufständischen ist es
dabei, die Nordregion so zu schwächen, dass Deutschland sein
Engagement in Afghanistan beendet und damit die internationale militärische Kooperation in Afghanistan in hohem Maße
geschwächt wird.«[48]

Die Fallschirmjäger-Kaserne steht in Seedorf, einer kleinen

Gemeinde in Niedersachsen. Dort übte die Luftlandebrigade 31 für die Auslandseinsätze der Bundeswehr. Im Februar 2010 wurden hier die Soldaten nach Afghanistan verabschiedet. Nur wenige Wochen später gerieten Soldaten der 1. Infanteriekompanie eines Fallschirmjägerbataillons aus Seedorf in Nordafghanistan in einen Hinterhalt. Im Distrikt Chahar Darreh, nur wenige Kilometer vom Feldlager der Bundeswehr in Kundus entfernt, waren sie auf der Suche nach Sprengfallen, die nach dem Aufspüren unschädlich gemacht werden sollten. Die berüchtigten selbst gebauten »Omar-Bomben« (benannt nach dem Taliban-Führer Mullah Omar), in der NATO-Sprache IED *(Improvised Explosive Devices)* und von den Deutschen USBV (»Unkonventionelle Spreng- und Brandvorrichtung«) genannt, gehören zu den hinterhältigsten und zugleich effektiv-tödlichsten Waffen der Taliban. Die IED-Entschärfer und die Soldaten, die ihre Kameraden schützen sollten, waren gerade ausgestiegen, als der vorbereitete Angriff begann. Insgesamt 70 bis 80 Taliban lieferten der deutschen Kolonne ein Gefecht über Stunden. Eine Bundeswehreinheit, die ihren in Bedrängnis geratenen Kameraden zu Hilfe eilen wollte, erschoss irrtümlich sechs afghanische Soldaten.

Die Bilanz des bis dahin schwersten Kampfes der Bundeswehr in der Region war verheerend: acht zum Teil schwer verletzte und drei gefallene deutsche Soldaten. Mit den Toten des Karfreitags-Gefechts hatte die Bundeswehr seit Einsatzbeginn 39 Soldaten verloren, 22 davon durch Anschläge oder in Gefechten. Die schwer Verwundeten wurden zur Weiterbehandlung im Bundeswehrkrankenhaus Koblenz ausgeflogen. Die Särge der toten Soldaten, ein 35-jähriger Hauptfeldwebel und zwei jüngere Hauptgefreite, wurden zu Ostern am Militärflughafen Köln-Wahn von den Hinterbliebenen und Verteidigungsminister Karl-Theodor zu Guttenberg in Empfang genommen. »Auch wenn es nicht jedem gefällt«, so der Minister, »so kann man angesichts dessen, was sich in Teilen Afghanistans abspielt, durchaus umgangssprachlich von Krieg reden.«[49]

Für die ums Leben gekommenen afghanischen Soldaten

Deutsche Soldaten bei einer ISAF-Patrouille in Afghanistan im Gespräch
mit Kindern

baten Guttenberg und Bundeskanzlerin Angela Merkel, beide
nahmen auch an der Trauerfeier für die gefallenen Bundeswehrsoldaten am 9. April 2010 im niedersächsischen Selsingen
teil, bei Präsident Karzai offiziell um Entschuldigung. Dessen
Regierung hatte ebenso wie die NATO eine Untersuchung des
Geschehens angeordnet. Diese schnelle Reaktion war wohl
eine Lehre aus der Bombardierung der Tanklaster von Kundus
am 4. September 2009.

Fakt ist, dass sich zivile Opfer am Hindukusch auf Dauer
nicht vermeiden lassen. Zur gewählten Kriegsform der Taliban
gehört auch der systematische Missbrauch von Zivilisten als
Schutzschilder, deren provozierter Tod durch »ungläubige Fein-
deshand« dann propagandistisch ausgenutzt wird.[50]

In Deutschland werden Bundeswehrsoldaten zwar für den
Kampf gegen »irreguläre Kräfte« – Terroristen, Guerilleros, Partisanen – trainiert. Ob dies jedoch ausreichend ist für den Guerillakrieg der Taliban, zu deren Taktik der Einsatz von Sprengfallen, Beschuss mit ungelenkten Raketen, Bombenanschläge,

Selbstmordattentate, Geiselnahmen und Terror gegen die Zivilbevölkerung gehören, mag dahingestellt sein. Es ist unstreitig,
dass die Bundeswehr in Afghanistan im Kampfeinsatz ist. Un-
gerührt sprach der frühere Bundesverteidigungsminister und
Altkanzler Helmut Schmidt auf einem Podium an der Hamburger Universität der Bundeswehr im März 2010 vom Afghanistankrieg. Er rechnete damit, dass die NATO den Krieg eines Tages
einfach wird abbrechen müssen, weil sie ihn nicht gewinnen
kann. Helmut Schmidt sah gar »in Afghanistan eine Tragödie
griechischen Ausmaßes für den Westen heraufziehen«[51].

Weltenbrand am Hindukusch

Der »Brandsatz Rauschgift« bestimmte die Tagesordnung der
vierten Afghanistan-Konferenz, die vom 31. März bis 1. April
2004 in Berlin stattfand. Die Regierungsdelegationen aus 56
Ländern bekannten sich in der »Berliner Erklärung« zur »Vision eines sicheren, stabilen, freien, prosperierenden und demokratischen Afghanistan«. Sie verpflichteten sich zu dauerhaften
Anstrengungen für die Sicherheit, wirtschaftliche Entwicklung,
politische Neuordnung und Bekämpfung des Drogenhandels.

Was im darauffolgenden halben Jahrzehnt in Afghanistan
prosperierte, war insbesondere der Wirtschaftsfaktor Rauschgift. Er machte das Land über Jahre zum weltgrößten Opium-
produzenten,[52] seit 2010 auch wieder zu einem global führen-
den Produzenten von Cannabis (Haschisch). Für Afghanistan
selbst, so das United Nations Office on Drugs and Crime
(UNODC), wurde die Drogenindustrie zu einem »metastasie-
renden Krebsgeschwür«, das alle Bereiche Nachkriegs-Afgha-
nistans durchdrang: die Volkswirtschaft, das politische System,
die staatlichen Institutionen und die Gesellschaft.[53] Bereits vor
einem halben Jahrzehnt befürchtete US-General James Jones,
dass Afghanistan auf dem Weg zum Narcostaat sei. »Das drin-
gendste Problem ist die Verbindung von Drogen, organisiertem
Verbrechen und Korruption. Es ist weitaus gefährlicher für die

Zukunft Afghanistans als die Taliban oder al-Qaida«, so der
NATO-Oberbefehlshaber im Mai 2006.[54]

Diese gewachsene Drogenökonomie gefährdet dramatisch
die Stabilität, konterkariert den Stabilisierungsauftrag der Alliierten. Auch deren stetig gewachsene Militärpräsenz vermochte
keine Abhilfe zu schaffen. Dementsprechend thematisierte die
NATO den »Kampf gegen das Rauschgift in Afghanistan« beim
informellen Treffen der 26 Verteidigungsminister am 9./10. Oktober 2009 in Budapest. John Craddock, NATO-Oberbefehlshaber in Europa, forderte, dass die ISAF-Soldaten gegen Dro-
genlabore vorgehen und den Handel mit Opium und Heroin
unterbinden sollten. Während insbesondere die USA, Großbritannien, die Niederlande und Kanada für eine derartige Ausweitung des ISAF-Auftrags waren, sprachen sich Spanien, Italien
und Deutschland dagegen aus. Man einigte sich auf einen Kompromiss: Der Operationsplan von ISAF wird nicht verändert,
die Bekämpfung des Drogenanbaus bleibt Aufgabe der afghanischen Behörden. In welchem Umfang die ISAF-Kontingente der
einzelnen NATO-Staaten gegen das Drogengeschäft tätig werden, sei »Sache der einzelnen Nationen«, so NATO-General-
sekretär Jaap de Hoop Scheffer.[55]

Afghanische Sicherheitskräfte verbrennen Drogen in Herat;
14. September 2010.

**Einsatzmöglichkeiten der »Mehrzweckwaffe Rausch-
gift« im asymmetrisch geführten »Heiligen Krieg«
(Djihad) am Hindukusch in den Jahren 2010/11**

Einsatz:

als unbares Zahlungsmittel (»Narcodollar«)
zur Finanzierung bewaffneter Konflikte

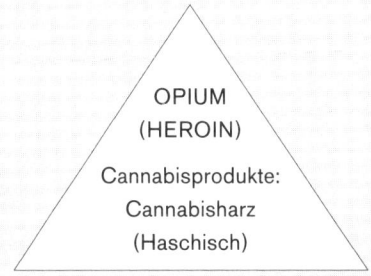

OPIUM
(HEROIN)

Cannabisprodukte:
Cannabisharz
(Haschisch)

Einsatz:	**Einsatz:**
Rauschgiftexport in die Länder der Alliierten, um die »Welt des Feindes« sozial/wirtschaftlich zu schwächen	Rauschgift im Gefechtsgebiet, um die Kampfkraft des Feindes durch Drogenkonsum/-missbrauch zu schwächen

Berndt Georg Thamm, April 2010

Mit diesem Beschluss: »wer will, darf – wer nicht, muss
nicht«, verpasste die NATO eine wichtige Chance – nicht nur
in der Bekämpfung der Finanzierung des Terrors. So wird im
asymmetrisch geführten Djihad bis heute auch »Rauschgift als
Mehrzweckwaffe« eingesetzt, dient es doch als unbares Zahlungsmittel (»Narcodollar«) der Finanzierung des bewaffneten
Konflikts. Beispielsweise können im nördlichen Nachbarstaat
Tadschikistan mit der »Währung Heroin« fabrikneue Kalasch-
nikows gekauft werden.[56]

Der Export des Rauschgifts in die Länder der Truppensteller schwächt die Welt des Feindes. Afghanistan stellt heute über 90 Prozent des illegalen Weltmarkts für Opium, steht damit auch für 95 Prozent des in Europa und damit auch in Deutschland verbreiteten Heroins. Missbrauch, Abhängigkeit, Kriminalität im Zusammenhang mit Drogen und Ausstiegs- sowie Rehabilitationshilfen sind wirtschaftliche und soziale Kostenfaktoren, die in unserer Gesellschaft deutlich zu Buche schlagen. Nicht zuletzt kann im Kampfgebiet durch Einsatz von Rauschgift auch die Kampfkraft des Gegners geschwächt werden. Diese Erfahrungen mussten amerikanische Soldaten schon im Vietnamkrieg (1964–1973) machen. Nach einem Bericht des Pentagons aus dem Jahr 1973 schätzte man, dass 35 Prozent aller Wehrpflichtigen des Heeres in Vietnam Heroin konsumiert hatten und 20 Prozent mindestens einmal während ihrer Dienstzeit davon abhängig waren.[57] Diese Erfahrungen mussten auch sowjetische Soldaten im Afghanistankrieg machen. Nach einer in Santa Monica (Kalifornien) im Mai 1988 veröffentlichten Untersuchung der RAND Corporation, die auf Interviews sowjetischer Kriegsgefangener, Überläufern, afghanischer »Rebellen« und der Auswertung sowjetischer Literatur über die Besatzungszeit von 1980 bis 1987 beruht, hatten mehr als 50 Prozent der sowjetischen Soldaten in Afghanistan regelmäßig Drogen (meist Haschisch) genommen. Andere Schätzungen gingen gar auf 70 Prozent.[58]

Nun geht auch der Krieg der OEF- und ISAF-Soldaten ins zehnte Jahr. Rauschgift kann auch gegen die »neuen Besatzer« als Waffe eingesetzt werden. Warum sollten ausgerechnet sie verschont bleiben? Und warum sollten ausgerechnet die Soldaten der Alliierten gegen diese Waffe gefeit sein? Jedes weitere Einsatzjahr macht sie schärfer.

Vom Hindukusch könnte aber ein noch weit gefährlicherer Weltenbrand ausgelöst werden. Wohl diese Einschätzung bewog US-Präsident Barack Obama dazu, am 27. März 2009 die neue »AfPak-Strategie« (Afghanistan-Pakistan-Strategie) der USA vorzustellen. Sie dokumentierte, dass auf der »Gefahrenliste für

die Völkergemeinschaft« die Hindukuschregion mit Anrainer-
staaten den Nahen Osten mit dem bis dahin dominierenden
Israel-Palästina-Konflikt von Platz eins verdrängt hatte. Von der
Welt, insbesondere der westlichen Welt, meist wenig beachtete
kleinere Regionalkonflikte an der Peripherie Afghanistans
könnten »brandbeschleunigende« Wirkungen entwickeln, was
nachstehende Beispiele verdeutlichen.

Seit fast einem halben Jahrzehnt führt Afghanistans Nachbar
Iran im eigenen Staat einen wenig beachteten Antiterrorkrieg.
Am 18. Oktober 2009 nahm die Welt davon kurz Notiz. Ein
Selbstmordattentäter hatte im Südosten des Landes mindestens
42 Menschen mit in den Tod gerissen und Dutzende verletzt.
Zu den Opfern gehörten fünf ranghohe Kommandeure der Revolutionsgarden (Pasdaran), darunter der Chef der Bodentruppen und der Provinzkommandeur. Der seit Jahren schwerste
Anschlag auf die Garde[59] ereignete sich in der flächenmäßig
größten, am dünnsten besiedelten und unruhigsten Provinz des
Iran, in Sistan-Belutschistan an der Grenze zu Pakistan. Die
Stämme des Kriegervolkes der Belutschen gehören nicht der
landesweit vorherrschenden schiitischen, sondern der sunnitischen Glaubensrichtung des Islam an. Die Revolutionsgarden
hatten in der Stadt Pischin ein Treffen mit Stammesführern geplant, um für Geschlossenheit zwischen Sunniten und Schiiten
zu werben. Zwei Explosionen sollen sich zeitgleich ereignet
haben, eine bei dem Treffen, die zweite hatte einen Konvoi der
Revolutionsgarden zum Ziel.

Sistan-Belutschistan gilt als die gefährlichste Gegend des
Landes. Schmuggler, Banditen und vor allem Drogenhändler
sind im Dreiländereck aktiv. Der florierende Schlafmohnanbau
im benachbarten Afghanistan trug seinen Teil zur Destabilisie-
rung dieser unwirtlichen Region bei. Hier kam es immer wieder
zu Feuergefechten mit Sicherheitskräften und auch zu Entführungen. So wurden am 8. Dezember 2003 ein irischer und zwei
deutsche Touristen aus dem Raum Bremen von Mitgliedern der
Drogenschmugglerbande »Schahbachsch« entführt. Wenig später forderten diese umgerechnet fünf Millionen Euro Lösegeld,

was dem Wert einer von der Polizei beschlagnahmten Drogen-
ladung entsprach, sowie die Freilassung von im Iran inhaftierten
al-Qaida-Mitgliedern.[60] Teheran ging auf diese Erpressung nicht
ein, trotzdem kamen die drei Abenteuerurlauber nach knapp
vier Wochen Geiselhaft wieder frei.

Zum Anschlag in Pischin bekannte sich die radikale sunni-
tische Organisation »Dschundallah« (»Gottes Soldaten«): »Die
Wunden des belutschischen Volkes bluten seit Jahren ohne
Ende« – mit diesem Satz hatten »Gottes Soldaten« zuvor im
Internet ihre Märtyrer-Operation gerechtfertigt.[61] Schon seit
Jahren sieht Teheran in der Rebellengruppe keine provinzielle
Freischärlerbande mehr, die von Entführungen und Drogenhan-
del lebt. Iranische Sicherheitsexperten sehen vielmehr in Abd
al-Malik Rigi, der die bis zu 1000 Kämpfer starke Extremisten-
gruppe führt, »den Statthalter der al-Qaida im Iran. Zu den
Indizien zählt, dass die Organisation Unterstützung von sunni-
tischen Sympathisanten in Pakistan erhält, die eng mit den Taliban und Qaida-Kämpfern paktieren.«[62] Derlei Kontakte sollen
auch durch den Chefplaner des 9/11-Anschlages, Khalid
Scheich Mohammed, aufgebaut worden sein, einem gebürtigen
Belutschen.[63]

Die »Dschundallah« wendete in der Folge die Guerillatakti-
ken ihrer Glaubensbrüder jenseits der Grenze immer öfter an,
vornehmlich gegen Revolutionsgardisten und andere »schiitische Ziele«. Ihre erste Märtyrer-Operation am 28. Mai 2009 in
der großen schiitischen Moschee in der Provinzhauptstadt
Sahedan riss 25 Menschen in den Tod. Im Zusammenhang mit
diesem Selbstmordanschlag wurden 13 »Soldaten Gottes« verurteilt und hingerichtet. Danach kündigte die Untergrundgruppe
im Internet an, jede Hinrichtung ihrer Kämpfer mit Angriffen
auf die Revolutionsgarden zu beantworten.

Unter den rund 3,5 Millionen Belutschen im Iran genießt die
Organisation beträchtlichen Rückhalt. Über die Landesgrenzen
sind diese mit zwölf Millionen pakistanischen Belutschen, die
ihre Unabhängigkeit von Islamabad erstreben, ethnisch verbunden. Für dieses Ziel kämpft seit Jahren die »Balochistan Libe-

ration Army« (BLA), die schon früh enge Kontakte zum Qaida-Netzwerk pflegte. Osama Bin Laden soll hier nach seiner Flucht aus Afghanistan, so der pakistanische Nachrichtendienst Inter-Services Intelligence (ISI) Ende 2001, in Pakistanisch-Belutschistan untergekommen sein. Die jüngste Revolte begann hier 2005. Kenner der Unruheregion wollen nicht ausschließen, dass der vom Westen weitgehend ignorierte belutschische Aufstand sogar den Zusammenbruch des pakistanischen Staates auslösen könnte.

Noch brisanter ist die Situation in der Region, wo der Nordosten Pakistans und der Norden Indiens zusammentreffen. Anfang Januar 2010 kamen hier, im pakistanischen und im indischen Teil Kaschmirs, mindestens sechs Menschen ums Leben, rund 20 wurden verletzt. Ein Selbstmordattentäter hatte im pakistanischen Teil Kaschmirs bei einem Bombenattentat mindestens vier Soldaten in den Tod gerissen; und in Srinagar, der Hauptstadt des indischen Bundesstaates Jammu und Kaschmir, hatten islamistische Terroristen in einem Geschäftsviertel das Feuer auf Passanten eröffnet und sich in einem Hotel verschanzt. Mit dessen Erstürmung ging das 22-stündige Terrordrama blutig zu Ende. Nach Kenntnis der indischen Polizei ging dieser Angriff auf das Konto einer aus Pakistan operierenden Terrorgruppe.[64]

Kaschmir ist der älteste Brandherd der Region, er schwelt seit beinahe 65 Jahren und flammt immer wieder auf. Bis heute hat dieser Konflikt, in den insgesamt bis zu 100 separatistische Rebellengruppen mit äußerst unterschiedlichem militärischem Potenzial involviert sind, über 40 000 Menschenleben gefordert.[65] Seit ihrer Unabhängigkeit 1947 streiten Indien und Pakistan um die Zugehörigkeit Kaschmirs. Der erste Kaschmirkrieg (1947–1949) endete mit der Teilung des zuvor unabhängigen Fürstentums in ein indisches Verwaltungsgebiet im Südosten und ein pakistanisches im Nordwesten. Entlang der Grenzlinie kam es immer wieder zu Kampfhandlungen zwischen den Armeen beider Staaten. Ein zweiter Kaschmirkrieg (1965) wurde auf der Basis des militärischen Status quo beigelegt. Als nach dem Ende des großen Djihad in Afghanistan Kriegsveteranen aus Saudi-Arabien, dem Sudan und anderen islamischen Ländern vom Hindukusch als gelernte Djihadisten nach Kaschmir kamen, um ihren kaschmirischen Glaubensbrüdern bei der »Befreiung Kaschmirs von den Ungläubigen« zu helfen, begann 1990 ein bis heute andauernder Sezessionskrieg. Eine Vielzahl militanter islamistischer Gruppen und Bewegungen kämpft nach wie vor gegen die Einbindung des indischen Teils der Region in den indischen Unionsverband und für den Anschluss an die islamisch-pakistanische Region. In den Vordergrund traten nun radikale Gruppen, die von Pakistan aus operierten und vornehmlich ausländische Kämpfer in ihren Reihen hatten. Dazu zählten beispielsweise die Gruppen »Lashkar-i-Toiba« (»Armee der Reinen«), »Jaisch-e-Mohammed« (»Armee des Propheten Mohammed«) und die »Harkat ul-Ansar« (»Bewegung der Glaubenskrieger«).[66]

Vor dem Hintergrund dieser Entwicklung wurde die Palette der Angriffsziele breiter. Neben militärischen und politischen Einrichtungen geriet nun auch die kaschmirische Bevölkerung ins Visier. Die Anzahl der Selbstmordanschläge stieg, sie wurden nach den Anschlägen des 9/11 auch ins indische Kernland getragen. Als bei einem Terroranschlag der »Lashkar-i-Toiba« am 13. Dezember 2001 auf das indische Parlamentsgebäude in Neu-Delhi, in dem sich 300 Abgeordnete aufhielten, ein halbes Dutzend Menschen getötet und über zwei Dutzend verletzt wurden, eskalierte der indo-pakistanische Konflikt bis an den Rand eines Krieges. Beide Kontrahenten zogen in Kaschmir insgesamt eine Million Soldaten zusammen. Südasien wurde sich der potenziellen Gefahr eines Atomkrieges zweier verfeindeter Nuklearmächte bewusst.[67] Gespräche zur Entspannung nahmen die beiden Atommächte erst 2004 wieder auf.

Pakistans Präsident brachte Ende 2006 Bewegung in den noch immer starren Konflikt um Kaschmir. Er schlug vor, die Truppen beider Länder schrittweise zu reduzieren, den Kaschmiris die Regierungsmacht über die umstrittenen Gebiete zu geben und ein gemeinsames Kontrollgremium aus Indern, Pakistani und Kaschmiris zu schaffen. Bestehende Landesgrenzen wollte Pakistan jedoch erhalten. Nur vier Wochen später tauschten Pakistan und Indien am 1. Januar 2007 Listen über ihre Atomanlagen aus. Die bereits 1988 ausgehandelte und drei Jahre später in Kraft getretene Abmachung soll Angriffe der beiden Atommächte auf Nuklearanlagen des Gegners verhindern. Bereits 2005 war eine Telefonhotline eingerichtet worden, um einen Atomkonflikt zu verhindern.[68]

Im November 2008 wurde der Dialog wieder ausgesetzt. Anlass war ein schwerer Terroranschlag in Mumbai. Ein zehnköpfiges Selbstmordkommando, von der »Lashkar-i-Toiba« ausgebildet, hatte in der indischen Hafenmetropole 165 Menschen (darunter drei Deutsche) getötet und über 300 verletzt. 15 Monate später wollten Indien und Pakistan ihre bilateralen Gespräche wieder fortsetzen. Den angekündigten Friedensgesprächen folgte am 13. Februar 2010 jedoch ein blutiger Terroranschlag in der westindischen Touristenmetropole Pune (früher Poona), bei dem mindestens neun Menschen getötet und 60 verletzt wurden. Eine in einem Rucksack versteckte Bombe war in einer bei Indern und Ausländern beliebten *German Bakery* explodiert. Wieder richtete sich der Urheberverdacht gegen die »Lashkar-i-Toiba«. Die ursprünglich vom pakistanischen Militär für militante Einsätze in Kaschmir unterstützte »Armee der Reinen«[69] soll ihre Basis in der pakistanischen Punjab-Provinz und enge Verbindungen zum Geheimdienst Islamabads haben. Außerdem werden ihr gute Kontakte zu den Taliban und zur al-Qaida nachgesagt.

Die Taliban gehören mehrheitlich dem Volk der Paschtunen an. Der nationalistische Paschtunenführer Wali Khan soll in den achtziger Jahren einmal erklärt haben, er wäre seit 4000 Jahren Paschtune, seit 1400 Jahren Muslim und seit 40 Jahren Pakistani.[70] Wohl um der Dominanz der paschtunischen Ethnie gerecht zu werden, benannte die pakistanische Nationalversammlung ihre Nordwestgrenzprovinz (*North-West Frontier Province*; NWFP) Anfang April 2010 in Khyber-Pakhtunkhwa um. Bei tagelangen Protesten anderer Volksgruppen gegen diese

Umbenennung kamen mindestens drei Menschen ums Leben, rund 100 weitere wurden verletzt.[71]

In der umbenannten Provinz haben Gebiete entlang der pakistanisch-afghanischen Grenze einen politischen Sonderstatus: Stammesgebiete, die der Bundesregierung als *Federally Administered Tribal Areas* (FATA) unterstellt sind. In den FATA leben rund ein Dutzend Stämme mit diversen Unterstämmen und Clans in verschiedenen Regionen *(Agencies)*, im Süden der *Tribal Area* beispielsweise die Nord- und Südwaziristan-Agencies. Hier gelten weniger die Gesetze Pakistans, als vielmehr die Entscheidungen der Stammesräte *(jirga)*, die für Hunderttausende bindend sind. Und in eben diese Stammesgebiete der Paschtunen hatten sich nach ihrem Sturz die paschtunischen Taliban aus Afghanistan zurückgezogen und im Grunde genommen mit Duldung Pakistans neu aufgestellt, um von dort ab 2005 mit der bis heute andauernden Rückeroberung Afghanistans zu beginnen.

Ihre ersten Erfolge über die »ungläubigen Besatzer« ermutigten dann auch die pakistanischen Taliban, die ideologisch, logistisch, aber auch personell eng mit ihrer afghanischen Bruderbewegung verflochten waren. Mit der Zusammenarbeit von afghanischen und pakistanischen Taliban ging eine wachsende »Talibanisierung« in den paschtunischen Grenzgebieten einher.[72]

Der Zusammenschluss pakistanischer Taliban in einer 2007 gegründeten Dachorganisation, der »Tehrik-e Taliban Pakistan« (TTP), war zugleich der Beginn der Bekämpfung des Staates Pakistan. Die »pakistanische Taliban-Bewegung« fing an, ihren Einflussbereich auch außerhalb des Stammgebietes entlang der pakistanisch-afghanischen Grenze auszudehnen, und übernahm die Macht im Swat-Tal. Nun wurde ihre Gefährlichkeit auch international wahrgenommen. Es zeige sich, so seinerzeit der US-Sondergesandte Richard Holbrooke, dass Indien, Pakistan und die USA einem gemeinsamen Feind gegenüberstehen, der »eine direkte Gefahr für unsere großen Städte, unsere politischen Führungen und unsere Völker darstellt«[73].

Um den wachsenden Einfluss der TTP einzudämmen, unternahm die pakistanische Armee seit Anfang August 2008 verschiedene Offensiven im Westen und Nordwesten des Landes. Die schweren Kämpfe lösten Flüchtlingsströme aus; nach Schätzungen von Hilfsorganisationen waren zeitweise über 300 000 Menschen auf der Flucht, ein Teil von ihnen wich nach Afghanistan aus. Große Gebiete Waziristans (aber auch Belutschistans) blieben weiterhin unter der Herrschaft der Taliban. Die

Unruheregion Nordwest-Pakistan; 18. Oktober 2010

gut ausgestatteten TTP-Milizen, die sich den Stammesmilizen überlegen zeigten, wurden materiell und personell aus den radikal-sunnitischen Netzwerken und Koranschulen im Punjab gespeist.[74] Vor diesem Hintergrund begann die pakistanische Armee Mitte Oktober 2009 ihre Gegenoffensive mit einem Großangriff auf die TTP-Hochburg in Südwaziristan. Insgesamt 30 000 Mann Bodentruppen wurden dafür aufgeboten. Ihnen standen, so die Vermutungen, zwischen 10 000 und 15 000 Talibankämpfer gegenüber sowie mindestens 1000 Kämpfer der al-Qaida und der »Islamic Jihad Union«.[75] Etwa 200 000 Menschen flohen aus dem Kampfgebiet – zum Teil auf Anraten der Taliban, die jeden willkommen hießen, der sich ihnen anschloss. Die TTP reagierte auf diesen Großangriff mit einer beispiellosen Terrorkampagne, auch in den großen Städten Pakistans.

Hunderte von Selbstmordanschlägen seit Ende 2006, rund 4000 Tote, eine zunehmende Islamisierung und weitere destabilisierende Faktoren lassen nicht nur den Westen befürchten, dass die Nuklearmacht Pakistan »in Anarchie, Chaos und Unregierbarkeit abgleitet und in absehbarer Zeit samt seiner Atomwaffen zur Beute al-Qaidas und der Taliban werden könnte«[76]. Zwar stehen Pakistans Atomanlagen unter starkem militärischem Schutz, doch stellen die nur schwer zu kontrollierenden Operationen der pakistanischen Taliban-Bewegung und deren Verbindungen »ins Innere des Staates« einen immensen Risikofaktor dar.

Pakistan ist heute im Besitz von schätzungsweise 70 bis 90 Atomwaffen. Um welchen genauen Typ es sich dabei handelt, wie viele davon an welchen Orten stationiert sind und welche Pläne man für sie hat, bleibt mehr oder weniger geheim.[77] Dennoch, so ein britischer Experte, »gibt es ein echtes Risiko, dass in Pakistan Atomwaffen, Teile von Waffen oder Atom-Expertenwissen an Terroristen übertragen werden«[78]. Zwar sind insgesamt 8000 bis 10 000 Mitglieder der pakistanischen Sicherheitskräfte und Soldaten im Einsatz, um die Kernwaffen des Landes zu schützen. »Es gibt jedoch Anlass zur Sorge, dass die meisten Atomanlagen in der Nähe oder sogar in Gebieten liegen, die von

den radikalen pakistanischen Taliban und der al-Qaida be-
herrscht werden.«[79] So ist es auch nicht verwunderlich, dass
Angriffe auf die Atomwaffenlager im Jahr 2007, dem Gründungs-
jahr der »Tehrik-e Taliban Pakistan«, begonnen haben. In einem
Fachartikel, den das »Combating Terrorism Center« (CTC) von
der Militärakademie in West Point im August 2009 veröffentlichte, wurden drei Anschläge der militanten Islamisten aufgeführt, die im November und Dezember 2007 sowie im August
2008 erfolgten. Zu einer weiteren Attacke kam es am 23. Oktober 2009. Ein Selbstmordattentäter der Taliban riss mit einem
Anschlag am Luftwaffenstützpunkt Kamra, die Atomwaffen-
basis ist rund 65 Kilometer nordwestlich von Islamabad gelegen,
sieben Menschen, darunter zwei Soldaten, in den Tod und verletzte weitere 14 Personen.[80]

Doch es sind weniger diese Anschläge, die zu Befürchtungen
Anlass geben. Es sind mehr die Gefahren, die durch Infiltration
und Illoyalität gegeben sind. In den von rund 10 000 Soldaten
bewachten Atomanlagen arbeiten etwa 70 000 Menschen.[81] Sie
können Ziel für Unterwanderungsversuche sein. Nicht auszu-
schließen ist auch die Gefahr, dass Radikale unter den 5000 bis
10 000 Mitarbeitern des Geheimdienstes gemeinsame Sache mit
militanten Islamisten machen. Der 1948 gegründete ISI gilt als
einer der mächtigsten und am besten ausgestatteten Nachrichtendienste der islamischen Welt – und als Staat im Staate mit eigener Außenpolitik.[82]

Vor den genannten Hintergründen könnte am Hindukusch
ein Weltenbrand beginnen, entfacht von den Taliban und der
ihr verbundenen al-Qaida-Bewegung.

2. KAPITEL

Al-Qaida: Globalisierer des Djihad – Märtyrer als strategische Langzeitbedrohung

Zum Kampf gegen nukleare Gefahren lud US-Präsident Barack Obama im April 2010 die internationale Gemeinschaft zu einem zweitägigen Gipfel nach Washington. Seiner Einladung folgten 46 Staaten, deren Delegationen meist von Staats- oder Regierungschefs angeführt wurden. Damit wurde die Konferenz »Nuclear Security Summit« zum größten Gipfel, den ein amerikanischer Präsident seit mehr als 60 Jahren einberufen hatte.[83] Schon am Vorabend des Gipfels beschrieb Obama eindringlich die Gefahr: Falls al-Qaida-Terroristen in den Besitz von Atomwaffen kämen, würden sie »keine Hemmungen haben, sie auch zu benutzen«.

Von der »islamischen Atombombe« und islamistischen »Menschen als Bomben«

Offiziell ging es in Washington um den physischen Schutz gefährlicher Nuklearmaterialien in Militär- und Forschungseinrichtungen sowie in der Medizin. Sollten Terrornetzwerke eine Atombombe erwerben, so der Gastgeber, »wäre das eine Katastrophe für die Welt«. Weltweit sind mittlerweile 1600 Tonnen hochangereichertes und waffentaugliches Uran sowie 500 Tonnen Plutonium vorhanden, genug für mindestens 100 000

Atombomben. Das Material stammt aus der Waffenproduktion, aus der Atomindustrie sowie aus Forschungsreaktoren und ist über 40 Länder verstreut.[84]

Auf dem Atomgipfel schlug Jan Peter Balkenende für den Kampf gegen den Atomterrorismus die Errichtung eines Sondergerichtshofs in Den Haag vor. »Ein solches internationales Tribunal könnte Staaten zur Rechenschaft ziehen, die Terroristen Zugang zu atomarem Material ermöglichten oder anderweitig gegen Absprachen zur Nichtverbreitung von Atomwaffen verstießen«, so der niederländische Premier.[85] Als Unterstützung für ein »Nukleartribunal« wertete er die Forderungen des französischen Staatspräsidenten Nicolas Sarkozy und der Bundeskanzlerin Angela Merkel nach einem internationalen Rechtssystem zur wirksamen Sicherung von Atommaterial vor dem Zugriff von Terroristen. »Die Übersichtlichkeit des Kalten Krieges ist vorbei«, so die Bundeskanzlerin. »Heute haben wir es mit asymmetrischen Kriegen, auch gegen Gruppen wie al-Qaida, zu tun, in denen Abschreckung nur noch begrenzt hilft.«[86] Im Kampf gegen die potenzielle Kernwaffenbedrohung einigten sich die Teilnehmer des Atomgipfels auf eine Abschlusserklärung. Zwei Schlüsselkomponenten für den Bau von Atomwaffen, hochangereichertes Uran und Plutonium, sollten weltweit binnen vier Jahren erfasst und geschützt werden. Ferner wurde mehr Wachsamkeit gegenüber dem Handel mit Atommaterial und ein besserer Austausch von Informationen über Nuklearbestände vereinbart. Und nicht zuletzt wurde der Atomterrorismus zu »einer der größten Bedrohungen der internationalen Sicherheit« erklärt.

Massenvernichtungsmittel in den Händen der Djihadisten

Wie zur Bestätigung hatte Barack Obamas Antiterrorexperte John Brennan darauf hingewiesen, dass die Geheimdienste Versuche, an Atomwaffen oder Plutonium beziehungsweise hoch-

angereichertes Uran zu gelangen, bereits seit 15 Jahren beobachten würden. Al-Qaidas Interesse wäre bis heute groß.

Zehn Jahre nach Gründung der einstigen islamistischen Mili-
tärorganisation hatte deren Führer Osama Bin Laden in einem
Interview mit al-Jazeera im Dezember 1998 auf »die Pflicht der
Muslime« hingewiesen, »ABC-Waffen zu besitzen«. Knapp drei
Jahre später soll Bin Laden zu den Teilnehmern eines denkwürdigen Treffens im Emirat Afghanistan gehört haben. Nur einen
Monat vor den 9/11-Anschlägen trafen sich im August 2001
Vertreter der Taliban in ihrer Hochburg Kandahar mit Baschi-
ruddin Mahmud, Atomwissenschaftler und bis Ende der neunziger Jahre Vorsitzender der pakistanischen Kommission für
Atomenergie. Mahmud wurde der »Harakat ul-Mudjaheddin«,
einer Organisation des unmittelbaren al-Qaida-Umfelds, zuge-
rechnet, er galt zudem als Partner des berüchtigten Nuklear-
wissenschaftlers Abdul Qadeer Khan. Dieser hatte nicht nur
Pakistan die Atombombe gebracht.[87] Nach eigenen Angaben
hatte er in der letzten Dekade des 20. Jahrhunderts auf dem
Atomschwarzmarkt Know-how und Material auch an »Schurkenstaaten« wie Nordkorea, Libyen und den Iran verkauft.[88]
Dem denkwürdigen »Kandahar-Treffen« war auch Daniel Pearl,
Südostasien-Korrespondent beim *Wall Street Journal*, auf der
Spur. Die Recherche kostete den jüdisch-amerikanischen Jour-
nalisten das Leben.[89]

Drei Monate nach dem Treffen in Kandahar und zwei Monate nach den 9/11-Anschlägen wurde der al-Qaida-Chef in
einem Interview, das in der pakistanischen Zeitung *Dawn* am
10. November 2001 abgedruckt wurde, gefährlich konkret. Bin
Laden drohte mit dem »Einsatz von atomaren und chemischen
Waffen, falls die USA ähnliche Waffen gegen ihn richteten«[90].
Für die CIA-Analysten bedeutete diese Drohung, dass al-Qaida
es nun tatsächlich versuchen würde, der ultimativen Waffe
näherzukommen; seit dieser Zeit gilt – nicht nur für Geheimdienste – der nukleare Terrorismus als reale Bedrohung.

Nach den Terroranschlägen des 9/11 leitete Rolf Mowatt-
Larssen für einige Jahre die CIA-Gruppe, die sich mit al-Qaidas

Plänen für Massenvernichtungswaffen beschäftigte. Die zahlreichen Versuche der Djihad-Terroristen, sich mit ABC-Waffen zu versorgen, listete er akribisch auf. Sie bildeten das Kernstück seiner Studie »Die Bedrohung durch Qaida-Massenvernichtungswaffen: Übertreibung oder Realität?«, die im Januar 2010 vom »Belfer-Center for Science and International Affairs« der Harvard Universität veröffentlicht wurde.[91] Fazit der Analyse des CIA-Veterans ist, dass das Terrornetzwerk sich nicht in leerer Rhetorik verliert, sondern einen *big bang*, den größtmöglichen Anschlag vorbereitet. Ob dieser nun mit der »islamischen Atombombe« – dieses Szenario halten viele andere Terroranalysten bis dato für den unwahrscheinlichsten Fall – oder mit einer »schmutzigen Bombe« *(dirty bomb)* begangen wird, allein die Option, »djihadistische Nuklearwaffen« einsetzen zu wollen, führte letztlich zum internationalen Atomgipfel in Washington.

Nicht weniger schrecklich wäre der Einsatz von biologischen oder chemischen Kampfstoffen, um deren Herstellung beziehungsweise Besitz al-Qaida sich ebenfalls über lange Jahre bemüht hat. Die Praxis, Giftstoffe herzustellen und mit ihnen zu experimentieren, zieht sich wie ein roter Faden durch die djihadistischen Ausbildungslager am Hindukusch (ob von der al-Qaida vor dem 9/11 oder der »Islamic Jihad Union« nach dem 9/11 bis in die heutige Zeit betrieben). Bekannt wurden Anschlagsplots in Europa in den Jahren 2002 (Szenario eines Cyanid-Anschlags auf die U-Bahn in London) und 2003 (Rizin-Terroristen in Großbritannien) und im Nahen Osten 2004 (Szenario eines Megagiftgasanschlags in Jordaniens Hauptstadt Amman). Im Januar 2007 hieß es, al-Qaida-Gruppen würden im Irak mit Chlorgasanschlägen experimentieren. Das US-Militär hatte im Februar eigenen Angaben zufolge nahe Falludscha eine Bombenwerkstatt der Terroristen entdeckt, in der Sprengsätze mit Chlor hergestellt wurden.[92] Auf einschlägigen islamistischen Internetseiten bestätigte al-Qaida am 3. August 2008, dass ihr Chemie- und Biowaffenexperte, Abu Chabab al-Masri, bei einem US-Luftangriff auf ein Taliban-Versteck in Pakistan getötet worden war. Er soll das Qaida-Programm für Massenvernichtungswaffen mit dem Codenamen *al-Zabadi* (»Sauer-milch«) geleitet haben.[93] Die wahrscheinlich zurzeit gefähr-lichsten »Alchemisten des Terrors« stammen aus dem Süden Arabiens. Der Jemen, so der israelische Historiker und Journa-list Joseph Croitoru im Januar 2010, »ist derzeit das Land, aus dem die kühnsten Innovationen im Bereich des Selbstmordter-rorismus kommen«[94].

Märtyrer – Waffengattung im Djihad

Im Arabischen bedeutet *Djihad* »Anstrengung, Bemühung«. Mit dem Zusatz *fi sabil Allah* bedeutet der auch im Islam um-strittene Begriff »sich abmühen auf dem Weg (Pfad) Gottes«, was in der westlichen Welt fälschlicherweise mit »Heiliger Krieg« übersetzt wurde. Krieg ist im Islam niemals »heilig«; aber er kann als Djihad religiös legitimiert sein. Der Prophet Mohammed hatte im Sinne des Korans einer Überlieferung *(hadith)* zufolge zwischen einem »großen Djihad« – der Kampf gegen das Böse und die eigenen schlechten Eigenschaften – und einem »kleinen Djihad« – hier steht der Gedanke der Selbst-aufopferung und die Darbringung des eigenen Vermögens für Allah im Mittelpunkt – unterschieden. Den Islam und die mus-limische Gemeinschaft *(umma)* zu verteidigen ist eine Pflicht, die jeden männlichen, freien und körperlich fähigen Mann be-trifft. Jeder Gläubige muss unbedingt in den kleinen Djihad ziehen, wenn das Gebiet des Islam *(dar al-Islam)* nach Einfall von Ungläubigen (sowohl Nichtmuslime als auch vom Glauben Abgefallene) verteidigt werden muss.

Globalisierung des Djihad – Eine Jahrhundertaufgabe

Afghanische Selbstmordattentäter im Irak, irakische Instruk-teure in Ausbildungscamps der al-Qaida und Taliban im pakis-tanischen Grenzland – die Verknüpfung der großen Schauplätze

»Heiliger Kriege« ist nicht mehr nur ideologischer Natur, gibt es doch inzwischen eine regelrechte »Strategie der Vernetzung der Djihad-Schauplätze«. Verbunden sind heute der Hindukusch, mit möglicher Konflikterweiterung um die Region Zentralasien, und der Golf, mit möglicher Konflikterweiterung um die Region Nahost durch den »schiitischen Halbmond« vom Iran in den Südlibanon. Einbezogen sind aber auch die Djihad-Schauplätze in Nord- und Ostafrika, dem Nordkaukasus und in Süd- und Südostasien.

Die Welle dieses globalen Djihad erinnert an den Wellengang des islamistischen Widerstands gegen die Expansionsinteressen Ungläubiger im 19. Jahrhundert. In nicht wenigen Regionen der *dar al-Islam* »wirkte erst der europäische Kolonialismus und der mit ihm einhergehende Zusammenbruch der alten Ordnung als Katalysator des Djihad und des Aufbaus eines islamisch legitimierten Staatswesens«[95]. Indonesische Djihadisten erhoben sich gegen holländische Ungläubige in Niederländisch-Indien; afghanische Djihadisten machten den Engländern das Leben in der *North West Frontier Province* Britisch-Indiens schwer; maghrebinische Djihadisten kämpften ungläubige Franzosen in Nordafrika (Algerien) nieder; die vielleicht längste Erhebung fand im muslimischen Nordkaukasus des Zarenreichs statt. Über ein Vierteljahrhundert, von 1832 bis 1859, trotzte der Aware Schamyl der Übermacht russischer Truppen. Während seines Guerillakrieges eroberte er Teile des Nordkaukasus zurück. Als Führer der Bergvölker begründete er hier in den 1840er-Jahren ein theokratisches Imanat mit dem Kerngebiet Tschetschenien.[96] Die wohl verlustreichste Erhebung fand in den ostturkestanischen Gebieten des Kaiserreichs China statt, wo der Emir des »Gottesreichs von Kaschgarien« Muhammad Yaqub Beg gegen die mandschurische Qing-Dynastie aufstand. Die Opfer dieser »Dunganen-Kriege« von 1862 bis 1878 wurden auf zehn Millionen geschätzt.[97] Die bekannteste Erhebung war die des Mohammed Ahmed, der sich 1881 zum Mahdi und Stellvertreter Gottes auf Erden erklärte, um in den Folgejahren einen Djihad gegen die türkisch-ägyptische Herrschaft mit dem Ziel der Eroberung des Sudan zu führen. Die Vormacht des britischen Imperiums brach er, nachdem seine Djihadisten General Charles Gordon, den Bevollmächtigten Commander der Krone, in Karthum niedergemacht hatten.[98] Die Stadt machte der »Mahdi« zur Hauptstadt seines Gottesstaates – eine historische Demütigung der britischen Armee. Erst zehn Jahre später konnten die Briten die Schmach rächen und das Kalifat zerschlagen.[99]

Anfang des 20. Jahrhunderts verebbte diese globale islamistische Erhebungswelle – um ein Dreivierteljahrhundert später erneut weltweit zu rollen. Die neue Welle hatte ihren Ausgang im Jahr 1979. Am 20. November kam es in Saudi-Arabien zur ersten offenen und gewalttätigen Konfrontation der islamistischen Opposition mit dem Königshaus seit der Staatsgründung. Eine internationale Gruppe fanatischer Glaubenskämpfer stürmte die bedeutendste aller heiligen Stätten, die Große Moschee in Mekka, nahm Tausende Pilger als Geiseln.[100] Damit war die größte anzunehmende Katastrophe der Welt des sunnitischen Islam Wirklichkeit geworden. Der Führer der islamistischen Rebellen, Juhayman al-Otaibi, Korporal der saudischen Nationalgarde im Ruhestand, stellte nicht nur die Dynastie der Saudis als Hüter der heiligen Stätten infrage, sondern er kritisierte auch die Zusammenarbeit des Herrscherhauses mit den Ungläubigen und setzte sich dafür ein, den Einfluss der religiösen Gelehrten zu stärken. Saudi-Arabien begrenzte die medialen Auswirkungen dieses dramatischen Vorgangs durch eine Informationssperre. Abgesegnet durch eine Fatwa stürmte zwei Wochen später die Nationalgarde unter Mitwirkung der französischen Spezialeinheit »Groupe d'Intervention de la Gendarmerie Nationale« (GIGN) die Große Moschee. Nach schweren Verlusten gaben die Besetzer auf; 63 der 170 Überlebenden wurden später öffentlich hingerichtet.[101]

Nur zwei Wochen nach der Rückeroberung der heiligen Stätte mit Hilfe französischer Ungläubiger marschierten sowjetrussische Ungläubige vom 25. bis 27. Dezember 1979 in Afghanistan ein. Gläubige Muslime waren damit in der Pflicht zum kleinen Djihad. Den afghanischen Glaubensbrüdern beizuste-

hen forderten insbesondere die »Gesellschaft der Muslimbrüder« (»Jamiat al-Ikhwan al-Muslimun«), die »Palestinian Islamic Radicals« und die in Saudi-Arabien beheimatete »Muslim
World League«. Einer der ersten unter vielen Kriegsfreiwilligen,
der den islamistischen Rebellenführer Juhayman al-Otaibi be-
wunderte und seine Heimat in Richtung Hindukusch verließ,
war der damals 22-jährige Osama Bin Laden.

Der Anschlag auf Mekka war der erste islamistische Terrorakt der Moderne. Der sich zeitlich unmittelbar danach anschlie-
ßende Afghanistankrieg wurde zum großen ersten Djihad der
Moderne – im Grunde genommen zur »Mutter aller Heiligen
Kriege« der Neuzeit. Beide Ereignisse und die mit ihnen einher-
gehenden Zusammenbrüche alter Ordnungen wirkten wiederum als »Katalysator des Djihad«. Wir alle werden uns darauf
einstellen müssen, dass dieser globale Djihad wohl das gesamte
21. Jahrhundert mehr oder weniger dominieren wird. Und wir
müssen zur Kenntnis nehmen, dass in eben diesem Jahrhundert
die Informationstechnik zum »Motor der Globalisierung des
Djihad« geworden ist.

Von al-Qaida zu @Qaida: Der internetbasierte Djihad

»Wenn man eine friedliche Lösung für Afghanistan nicht möglichst schnell sucht, wird sich die Krise ausbreiten und nicht
nur Europa, sondern auch Amerika treffen. Wenn die neue amerikanische Regierung nicht klare Position bezieht gegenüber
dem Terror der Taliban, dann wird dieser Terror auch Amerika
erreichen«, so die prophetischen Worte des charismatischen
Taliban-Widersachers Ahmed Schah Massud fünf Monate vor
den 9/11-Anschlägen, die er nicht mehr erlebte.[102] Zwei Tage
zuvor war er von zwei maghrebinischen Attentätern so schwer
verwundet worden, dass er knapp eine Woche später seinen
Verletzungen erlag.

Einer der beiden Massud-Mörder war ein Osama Bin Laden
treu ergebener Tunesier, der nach der Märtyrer-Operation den

Tod fand. Seine Witwe lebte noch Monate im al-Qaida-Camp, ehe sie im Dezember 2001 zurück nach Belgien flog. Hier war die in Marokko geborene Malika el-Aroud aufgewachsen. Nach ihrer Rückkehr betrieb sie »von nun an den Djihad online. In ihrer Dreizimmerwohnung in Brüssel schrieb sie unter dem Pseudonym Oum Obeyda flammende Qaida-Propaganda für das Internetforum *Minbar-SoS*«[103]. Die »Schwarze Witwe« wurde so in Islamistenkreisen zur »Ikone des Djihad«.

Die Kapitulation der Taliban im Dezember 2001 war zugleich auch das Ende ihres Emirats. Angeschlagen durch die internationale Antiterror-Allianz tauchte die aufseiten der Taliban kämpfende al-Qaida-Führung mit den Resten ihrer Militärorganisation ab, um gestärkt im Cyberspace wieder aufzutauchen. In Afghanistan nutzte die zuvor geografisch lokalisierbare djihad-terroristische Militärorganisation für den Kommunikationsprozess, so der Direktor des Washingtoner Büros der RAND Corporation Bruce Hoffman, meist drei Wege: eigene geheime Radiosender; Untergrundzeitungen, Plakate, Flugblätter und andere Publikationen; oder die herkömmlichen kommerziellen oder staatlichen Massenmedien wie Fernsehen, Radio und Presse.[104] Nach dem Verlust des »sicheren Hafens« Afghanistan wurde aus der ursprünglichen Djihad-Organisation mit Hilfe des World Wide Web eine globale Bewegung des Djihad.

Der Qaida-Bewegung gelang damit, wie keiner islamistischen Bewegung zuvor, die Verwirklichung einer einzigartigen, wohl auch bizarren Kombination von Alt und Neu – von Elementen einer beduinischen Stammesreligion des 7. Jahrhunderts mit der technischen Intelligenz des 21. Jahrhunderts.[105] Das Netz bot einerseits die Möglichkeit, sich als virtuelle Einheit und das erstrebte panislamische Kalifat bereits als virtuelle Realität darzustellen. Nicht zuletzt vor diesem Hintergrund nannten und benennen sich regionale Bewegungen dementsprechend: »al-Qaida in Indien«, »al-Qaida im Irak«, »al-Qaida auf der Arabischen Halbinsel« oder »al-Qaida im Islamischen Maghreb«. Andererseits brachte das Netz militante Islamisten zusammen, die sich sonst wohl nie persönlich begegnet wären. Ein deutliches Angebot machte der saudische Zweig der al-Qaida schon im Januar 2004: »Es ist nun nicht mehr nötig, dass du in entfernte Länder reist. Mit der Hilfe Gottes wird es dir nun möglich sein, für dich allein, in deinem Zuhause, oder gemeinsam mit deinen Geschwistern (im Glauben) mit der Durchführung dieses Programms (= Terrorismus-Kurse) zu beginnen.«[106] In der ersten Dekade des 21. Jahrhunderts hat das Internet wie kein anderes Medium den Djihad globalisiert.

Über einen Zeitraum von mehr als zehn Jahren beobachten Terrorismus-Abwehrexperten – von den USA bis Israel – eine stetige »Zunahme des Cyber-Djihad in islamistischen Kreisen«. 1998, im Jahr der al-Qaida-Anschläge auf die USA-Botschaften in Kenia und Tansania, wurden gerade einmal zwölf Websites »mit Djihad-Bezug« gezählt. Im Jahr der 9/11-Anschläge waren es schon mehrere Dutzend. Im Spätsommer des Jahres der Terroranschläge in London 2005 wurden schon über 4500, im Herbst 2007 über 5800 Websites »mit Djihad-Bezug« gezählt.[107] Heute belegen noch ein paar Tausend islamistischer Websites mehr den ungeheuren Zuwachs polit-religiöser Eiferer im Internet, in dem Gruppierungen, aber auch Einzelpersonen aller Couleur Informationen verbreiten, Sympathisanten erreichen und mit Gleichgesinnten in Kontakt treten. Aus al-Qaida wurde @Qaida. Ihr Djihad, so stellte es schon im Spätsommer 2005 Dennis Pluchinsky vom US-Außenministerium fest, ist mittlerweile internetgesteuert.[108]

Dem Djihad dient das Netz heute nicht mehr nur der offenen und verdeckten Kommunikation und der Verbreitung zielgruppenspezifischer Botschaften. Es wird darüber hinaus genutzt zur Informationssammlung, Radikalisierung (der Gesinnung), Rekrutierung (auch von Frauen und Kindern), Bildung (virtuelle Djihad-Universität) und Ausbildung (mit Hilfestellungen in den Chatrooms durch erfahrene Kämpfer), Öffentlichkeitsarbeit und Propaganda, Spendensammlung, Netzwerkarbeit, Mobilisierung von Operationen, operativen Planung sowie psychologischen Kriegsführung.

Organisationstruktur der Al-Qaida,
Stand: Oktober 2010

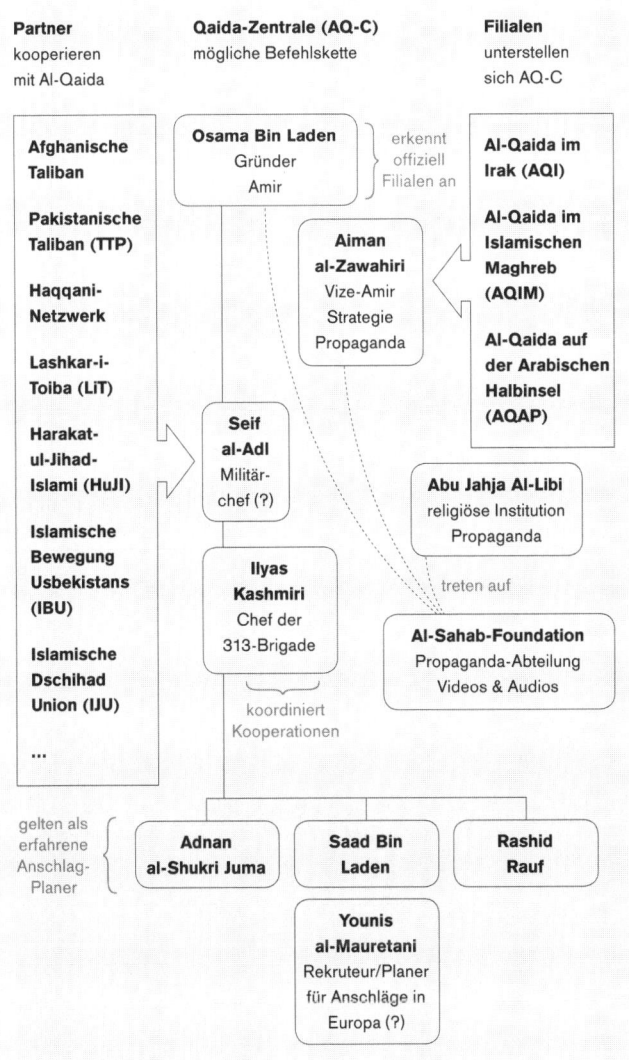

Partner
kooperieren
mit Al-Qaida

Qaida-Zentrale (AQ-C)
mögliche Befehlskette

Filialen
unterstellen
sich AQ-C

**Afghanische
Taliban**

**Pakistanische
Taliban (TTP)**

**Haqqani-
Netzwerk**

**Lashkar-i-
Toiba (LiT)**

**Harakat-
ul-Jihad-
Islami (HuJI)**

**Islamische
Bewegung
Usbekistans
(IBU)**

**Islamische
Dschihad
Union (IJU)**

...

Osama Bin Laden
Gründer
Amir

erkennt
offiziell
Filialen an

**Aiman
al-Zawahiri**
Vize-Amir
Strategie
Propaganda

**Seif
al-Adl**
Militär-
chef (?)

**Ilyas
Kashmiri**
Chef der
313-Brigade

koordiniert
Kooperationen

**Al-Qaida im
Irak (AQI)**

**Al-Qaida im
Islamischen
Maghreb
(AQIM)**

**Al-Qaida auf
der Arabischen
Halbinsel
(AQAP)**

Abu Jahja Al-Libi
religiöse Institution
Propaganda

treten auf

Al-Sahab-Foundation
Propaganda-Abteilung
Videos & Audios

gelten als
erfahrene
Anschlag-
Planer

**Adnan
al-Shukri Juma**

**Saad Bin
Laden**

**Rashid
Rauf**

**Younis
al-Mauretani**
Rekruteur/Planer
für Anschläge in
Europa (?)

Rekrutierung im Netz

Bis zu den Anschlägen des 9/11 gab es für die Organisation al-Qaida nur eine Rekrutierungsmethode: »Die Moschee ist ein guter Ort für die Jagd«, hieß es im Kapitel »Rekrutierung« der »Enzyklopädie des Djihad«, einem rund 7000-seitigen Terror-Handbuch des Netzwerks.[109] Etliche Prüfungen zur Eignung waren die Voraussetzung der dann folgenden militärischen und religiösen Ausbildung. Dieses Standardverfahren zur Rekrutierung des Djihadisten-Nachwuchses gehört zur Geschichte der alten al-Qaida. Die neue al-Qaida-Bewegung nutzt hierfür das Internet. Anfang Oktober 2008 tauchte im Netz ein Handbuch zur Rekrutierung von Gotteskriegern auf. Das 51-seitige Dokument war von einem Abu Amr al-Qaedi verfasst und trug den Titel *Die Kunst der Rekrutierung*. Ziel dieser detaillierten Anleitung war, »den Kandidaten in einen frommen und hervorragenden Djihadisten [zu verwandeln], der die Grundlage des Djihad versteht und Teil des siegreichen Kults wird«[110]. Für die Ausbildung zum Djihadisten würden, so der Politikberater und Islamismuskenner Alexander Ritzmann, nichtreligiöse Muslime oder Muslime ohne tiefere Kenntnisse des Islam, die muslimische Jugend, Konvertiten und Sympathisanten bevorzugt. Gemieden werden sollten Aufschneider, illoyale Typen, Anhänger konträrer Ideologien, Geizhälse und sozial auffällige Personen.[111]

Die Kunst der Rekrutierung nach Abu Amr al-Qaedi, 2008

Phase	Ausbildung des Kandidaten zum »gottesfürchtigen Mitglied«, das die Grundlagen des »Heiligen Krieges« (Djihad) versteht
1	Es müssen geeignete Kandidaten gefunden werden. Bevorzugt werden nichtreligiöse Muslime oder Muslime ohne tiefere Kenntnisse des Islam; die muslimische Jugend; Konvertiten und Sympathisanten. Gemieden werden sollten Aufschneider, illoyale Typen, Anhänger konträrer Ideologien, Geizhälse und sozial auffällige Personen.

2	Ausschau gehalten wird nach höflichen, großzügigen, ehrlichen und solchen Muslimen, die die islamischen Rituale (tägliches Beten, Fasten) befolgen. Außerdem sollten diese sozial akzeptiert sein und Führungsstärke zeigen. Nach der Auswahl folgen gemeinsame Moscheebesuche, Mittagessen, die der Rekrutierer bezahlt, und Geschenke an den Kandidaten. Es wird offen über die djihadistische Ideologie gesprochen und ein genaues Augenmerk auf das soziale Umfeld des Kandidaten gelegt, denn: Der Rekrutierer muss 24 Stunden am Tag wissen, wo und mit wem sich der Kandidat aufhält. Diese Phase soll ein bis zwei Wochen dauern.
3	Der »Glaube« des Kandidaten an al-Qaidas extremistischer Koraninterpretation wird geweckt. Dazu betont der Rekrutierer die Wichtigkeit religiöser Rituale und versucht, dem Kandidaten schlechte Angewohnheiten auszutreiben. Außerdem wird das Konzept von Himmel und Hölle detailliert unter Hervorhebung der himmlischen Jungfrauen als Belohnung und der Bestrafung im Höllenfeuer erklärt. Hinzu kommen das allgemeine Lesen von Büchern, die den Djihad behandeln – und die Lektüre von al-Qaida-Propaganda (insbesondere Schriften von Bin Laden und al-Zawahiri). Vorführung von Videoclips durchgeführter Terroranschläge sowie das Hören bestimmter extremistischer Prediger runden die letzte Phase ab.

*Quelle: Alexander Ritzmann: »Wie al-Qaida Todeskrieger wirbt«.
In:* Berliner Morgenpost*, 10. Oktober 2008. S. 4.*

Allein virtuell aus einem Kandidaten ein »gottesfürchtiges Mitglied« zu formen, ist allerdings nicht möglich. Dafür ist der direkte Kontakt zwischen dem Rekrutierer und dem Nachwuchs nach wie vor wichtig.

Narrowcasting – Netzangebote für Gotteskrieger

Auf der Herbsttagung des BKA 2007 wies der israelische Internetexperte Gabriel Weimann von der Universität Haifa darauf hin, dass mehr und mehr Terrororganisationen auch gezielt Kinder und Frauen vor allem in westlichen Ländern ansprechen. Weimann nannte diesen Trend bei der Nutzung des Internets *Narrowcasting* und meinte damit die gezielte Verbreitung gruppenspezifischer Angebote. Durch strenggläubige, fundamentalistische Islam-Auslegung ist den meisten Frauen nahezu jeder Kontakt außerhalb der Familie untersagt. Für sie bietet sich die Kommunikation per Internet (als virtuelles Tor zur Außenwelt) geradezu an. Vor diesem Hintergrund gibt es ein regelrechtes Netzwerk speziell für Frauen eingerichteter »rosa eingefärbter« Seiten, die der moralischen und theoretischen Aufrüstung dienen. Die Frau als »Gotteskriegerin« *(Mudjaheddina)* wird mit einem eigenen Angebot bedacht: »Pink unterlegt werden ihr im Internet Hinweise und Ratschläge gegeben, wie sie sich als Frau am Heiligen Krieg beteiligen, ihre Männer zu Märtyrern und ihre Söhne zu Djihadisten machen kann. Die Erziehung zum Dschihad, heißt es da, beginne bereits im Bauch der Mutter. Und sie endet, so legt es die Instruktion nahe, damit, dass die Mutter ihrem Sohn den Sprengstoffgürtel packt.«[112] Spezielle Angebote für weibliche Kämpfer und potenzielle Selbstmordattentäterinnen werden angenommen, auch in Deutschland.

Die elektronische Post, die »Ummu (Mutter) Abdullah« am 9. April 2006 an die »lieben Brüder und Schwestern« verschickte, schien harmlos und war dennoch reinste Djihad-Prosa: »Ich bekomme jetzt eine großartige Möglichkeit mit meinem Baby, natürlich habe ich ein wenig Angst um mein Kind. Deshalb will ich euch bitten, für mich und mein Baby zu beten, dass Allah, der Gepriesene, uns für das Paradies akzeptieren wird.« Auffällig erinnerte der letzte Teil des Satzes an Formulierungen aus den Abschiedsbriefen von Selbstmordattentätern in Palästina. Mutter Abdullah war das Pseudonym einer aus Niedersachsen stammenden Konvertitin in Berlin. Nachdem die Frau im Internet angedeutet hatte, dass sie sich aus Hass gegen die USA im Irak zusammen mit ihrem zweijährigen Sohn in die Luft sprengen wollte, wurde sie bei der Ausreise von der Polizei festgenommen.[113]

Sonja B. alias »Ummu Abdullah« gehörte mit zwei weiteren Glaubensschwestern aus Süddeutschland zu einer Gruppe von bis zu 47 muslimischen Frauen, die im Internet über eine türkischsprachige Homepage für Anschläge geworben werden sollten. Kommuniziert wurde in türkischer, deutscher und englischer Sprache in einem nur für diese weiblichen Eingeweihten aus Deutschland, Dänemark und Belgien zugänglichen Chatroom.

Der Fall der deutschen Glaubensschwestern war nicht der erste in Westeuropa. So sprengte sich bereits am 9. November 2005 eine belgische Konvertitin nördlich von Bagdad in der Nähe einer US-Patrouille in die Luft und riss mehrere irakische Polizisten mit in den Tod. Die Tat hatte sie im Internet geplant. Ihre Reiseroute über die Türkei beschrieb sie detailliert in Chatrooms, dazu Pläne für den Bombenbau und andere terroristische Aktivitäten.[114] Als in diesem Zusammenhang in Belgien 14 Personen festgenommen wurden, geschah dies unter dem Verdacht, sie würden sich und andere auf den Einsatz im Djihad vorbereiten. Ein Terrorverdächtiger, der in Marokko festgenommen worden war, hatte ausgesagt, dass in Belgien eine ganze Gruppe Frauen auf ihren Einsatz als Attentäterinnen warten würde. Diese Entwicklung hatte Bert Weingarten, Vorstand der PAN AMP AG, einem auf Internet-Sicherheit spezialisierten Hamburger Unternehmen, bereits im Mai 2005 auf den Punkt gebracht: »Jetzt wird das Internet von al-Qaida auch als Cyber-Mekka zur Rekrutierung neuer Märtyrer genutzt.«[115]

Fernuniversität und virtuelle Trainingscamps

Ende 2001 verlor al-Qaida ihre paramilitärischen Camps im untergegangenen Taliban-Emirat Afghanistan, in denen zuvor über ein halbes Jahrzehnt mindestens 20 000 zur Gewalt bereite

Muslime »beschult« worden waren. Fortan schwärmte al-Qaida über das Internet als »neues, virtuelles Afghanistan« und bot in der Folgezeit über das Netz zunehmend virtuelle Trainingscamps an unter dem Motto: »Kannst du nicht zur Ausbildung kommen, kommt die Ausbildung zu dir.« Militärische Lehrbücher, deren Inhalte zuvor nur in den Camps durch Unterweiser *face-to-face* weitergegeben wurden, waren nun über das Netz für jeden Djihad-Interessierten zugänglich.

In den Cyber-Ausbildungscamps konnten die »Auserwählten« schon vor einigen Jahren lernen, wie man toxische Stoffe mischt – wie etwa im *Mudjaheddin-Gift-Handbuch* vorgestellt. Es gab Anleitungen für den Bau von Raketen, mit ganz praktischen Hinweisen, etwa wie man schultergestützte SA-7-Raketen bedient. Es gab Anleitungen zur Herstellung von Sprengstoff, mit praktischen Hinweisen zum Bau von Sprengstoffgürteln sowie zum Bombenbau und wie diese per Handy zur Explosion zu bringen sind. »Denken Sie«, so BKA-Präsident Jörg Ziercke, »an die Kofferbomber: Die waren auf islamistischen Websites unterwegs und haben sich die Bauanleitung aus dem Netz geholt. Da haben wir einfach Glück gehabt, dass die Konstruktion nicht funktionierte.«[116] Das *Mudjaheddin-Sprengstoff-Handbuch* im Netz ließ sich zudem komplikationslos aktualisieren. Tauchten beim Bombenbau oder bei der Geiselnahme Probleme auf, konnten erfahrene »Brüder des Djihad« die Fragen im Chatroom beantworten. Sogar eine Anleitung für den Bau einer Atombombe kursierte bereits 2005 in 15 Folgen auf Arabisch.[117] Derartige Unterweisungen und »Lehrgänge« wurden schon vor einem halben Jahrzehnt auf Arabisch, aber auch Urdu, Paschtu und anderen Sprachen angeboten.

Im März 2008 berichtete Bayerns Innenminister Joachim Herrmann, dass der Verfassungsschutz des Freistaats erstmals eine Art »Online-Universität« für Djihadisten im Internet entdeckt hatte. »Lehrer« und »Schüler« würden dort einschlägiges Fachwissen und Daten über Waffenkunde, Bombenbau, Guerillakampf und konspirative Kommunikation austauschen.[118] Auf die Internet-Nutzung als »Fernuniversität« und als »virtuelles Trainingscamp« hatte zuvor schon der *Spiegel*-Redakteur Yassin Musharbash hingewiesen. Es habe dem Terrornetzwerk al-Qaida nach dem Afghanistankrieg als Antwort auf die 9/11-Anschläge das Überleben ermöglicht; und zugleich al-Qaida selbst verändert: Es habe einen neuen Aktivistentyp hervorgebracht, den »Terrorehrenamtlichen«. Al-Qaida sei damit im virtuellen Raum »auf dem Weg zu einer Art Wiki-Qaida: einem internetbasierten Djihad-Projekt, an dem jeder mitschreiben und mitwirken darf«[119]. Das Internet, so seinerzeit die Überzeugung des Bundesinnenministers Wolfgang Schäuble, habe sich zu einer »universellen Plattform des Heiligen Krieges gegen die westliche Welt« entwickelt.[120]

Globalisierung der Märtyrer-Ideologie

Einer der Schauplätze des »Heiligen Krieges gegen die westliche Welt« war und ist der Jemen, der für die »al-Qaida auf der Arabischen Halbinsel« mehr als nur ein Rückzugsraum ist. Anfang Januar 2010 hatten die USA und Großbritannien nach Anschlagsdrohungen des Terrornetzwerks ihre Botschaften im Jemen vorübergehend geschlossen. Auch die deutsche Botschaft verschärfte ihre Sicherheitsvorkehrungen. Zuvor hatten Washington und London angekündigt, den Antiterrorkampf im Jemen (und auch in Somalia) zu verstärken. Nur wenige Tage später machten in einer Moschee in der Landeshauptstadt Sanaa mehr als 150 muslimische Prediger und Gelehrte während eines Treffens gemeinsam Front gegen eine etwaige ausländische Intervention. »Der Heilige Krieg ist eine Verpflichtung, wenn ausländische Truppen in das Land eindringen«, hieß es in ihrer Erklärung.[121]

Wohl auch vor diesem Hintergrund wurde gut drei Monate später ein Anschlag auf den britischen Botschafter Tim Torlot verübt, dessen Konvoi auf dem Weg zur hoch gesicherten, im Osten Sanaas gelegenen Vertretung war. Der Attentäter trug die Bombe am Körper, zündete sie jedoch zu spät. Die Wucht der

Nach einem Anschlag in der jemenitischen Stadt Lahj am 5. September 2010 wurden 14 mutmaßliche al-Qaida-Terroristen gefasst.

Explosion verfehlte die gepanzerte Limousine des Diplomaten. Getroffen wurden das Begleitfahrzeug, zwei Polizisten und eine Passantin. Tödlich verlief dieser Anschlag jedoch nur für den Selbstmordattentäter. Damit war die Operation kein hinterhältiger Anschlag, sondern ein verdienstvolles Werk, für das dem Glaubenskämpfer auch die Aufnahme in das Paradies in Aussicht gestellt war. Grundsätzlich gilt der Selbstmord im Islam als schwere Sünde, denn nur Gott allein hat das Recht, das Leben, das er gegeben hat, auch wieder zu nehmen. Stirbt ein Kämpfer (des Glaubens) jedoch »für die Sache Gottes« im Djihad, erhält er den ehrenvollen Titel eines Märtyrers (arabisch *Shahid*; »Zeuge«) und gelangt als solcher ohne Warten auf die Auferstehung und das Jüngste Gericht in das Paradies. Djihad und Märtyrertum sind so untrennbar miteinander verbunden. In der Neuzeit trug dieser Verbundenheit schon die frühe al-Qaida nicht nur militärisch Rechnung.

Al-Qaida – Multiplikator des Märtyrerkults

Auf dem Höhepunkt ihres terroristischen Wirkens als islamistische Militärorganisation bildete al-Qaida in der zweiten Hälfte der neunziger Jahre angehende Djihadisten in Afghanistan nach strengem Reglement aus. *Militärische Studien des Djihad im Kampf gegen die Tyrannen* hieß ein 180 Seiten starkes, in arabischer Sprache verfasstes Handbuch,[122] in dem die wichtigste Mission der Militärorganisation festgeschrieben war: Sturz der gottlosen Regime und Ersetzung durch ein islamisches Regime. Deutlich beschrieben wurde darin auch das Anforderungsprofil für die werdenden Mitglieder der Organisation: Der angehende Gotteskrieger sollte eine Persönlichkeit haben, die es ihm ermöglicht, »Blutvergießen, Mord, Verhaftung, Gefangenschaft auszuhalten – genau wie die Tötung eines oder aller der Genossen seiner Organisation«[123]. Oder: »Um die Religion Allahs des Majestätischen auf Erden zu begründen, muss er bereit sein, sich dem Märtyrertum zu unterziehen.«[124] Mit Hilfe und Duldung der Taliban überzog die al-Qaida das ganze Land mit einem Netz von Militärcamps, Waffenlagern und anderen Anlagen, um über Jahre Zehntausende für den Djihad zu trainieren – auch für Märtyrer-Operationen.

Zwei bedeutende Lehrer der Gesellschaft der Muslimbrüder hatten den al-Qaida-Begründer Osama Bin Laden nachhaltig beeinflusst. Zum einen war dies der Ägypter Sayyid Qutb (1906–1966), dessen Texte in allen Qaida-Trainingscamps auslagen und zum Pflichtprogramm gehörten. Qutb hatte ein neues, ein militärisch-politisch geprägtes Djihad-Konzept entwickelt, das »aus frommen Muslimen selbstbewusste Djihad-Soldaten machte, die freudig den Krieg gegen die Feinde des Islam zu ihrer Lebensaufgabe machten«[125]. Zum Zweiten war es der Palästinenser Scheich Abdullah Yusuf Azzam (1941–1989), der in seinen Vorlesungen intensiv den Märtyrerkult propagierte und in seinen Schriften stets die »paradiesische Selbstveredelung durch djihadistische Selbstauslöschung« pries. Wie Bin Laden hatte es Azzam an den Hindukusch gezogen. Für ihn war der dortige Djihad gegen gottlose Rotarmisten aus der sowjetischen *dar al-harb* eine Art »von Gott gesandter Kriegsschauplatz«, wo der »Durst nach Märtyrertum« der Gemeinschaft aller Muslime gelöscht werden konnte und damit eine Bewegung des islamischen Welt-Djihad geweckt wurde. Azzam, der den Djihad von Afghanistan aus in die ganze Welt tragen wollte,[126] erlag 1989 einem Autobomben-Attentat in Peschawar.

Zum Vollstrecker seiner »Idee vom globalen Djihad« wurde sein »Meisterschüler« Bin Laden, der in der Endphase des Afghanistankrieges als »geachteter tapferer Krieger« *(mukatil)* zusammen mit weiteren Djihad-Veteranen die al-Qaida begründet hatte. Ebenfalls in Afghanistan begründete er zehn Jahre später, ganz im Sinne des Märtyrers Azzam, zusammen mit Djihad-Führern aus Ägypten, Pakistan und Bangladesch die »Internationale Islamische Front für den Djihad gegen die Juden und Kreuzfahrer«. Dieser Front schloss sich 1998 mit dem Mediziner Aiman al-Zawahiri ein Berufsrevolutionär an. In der al-Qaida wurde der Ägypter rasch zur rechten Hand Bin Ladens. Seine Vorstellungen vom Djihad legte der »Doktor des Djihad« in seinem Buch *Ritter unter dem Banner des Propheten (Farsan tacht raiya al-Nabi)* schriftlich nieder. Al-Zawahiri vertrat hier – und vertritt bis heute – keinen »reformorientierten«, sondern den bewaffneten Djihad gegen den Westen unter Anwendung radikalster Strategien. Zum Ziel des Djihad zählte er – wie Bin Laden – auch die »ungläubigen Regierungen in den arabischen Ländern«, die niedergerungen werden müssten, um dann einen »islamischen Staat ohne nationale Identitäten« zu errichten. Als Hauptfeinde, die es zu treffen galt, hatte er Amerikaner und »Zionisten« ausgemacht. Dabei setzte er weniger auf konventionelle Waffen, sondern vielmehr auf wirksamere Selbstmordattentate: »Märtyrer-Aktionen bringen dem Feind das größtmögliche Grauen bei relativ geringen Verlusten für die islamische Bewegung. Ich empfehle Aktionen, bei denen viele Zivilisten zu Schaden kommen. Das verbreitet bei den Völkern des Westens den größten Schrecken. Das ist die Sprache, die sie verstehen.«[127]

Zudem gelte es, den Kampf in das Land des Feindes zu tragen. Dies sei nur mit kleinen, sehr mobilen Gruppen von Kämpfern möglich. Die erste Märtyrer-Operation galt dem Tadschiken Ahmed Schah Massud (1953–2001), der als Führer der »Allianz für die Rettung des Vaterlandes« der letzte militärisch ernsthafte Gegner von Taliban-Führer Mullah Omar war. Am 9. September 2001 verübten zwei aus Marokko und Tunesien stammende Selbstmordattentäter einen tödlichen Anschlag auf Massud. Die maghrebinischen Märtyrer-Kämpfer der al-Qaida hatten sich als TV-Journalisten ausgegeben und während eines Interviews mit dem »Löwen des Pandschir« einen (in die Aufnahmegeräte verbrachten) Sprengsatz gezündet.

Nur zwei Tage nach dieser erfolgreichen Märtyrer-Operation trugen 19 al-Qaida-Märtyrer, darunter 15 Saudis, den »Kampf in das Land des Feindes«. Die spektakuläre Märtyrer-Operation »Heiliger Dienstag« war gegen den Feind USA gerichtet und fand am Dienstag, den 11. September statt. Von al-Qaida ausgewählte und ausgebildete Piloten, Kämpfer und Logistiker flogen an diesem Tag vier zu Lenkwaffen umfunktionierte Passagierflugzeuge in die zwei Türme des World Trade Center (WTC) in New York und das Pentagon in Washington. Das vierte der entführten Flugzeuge stürzte in ein Feld bei Shanksville in Pennsylvania. Auf eigenem Boden hatten die USA seit dem Angriff auf Pearl Harbor 1941 keinen derart vernichtenden Schlag hinnehmen müssen.

Am Tag der Anschläge wurde im Bostoner Logan Airport eine Reisetasche gefunden, die dem ägyptischen Märtyrer-Piloten Mohammed Atta gehörte. Zu den im Gepäckstück gefundenen Papieren gehörten Attas Testament und eine spirituelle Handlungsanleitung für den Opfertod im Massenmord, ein »Leitfaden für Selbstmordattentäter«[128]. Seit dem 9/11 dokumentieren Tausende Selbstmordanschläge die Effektivität der Waffe Märtyrer, die schon vor Jahrhunderten militärisch genutzt wurde.

Militärische Nutzung der Selbstmordattentäter

Im Mittelalter fing wohl die militärische Nutzung von ausgebildeten Selbstmordattentätern an, als mit der Sekte der Nizari-
ten eine schiitische Splittergruppe ihre religiöse Eigenständig-
keit und Lebensart gegenüber der mächtigen sunnitischen
Orthodoxie militant zu verteidigen suchte. Der militärisch
überlegenen türkischen Großmacht begegneten die Assassinen
mit einer verdeckten Kriegsführung. Begründet wurde ihr
Bund von Hassan Bin al-Sabbah (um 1048–1124), der 1090 die
in der nordpersischen Bergwelt gelegene Festung Alamut zum
geografischen Zentrum seiner Widerstandsbewegung machte.
Um 1103 entsandte der »Herr von Alamut« Gefolgsleute nach
Syrien, die dort die gleiche Strategie wie in Persien verfolgten:
eindringen, verschanzen, angreifen. Das syrische Oberhaupt
der Assassinen war der Scheich al-Dschebel, für die Kreuzfahrer »der Alte vom Berge«.

Spätere Großmeister erweiterten den Einflussbereich der
Sekte, die auf ihrem Höhepunkt zwischen 40 000 und 60 000
Anhänger gehabt haben soll. Ein von der Bergwelt des Libanon
bis zur persisch-afghanischen Grenze reichendes Netz von
Fluchtburgen wurde durch zahlreiche Propagandazentren und
einen hervorragend funktionierenden Nachrichtendienst ergänzt. Offene Feldschlachten vermieden die Strategen der Sekte,
sie setzten vielmehr auf kleine Überraschungsangriffe. Die Assassinen, so der renommierte Arabist Bernard Lewis, waren die
erste islamische Gruppierung, »die geplant, langfristig und systematisch den Terror als Waffe einsetzte«[129].

Die politische Lieblingswaffe der Assassinen-Großmeister
war der Mord. Durch Tausende »Morde als spezielle Art der
Kriegsführung« wurde die etablierte sunnitisch-muslimische
Welt über 150 Jahre in Angst und Schrecken versetzt. In Persien
brachen 1256 die Mongolen, in Syrien 1270 die Mamelucken
des Sultan Baibar die Macht der »Mördersekte«. Endlos ist jedoch die Liste asketischer Attentäter, denen der Mord als heiliger Akt galt und die eigene Enttarnung und folgende Hinrich-

tung als erstrebenswerter Märtyrer-Tod. Somit wurden diese »heiligen Terroristen« des Mittelalters zu den Ahnherren der Waffengattung Mord durch Märtyrer.

Dieser Märtyrer-Gedanke wurde 700 Jahre später im schiitischen Gottesstaat Iran im Krieg gegen den sunnitischen Feind Irak wiederbelebt. Im September 1980 hatte der waffentechnisch überlegene Irak die benachbarte Islamische Republik angegriffen. Teheran rief daraufhin zum Djihad und zur Islamischen Revolution gegen die »gottlose« Regierung in Bagdad auf und setzte in der militärischen Landesverteidigung auf das Märtyrertum. Mit den »Wächtern der Revolution« (Pasdaran) hatte der Iran Glaubenskämpfer, die eigens für den Opfertod ausgebildet worden waren.[130] Der selbstmörderische Kriegerkult führte zu Erfolgen, die Militärstrategen in West und Ost für unmöglich gehalten hatten. Als die Konfliktparteien im August 1988 einen Waffenstillstand schlossen, hatten nach westlichen Quellen rund 100000 Menschen auf irakischer Seite den Tod und um die 300000 Menschen auf iranischer Seite den Opfertod gefunden.

1984, mitten in diesem ersten Golfkrieg, hatte sich der Verdacht erhärtet, die Regierung des Gottesstaates würde den Märtyrer-Kult gezielt dazu benutzen, um eine weit gefächerte Terrororganisation aufzubauen. In einem Lager nicht weit der Kleinstadt Dezful, nahe der irakischen Grenze, sollen Tausende Freiwilliger, meist Angehörige schiitischer Minderheiten aus allen Ländern des Nahen Ostens, in Terroraktivitäten beschult worden sein.[131] Dieses Trainingslager wurde so zum Multiplikator schiitischer Märtyrer-Ideologie.

Die Märtyrer-Praxis brachten iranische Revolutionsgardisten zu ihren schiitischen Glaubensbrüdern in den Libanon. In den dortigen Bürgerkrieg (1975–1990) hatte 1982 auch Israel eingegriffen, und in den Bürgerkriegswirren etablierte sich neben dem »Kampfmärtyrer« (im Kampf gegen Israel Gefallener) durch Einfluss iranischer Gardisten als neuer Typ der »Selbsttötungsmärtyrer« (Herbeiführung des Todes mit der eigenen Waffe).[132] Verheerende Anschläge auf die Kasernen westlicher

Truppen in Beirut am 23. Oktober 1983, bei denen 246 Amerikaner und 58 Franzosen getötet wurden, machten den Kampftyp des Märtyrers weltweit bekannt.

Kein Vierteljahrhundert später wurde der Welt schon mit einem globalen Märtyrer-Einsatz gedroht. Auf der Teheraner Konferenz »Eine Welt ohne Zionismus« hatte Präsident Mahmud Ahmadinedschad in einer Rede vor Studenten am 26. Oktober 2005 erklärt, der Staat Israel müsse von der Landkarte getilgt werden. All jenen, die Israel anerkennen würden, drohte er »mit dem Zorn der Islamischen Nation«. Nicht zuletzt vor dem Hintergrund derart unverhüllter Drohungen stehen bis heute große Teile der Völkergemeinschaft dem Atomprogramm des Iran mehr als skeptisch gegenüber.[133] Seit Jahren haben insbesondere die USA und Israel Zweifel an einer ausschließlich friedlichen Ausrichtung des iranischen Kernkraftprogramms. Eine künftige Atommacht Iran mit der Bereitschaft, seine Waffen nicht nur gegen seine »Hauptfeinde« einzusetzen, stellt über die Region hinaus ein gewaltiges Schreckensszenario dar. So diskutierten schon vor Jahren vornehmlich die »satanischen« Feinde des Gottesstaates militärische Interventionen – bis dato Planspiele.

Im April 2006 wurden die Diskussionen über die Folgen eines Angriffs auf den Iran medienöffentlich. Im Fall eines Militärschlags, so Einschätzungen von Nachrichtendienstlern in der *Washington Post*, »würden iranische Agenten Zivilisten in den USA, Europa und anderswo ins Visier nehmen«[134]. Dem US-Magazin *The New Yorker* zufolge hatte man in den USA bereits »mit der Planung von massiven Bombenangriffen auf den Iran« begonnen.[135] Ein derartiger Schlag, so seinerzeit die Befürchtungen, könnte in der Folge die ganze islamische Welt aufbringen und eventuell zu einer Kooperation von schiitischer Hisbollah und sunnitischer al-Qaida führen.

Die Reaktionen Teherans auf die Optionen der USA ließen nicht lange auf sich warten. Ende April 2006 drohte Ayatollah Ali Chamenei den USA mit massiver Vergeltung im Falle eines Angriffs: »Wenn sie uns angreifen, dann wird ihren Interessen überall in der Welt geschadet. Sie bekommen jeden Schlag, den sie uns zufügen, doppelt zurück.«[136] Nur einen Monat später wurde im Iran offiziell behauptet, dass man 40 000 Märtyrer rekrutiert hätte, die bereit wären, gegen den Westen loszuschlagen.[137] Diese Drohung bekam ein halbes Jahr später mit dem Kommandeur der Revolutionsgarden ein Gesicht. Man hätte Tausende Männer zu Selbstmordattentätern ausgebildet, so Jahja Rahim Safawi im TV-Sender al-Alam, die jederzeit bereit wären, ihr Leben zur Verteidigung der Islamischen Republik zu geben.[138] Bis zum heutigen Tag hat der Iran das Ziel, Atommacht zu werden, nicht aus den Augen verloren. Der Option militärischer Verhinderung dieses Ziels hat die Islamische Republik die Option des Einsatzes »menschlicher Bomben« entgegengestellt.

Die Vorstellung, dass iranische Selbstmordschwadronen überall auf der Welt zuschlagen könnten, ist keine Fiktion. Schiitische Märtyrer-Ideologie und ihre Anwendungspraxis haben schon vor einem knappen Vierteljahrhundert Eingang in die Welt des sunnitischen Islam im Nahen Osten gefunden. Kurz nach Ausbruch der ersten Intifada wurde 1987 im Gazastreifen die – aus der Muslimbruderschaft hervorgegangene – »Islamische Widerstandsbewegung« (Hamas) begründet. Ihre bis heute gültige Charta schließt eine politische Lösung mit Israel und damit auch eine Zwei-Staaten-Regelung aus.[139] Für den Djihad gegen den »hebräischen Staat« schuf die Hamas 1991 einen eigenen militärischen Arm, der sich nach dem arabischen Widerstandskämpfer und Märtyrer Izz ad-Din al-Qassam benannte. Schon früh spezialisierten sich die »al-Qassam-Brigaden« auf Terroranschläge und Selbstmordattentate. Orientiert am Erfahrungswissen der schiitischen Hisbollah im Libanon erweiterten sie ihr Anschlagsspektrum um Zivilpersonen.

Den Märtyrer als Waffe setzte auch die ebenfalls aus der Muslimbruderschaft erwachsene Bewegung »Jihad Islami« mit dem Ziel ein, Israel als »Hauptfeind der Muslime« zu zerstören. Eine dritte palästinensische Bewegung, die zur Märtyrer-Waffe gegen Israel griff, entstand mit Beginn der zweiten Intifada.[140] Als »Al-

Aqsa-Brigade« trat sie namentlich erstmals im Juni 2001 in Erscheinung und verübte zunehmend Anschläge im israelischen Kernland – auch auf Zivilisten. Mit einem Anschlag Anfang 2002 schrieb die »Al-Aqsa-Brigade« »Märtyrer-Geschichte«, wurde dieser doch von Wafa Idris, der ersten Selbstmordattentäterin in der Geschichte der Intifada, begangen. Nach ihrem Anschlag bekam die junge Frau von sunnitischen Rechtsgelehrten in Ägypten den Status einer Märtyrerin, weil ihr Selbstmordeinsatz ein »Akt der Selbstverteidigung auf dem Weg Gottes« war.[141]

Danach war der Weg frei für Selbstmordeinsätze weiterer weiblicher *Shahidas*, nicht nur im Nahen Osten. In Russland stürmte am 22. Oktober 2002 ein etwa 50-köpfiges Kommando in Moskau ein Theater an der Dubrowka – und machte aus über 700 Besuchern eines Musicals Geiseln. »Die Tschetschenen sind nicht nach Moskau gekommen, um zu überleben, sondern um zu sterben«, so der junge Emir des »Islamischen Regiments für Sonderaufgaben« Mowsar Barajew. Zu seinem Märtyrer-Kommando gehörten auch 16 junge Kämpferinnen des »Witwen-Heldinnen-Bataillons Tschetscheniens«, wie sie sich seinerzeit auf der Internetseite *Kavkaz.org* nannten. Die jungen Frauen waren mit Sprengstoffgürteln verkabelt und kostümiert wie arabische Selbstmordattentäterinnen. Ihren Märtyrer-Tod hatten sie bereits vor ihrem Einsatz in Moskau im arabischen TV-Sender al-Jazeera angekündigt.

Der Kommandeur des Selbstmordbataillons soll seine Kampfausbildung von Ibn ul-Chattab (1962–2002) erhalten haben. Dieser hatte im Nordkaukasus Ausbildungscamps für den Partisanenkrieg aufgebaut, aus denen eine Art »Lehrzentrum Kaukasus« entstand. Als »Kaukasus-Beauftragter« der al-Qaida brachte ul-Chattab sein Spezialwissen für Märtyrer-Einsätze ein, ab dem Jahr 2000 auch für junge Frauen.

Mit der Märtyrer-Operation in dem Moskauer Theater wurden die nordkaukasischen *Shahidas* über Russlands Grenzen hinaus bekannt. Höhepunkt der selbstmörderischen Anschläge der »Schwarzen Witwen«[142] waren die Jahre 2003/2004. Zwar

Theokratisches Imanat Nordkaukasus nach Vorstellung des
»Bundes tschetschenischer und dagestanischer Wahhabiten«
(grau gefärbt, Einfärbung B. G. Thamm)

ließen nach dem Ableben des tschetschenischen Djihad-Emirs
Schamil Bassajew am 10. Juli 2006 die Märtyrer-Operationen
nach, der Djihad gegen Russland jedoch blieb. Bassajews Nach-
folger haben mittlerweile die Kämpfe in die muslimischen
Nachbarrepubliken, insbesondere nach Dagestan verlagert. Ziel
ihres Djihad ist die Errichtung eines Kaukasischen Emirats, das
vom Schwarzen bis zum Kaspischen Meer reichen soll.

Der andauernde Djihad wurde am 29. März 2010 in die
Hauptstadt Russlands, sozusagen vor die Tür des Inlandsnach-
richtendienstes der Föderation (FSB) getragen. In der Metro
Moskaus wurden während des morgendlichen Berufsverkehrs
40 Fahrgäste Opfer eines Doppelanschlages zweier Selbstmordattentäterinnen.[143] An der Station *Lubjanka*, die sich in unmittelbarer Nähe des FSB-Hauptquartiers befindet, sprengte
sich Marjam Scharipowa, eine 28-jährige Lehrerin aus Dagestan, in die Luft. Sie war die »Schwarze Witwe« eines dagesta-
nischen Rebellenführers. An der Metrostation *Park Kultury*

hatte sich beinahe zeitgleich die ebenfalls aus Dagestan stammende Dschennet Abdullajewa getötet. Auch die 17-Jährige war »Schwarze Witwe« eines kaukasischen Extremisten. Die Untaten waren möglicherweise Racheanschläge für den Tod eines zum Islam konvertierten Russen aus der ostsibirischen Teilrepublik Burjatien, der drei Wochen zuvor bei einer Sonderoperation des FSB gegen die »Untergrundkämpfer« getötet worden war. Alexander Tichomirow alias Said Burjatski soll für die Rekrutierung und Ausbildung von Selbstmordattentätern im gesamten Nordkaukasus zuständig gewesen sein.[144]

Den nordkaukasischen Djihadisten reichten bis heute wenige Märtyrer-Hundertschaften. Auf den großen Kriegsschauplätzen am Hindukusch oder in der Golfregion halten die Djihadisten Zigtausende Selbstmordattentäter bereit. Vor dem Hintergrund des sich abzeichnenden dritten Golfkrieges strahlte der TV-Sender al-Jazeera am 10./11. Februar 2003 eine Botschaft Osama Bin Ladens aus, in der der al-Qaida-Führer auch die Bedeutung des Einsatzes von Märtyrern gegen den Feind betonte. Nur wenige Tage zuvor hatte schon der irakische Vizepräsident Taha Jassin Ramadan auf die Märtyrer als Waffe hingewiesen: »Wir haben keine Langstreckenraketen oder Bombengeschwader, aber wir werden Tausende von Selbstmordattentätern einsetzen, die *Istischhadijun*, die Märtyrer. Das sind unsere neuen Waffen, und die werden nicht nur im Irak zum Einsatz kommen.«[145]

Die im Irak eintreffenden Kriegsfreiwilligen wurden zu dieser Zeit auf 6000 beziffert, von denen sich die Hälfte für Selbstmordmissionen beworben hatte – 3000 »tickende Bomben« für den Untergrundkampf.[146] Ein halbes Jahrzehnt später, im Mai 2008, meldeten Nachrichtenagenturen, dass eine von der US-Armee unterstützte Bürgerwehr sunnitischer Muslime in der irakischen Provinz Dijala nach eigenen Angaben eine Liste mit Namen von 6000 Selbstmordattentätern gefunden hatte, die seit 2003 im Irak Anschläge verübt haben sollen. Die meisten dieser Märtyrer-Kämpfer, so hieß es, stammten nicht aus dem Irak, sondern aus anderen arabischen Ländern und Afghanistan, aber auch aus Europa. Auf dem Djihad-Schauplatz Afghanistan wurde ein Jahr zuvor von den Taliban die Frühjahrsoffensive 2007 angekündigt, für die auch 2000 Selbstmordattentäter in Stellung gebracht worden wären.

Über noch größere Kampfpotenziale scheint die in jenem Jahr gegründete pakistanische Taliban-Bewegung »Tehrik-e-Taliban Pakistan« (TTP) zu verfügen. In Pakistan wurden in den folgenden drei Jahren mehrere Tausend Menschen bei Anschlägen getötet. Die meisten dieser Anschläge waren von TTP-Kämpfern verübte Selbstmordattentate. Mitte März 2010 drohte die TTP nach verheerenden Anschlägen mitten in einem Wohn- und Geschäftsviertel von Lahore, der zweitgrößten Stadt des Landes an der Grenze zu Indien, »bis zu 3000 Selbstmordattentäter auf Pakistan loszulassen, wenn das Militär nicht seine Offensive (in Südwaziristan) und die USA ihre Drohnenanschläge einstellten«[147].

Märtyrer – beste Waffe im asymmetrischen Djihad

Es war ein deutscher Schriftsteller, der schon vor Jahren den hohen militärischen Nutzwert islamistischer Selbstmordattentäter[148] in seinem Essay *Schreckens Männer* kurz und knapp beschrieb: »Für seine Auftraggeber stellt der Selbstmordattentäter eine Waffe dar, die unschlagbar ist, weil sie von keinem Aufklärungssatelliten erfasst und praktisch überall eingesetzt werden kann. Sie ist außerdem kostengünstig.«[149] Der Märtyrer, so muss man es sehr deutlich sagen, ist im asymmetrisch geführten Djihad die »beste« aller Waffen.

Ende März 2010 nahm die Polizei in Saudi-Arabien 113 mutmaßliche al-Qaida-Terroristen fest, die Selbstmordanschläge auf Anlagen der Ölindustrie und Angriffe auf Polizisten vorbereitet haben sollen. Die Verhafteten, so der Sprecher des Innenministeriums, hätten »ein Netzwerk« gebildet, zu dem 47 Saudis und 51 Jemeniten sowie drei Personen aus Somalia, Eritrea und Bangladesch gehörten. Zudem waren zwei weitere Terrorzellen mit jeweils sechs Mitgliedern ausgehoben worden, die vom Jemen aus gelenkt wurden. Die Anschläge auf die Ölanlagen im Osten des Königreichs hätten »unmittelbar bevorgestanden«[150]. Nach einer Schießerei im Oktober 2009 an einer Straßensperre nahe der Grenze zum Jemen waren saudische Sicherheitskräfte den Terrorzellen und ihren Hintermännern näher gekommen. Damals kamen zwei mit Sprengstoffgürteln präparierte, als Frauen verkleidete al-Qaida-Kämpfer sowie ein Polizist ums Leben.

Die spektakuläre Verhaftungswelle zeigte, dass der Wirkungsbereich der Qaida in Saudi-Arabien – durch starken Fahndungsdruck war er über Jahre eingeschränkt worden – in jüngster Zeit wieder gewachsen war. Relativ unbehelligt operiert vom Jemen aus die Führung der dortigen »Al-Qaeda in the Arabian Peninsula (AQAP)«. Anfang 2009 war die »al-Qaida auf der Arabischen Halbinsel« aus der Fusion der jemenitischen und der saudischen al-Qaida-Filialen hervorgegangen und hatte sich in vier geostrategisch günstig gelegenen Landesprovinzen[151] im Schutz der Stämme niedergelassen. Die neue al-Qaida-Organisation zieht Jemeniten aus allen sozialen Schichten an. »Außerdem schließen sich immer mehr Stammeskrieger der Organisation an. Umgekehrt heiraten Mitglieder von al-Qaida in die Stämme ein und werden so ein Teil von ihnen. Jeder Krieg gegen al-Qaida droht somit auch zu einem Krieg gegen die Stämme zu werden.«[152]

Aus westlicher Sicht ist der Jemen »ein Staat in Auflösung«, aus djihadistischer Sicht ist das Land durch seine Geschichte und Lage ideal. Tribale Strukturen mit uralter beduinischer Kriegerethik bilden tief verwurzelte Verbindungen zum Nachbarn Saudi-Arabien. Historische Verbindungen bestehen ebenfalls nach Ostafrika, aber auch in die südostasiatische *dar al-Islam*. Nicht zuletzt kann vom Jemen aus das *Bab al-Mandab*, der Eingang zum Roten Meer, kontrolliert werden. Es ist somit nicht verwunderlich, dass der Jemen acht Jahre nach den 9/11-Anschlägen zu einer festen Basis einer neuen Qaida-Generation mit bis zu 1000 Kämpfern geworden ist. Und es ist nicht verwunderlich, dass eben diese neue Generation für Innovationen einer Qaida steht, die für ihre Feinde bedrohliche Formen angenommen hat.

Zwei fehlgeschlagene Anschläge im jemenitisch-saudischen Fusionsjahr machten dies überdeutlich. Am 27. August 2009 suchte ein Selbstmordattentäter im saudischen Dschidda den Vize-Innenminister und obersten Terrorbekämpfer des Landes, Prinz Mohammed Bin Nayef, zu töten. Aus dem Jemen kommend hatte Abdullah Hassan al-Assiri – der Djihad-Terrorist mit dem Kampfnamen Abu al-Khair stand ganz oben auf der saudischen Fahndungsliste – mehrere Sicherheitschecks an Flughäfen und auch im Palast im Grunde genommen unbehelligt passiert, obwohl er eine aus einem halben Kilogramm Explosivstoff bestehende Bombe bei sich trug. Unter der Vortäuschung, ein »reuiger« Djihadist zu sein, hatte der al-Qaida-Terrorist Kontakt mit Bin Nayef aufgenommen, war der Prinz doch zugleich Leiter des saudischen »Integrationsprogramms für reuige Djihadisten«. So gelangte Assiri trotz höchster Sicherheitsvorkehrungen bis in das Büro des Prinzen in dessen Privatpalast. Hier soll er dem Prinzen angeboten haben, über sein Mobiltelefon Kontakte zu weiteren »ausstiegswilligen« al-Qaida-Kämpfern herzustellen. Nach der Kontaktaufnahme soll er sein Handy an den Prinzen weitergereicht haben, damit dieser den »Reuigen« persönlich Straffreiheit zusichern konnte. Just in diesem Augenblick detonierte die Bombe. Nach Angaben der saudischen Zeitung *Okaz*[153] war das Handy Assiris wohl mit zwei SIM-Karten ausgestattet. Eine diente der Kommunikation mit den angeblich reuigen Qaida-Mitkämpfern, die andere zündete per codierter SMS den Sprengsatz, dessen Zünder sich offenbar im Enddarm des Attentäters befand. Der Sprengsatz detonierte direkt neben dem Politiker, der nur leicht an der Hand verletzt wurde. Der Attentäter hingegen wurde tödlich verletzt. Durch die rektal im Körper verbrachte Bombe entlud sich die Wucht der Explosion nach unten und zerriss den »Zäpfchen-Bomber« in zwei Teile. Während al-Qaida den Märtyrer in einem Propagandavideo als Helden feierte, waren Sicherheitskräfte und Öffentlichkeit in Saudi-Arabien geschockt. Der Mensch als schwer bis nicht zu detektierende Bombe, die am Ziel per Fernzündung zur Detonation gebracht wird, ist nicht nur für potenziell gefährdete Personen, sondern auch für die Sicherheit unserer Verkehrswege, insbesondere für die des Flugverkehrs, ein Alptraum.[154]

Ob es sich bei diesem Anschlag, in Anlehnung am Erfahrungswissen der Rauschgiftschmuggler (Transport von Drogen in *Bodypacks* im Körper), tatsächlich um einen neuen Modus Operandi gehandelt hat, ist umstritten. So hatten die Saudis ihre erste Einschätzung Wochen später revidiert. Unstrittig hingegen ist nach Beurteilung amerikanischer Geheimdienste, dass der »Zäpfchen-Bomber« von demselben Bombenmacher präpariert worden sein soll, von dem auch der »Unterhosen-Attentäter« nur knapp vier Monate später den Sprengsatz erhalten haben soll. Am 25. Dezember 2009 hatte der 23-jährige Nigerianer Umar Farouk Abdulmutallab an Bord des Fluges 253 von Amsterdam nach Detroit einen an seinem Bein unter der Unterhose festgeklebten Sprengsatz versucht zu zünden. Vor der Ausführung wurde er jedoch von einem Passagier überwältigt. Die Tat erinnerte an einen ebenfalls verhinderten Anschlag auf den Luftverkehr, der acht Jahre zurücklag. Am 22. Dezember 2001 hatte an Bord eines American-Airlines-Flugs von Paris nach Miami der 28-jährige Brite Richard Reid versucht, einen in seinem Schuh versteckten Sprengsatz zu zünden. An Bord der Boeing 767 befanden sich 185 Passagiere und 12 Besatzungsmitglieder. Der Kleinkriminelle Reid, der im Gefängnis zum Islam konvertierte und sich fortan Abdel Rahim nannte, konnte durch beherztes Eingreifen von Passagieren und Crewmitgliedern an seinem Vorhaben gehindert werden. Sowohl der britische Märtyrer-Konvertit als auch der nigerianische Djihadist verwendeten als am Körper getragenen Explosivstoff einen Bestandteil des Plastiksprengstoffs Semtex mit dem Kürzel PETN (Nitropenta).[155] Reid hatte seinen Anschlagsversuch nur ein gutes Vierteljahr nach den 9/11-Anschlägen begangen. Im Anschlagsversuch auf den Detroit-Flug sah al-Qaida eine Fortführung der Anschläge vom 11. September 2001. So lautete Bin Ladens Botschaft »von Osama an Obama« Ende Januar 2010:

»Wenn es nur möglich gewesen wäre, euch unsere Botschaft mit Worten zu übermitteln, hätten wir sie euch nicht mit Flugzeugen geschickt.«[156]

Al-Qaidas »Botschafter« ist das jüngste von 16 Kindern einer wohlhabenden Familie in der nigerianischen Provinz Katsina. Der gläubige junge Muslim war von 2005 bis 2008 Student der Ingenieurwissenschaften am University College London (UCL). In der Metropole radikalisierte er sich und wurde sodann von al-Qaida für den Djihad rekrutiert. Im Jemen konnte er sich auf sein erstrebtes Märtyrertum vorbereiten. Mit rund 20 Mitstreitern wurde er dort für Terroranschläge auf Flugzeuge ausgebildet. Nach dem Abschluss machte er sich über Äthiopien und Ghana auf nach Nigeria. In Lagos bestieg er mit 80 Gramm Sprengstoff die Maschine nach Amsterdam und weiter nach Detroit. Der Flug sollte eigentlich sein »Aufstieg ins Paradies« werden.

Während Abdulmutallab in Detroit vor Gericht gestellt wurde, lobte al-Qaida seinen Kämpfer: »Mit Gottes Hilfe hat der heldenhafte Bruder, der das Märtyrertum anstrebende Umar Farouk, eine einzigartige Operation gegen ein Flugzeug durchgeführt, das nach Detroit in den USA unterwegs war, am Tag, an dem sie ›Christmas‹ feiern.«[157]

Wohl konnten die Anschläge des »heldenhaften Bruders« und Assiris verhindert werden, dennoch verbuchte sie der Auftraggeber al-Qaida als Erfolg. Zum einen hatten die Selbstmordattentäter mit Sprengstoff am Körper alle möglichen Sicherheitskontrollen passiert. Zum anderen hatten Qaidas Bombenexperten einen neuen, schwer zu detektierenden, funktionstüchtigen Zünder erprobt, »der keinerlei elektronischer oder chemischer Bestandteile bedarf, sondern allein durch die chemische Vermischung mehrerer Stoffe die Detonation auslöst. Ähnliches hatte zwar schon der ›Schuhbomber‹ Richard Reid 2001 im Sinn, doch er brauchte damals die Kraft des Feuers, um seine Bombe zu zünden; eine Methode – aus heutiger Sicht betrachtet – wie aus der terroristischen Steinzeit«[158]. Für die neue Garde junger al-Qaida-Kämpfer scheint nicht nur das Zeitalter der

Chemie längst angebrochen zu sein, sie ist in Relation zur ersten Qaida-Generation kompromisslos und deutlich radikaler. Djihad im Verständnis dieser zweiten Generation heißt Krieg.

Zur asymmetrischen Kriegsführung zählt auch die Geiselnahme. So wurden im Jemen am 12. Juni 2009 ein Ehepaar aus Sachsen mit seinen drei kleinen Kindern, zwei Praktikantinnen einer freichristlichen Gemeinde aus Niedersachsen, eine Südkoreanerin sowie ein Brite verschleppt. Drei Tage später wurden die Leichen der Koreanerin und der beiden deutschen Praktikantinnen entdeckt. Ihre Entführer hatten die drei jungen Frauen gleich nach der Geiselnahme mit Kopfschüssen exekutiert.[159] Die Schicksale des Ehepaars, das schon seit 2003 in einem Krankenhaus in der nordjemenitischen Provinz Saada arbeitete, und des britischen Ingenieurs sind bis heute ungewiss. Zwei der Kinder wurden im Mai 2010 freigelassen und nach Deutschland ausgeflogen. Nach Angaben der jemenitischen Regierung Mitte Januar 2010 sollen die Geiselnehmer ein Lösegeld in Höhe von zwei Millionen Dollar, Straffreiheit und die Freilassung mehrerer Häftlinge, die dem Umfeld der al-Qaida zugerechnet werden, gefordert haben.[160]

Mit der kompromisslosen Gewaltbereitschaft und Gewaltanwendung einer neuen Djihadistengeneration fusionierter Qaida-Zweige in Arabien sieht das BKA eine neue Qualität der Terrorbedrohung. Terroristische Aktivitäten der »al-Qaida auf der Arabischen Halbinsel« außerhalb des bisherigen Operationsgebietes würden eine »signifikante Änderung« im Vorgehen der Islamisten bedeuten. Offenbar wollte die Gruppe durch spektakuläre Anschläge »ihre Handlungsfähigkeit auch im Ausland unter Beweis stellen«. Weitere angekündigte Aktionen müssten als Drohung »ernst genommen werden«, so die BKA-Analytiker im Januar 2010.[161]

Ihre Kollegen vom Bundesnachrichtendienst (BND) hatten eineinhalb Jahre zuvor schon vor einer ähnlichen, jedoch von Nordafrika ausgehenden Gefahr gewarnt, wo es eine im Grunde genommen analoge Fusion mit al-Qaida-Hintergrund gegeben hatte. Anfang 2007 hatten in Algerien die »Salafistische Gruppe

AL-QAIDA/TALIBAN-INNOVATIONEN

Neue Bündnisse/Dachverbände durch Fusionen/ Zusammenschlüsse mit Terroraktivitäten der zweiten Djihad-Generation außerhalb regionaler Operationsgebiete

Pakistanische Taliban-Bewegung »Tehrik-e Taliban Pakistan« (TTP)

Gegründet: 2007

Operationsgebiet: Pakistan

Terrordrohungen gegen: USA

Terroranschlag außerhalb des Operationsgebietes: 2. Mai 2010 Autobombe am Times Square/ New York Täter: pakistanisch-stämmiger Amerikaner

FUSION(EN)

BÜNDNISSE

DACHVERBÄNDE

»al-Qaida im Islamischen Maghreb« (AQIM)

gegründet: 2007

»al-Qaida auf der Arabischen Halbinsel« (AQAH)

gegründet: 2009

Operationsgebiete:
Nordafrika (Marokko, Algerien, Tunesien, Libyen) und subsaharisches Afrika (Mauretanien, Mali, Niger)

Terrordrohungen gegen:
USA, Frankreich, Spanien

Terroranschlag außerhalb des Operationsgebietes:
???

Operationsgebiete:
Saudi-Arabien, Jemen

Terrordrohungen gegen:
USA

Terroranschlag außerhalb des Operationsgebietes:
25. Dezember 2009, nigerianischer »Unterhosenbomber«, Flug Amsterdam–Detroit

Berndt Georg Thamm, Mai 2010

für Verkündigung und Kampf« (»Groupe salafiste pour la Prédication et le Combat«; GSPC)[162] und weitere islamistische
Terrorgruppen die »al-Qaida im Islamischen Maghreb« (AQIM)
als Dachverband gegründet. Noch im selben Jahr soll sich der
AQIM auch die »Libysche Islamische Kampfgruppe« angeschlossen haben. Der neue maghrebinische Verband stand auch
für eine neue Strategie: Djihadisten aus den nordafrikanischen
Ländern Marokko, Algerien, Tunesien und Libyen, aber auch
aus den subsaharischen Nachbarstaaten Mauretanien, Mali und
Niger wenden sich gemeinsam gegen arabische Regime, die
»ihre Religion und ihr Volk verraten haben«.

Nicht zuletzt vor diesem Hintergrund wurden am 11. Dezember 2007 in der Landeshauptstadt Algier das Gebäude der UN-
HCR (Hoher Flüchtlingskommissar der Vereinten Nationen;
»United Nations High Commissioner for Refugees«) und der
oberste Gerichtshof Algeriens Ziel zweier Anschläge mit über
30 Toten. Unter diesen waren auch die beiden 32 und 64 Jahre
alten Selbstmordattentäter, deren Botschaft die AQIM ins Internet gestellt hatte: »Dieses Attentat wird die Kreuzfahrer, die
unser Land besetzt halten und unsere Bodenschätze ausrauben,
daran erinnern, dass sie aufmerksam zuhören sollten, was unser
Emir Osama Bin Laden ihnen zu sagen hat.«[163] Von Anschlägen
war jedoch nicht mehr nur Nordafrika, sondern auch der sub-
saharische Gürtel bedroht. In Nouakchott, der Hauptstadt
Mauretaniens, mehrten sich die Attentate, so auf die Botschaft
Israels im Februar 2008. Ein Anschlag vor der Botschaft Frankreichs im August 2009, verübt von einem 22-jährigen maureta-
nischen Djihadisten der »al-Qaida im Islamischen Maghreb«,
war der erste Selbstmordanschlag in der Geschichte des Landes.[164] Bedroht von der AQIM wurden aber auch die USA, da
sie in Nordafrika Militärbasen unterhielten, und Europa. Der
BND sah vor allem das Risiko, dass die im Bündnis AQIM vereinten Terrorgruppen in europäischen Ländern mit nordafrikanischen Minderheiten, von Spanien über Frankreich bis Belgien, Attentäter rekrutierten.[165]

Attentäter sind nicht immer als Attentäter zu erkennen. Das

Täuschen und Verstellen dient der Optimierung der Märtyrer-Operationen mit einer ganzen Bandbreite von Legenden. So tarnten sich Selbstmordattentäter in Afghanistan beispielsweise als Journalisten und zivile Helfer; in Saudi-Arabien als Polizisten, Nationalgardisten und Frauen; im Jemen als Schüler mittels Schuluniform; in Israel als jüdische Geistliche; im Nordkaukasus als Krankenschwestern – die Verkleidungen waren und sind Legion.[166]

Neben mehr oder weniger erwachsenen jungen Männern und Frauen werden auch Jugendliche, selbst Kinder zu Selbstmordattentaten angehalten. Ihr propagierter Opfertod schockierte schon vor Jahren Politik und Öffentlichkeit in Australien. Hier hatte Scheich Feiz Mohammed, Leiter des Globalen Islamischen Jugendzentrums (GIYC) in Sydney, in einem im australischen Fernsehen im Januar 2007 ausgestrahlten Videovortrag erklärt: »Wir wollen Kinder, um sie als Soldaten zu opfern, die den Islam verteidigen.« An die Eltern gerichtet sagte der in Sydney geborene Geistliche, der sein ideologisches Rüstzeug beim Studium in Saudi-Arabien erwarb: »Lehrt eure Kinder dies: Es gibt nichts Schöneres als den dringenden Wunsch des Märtyrer-Todes. Pflanzt in ihre weichen, zarten Herzen die Begeisterung für den Heiligen Krieg und die Liebe zum Märtyrertum.«[167]

Von der Theorie des Hasspredigers zur Praxis des Djihad im Irak. Seit 2005 wurde vom Schauplatz des dritten Golfkrieges vereinzelt von Kindern berichtet, die al-Qaida-Terroristen »als Bombe benutzten«. Im November 2007 beispielsweise war es ein zehnjähriger Junge, der bei einem Treffen der Scheichs in der Provinz Dijala seinen Sprengstoffgürtel zündete. Die Stammesführer hatten über ein gemeinsames Vorgehen gegen Terrorismus diskutiert. Sechs von ihnen starben durch die Explosion.[168] Die Provinz Dijala galt als Hochburg der irakischen al-Qaida. Hier fand die US-Armee im Dezember 2007 bei der Durchsuchung eines al-Qaida-Stützpunktes in Chuan Band Samad, rund 30 Kilometer östlich von Bagdad gelegen, Aufzeichnungen, die dann auf ungeklärte Weise in den Besitz des arabischen TV-Senders al-Arabija gelangten. Im Februar 2008 strahlte der Sender das Video aus, in dem zu sehen war, wie Jungen im Alter von zehn bis zwölf Jahren ein Haus stürmen und einen Mann auf einem Fahrrad festnehmen. Die Kinder waren mit Gewehren und Pistolen bewaffnet.[169] Es hieß seinerzeit, dass al-Qaida gelegentlich auch noch jüngere Kinder als Selbstmordattentäter einsetzt.

In einigen Fällen ging der Missbrauch sogar wesentlich weiter. Diese Erfahrung machten israelische Soldaten bereits im März 2004 am Checkpoint in Nablus. Zusammen mit Frauen und anderen Kindern war auch der elfjährige Palästinenser Abdullah Kuran überprüft worden. Wie jeden Tag schleppte der Viertklässler Taschen und Pakete von der einen Seite der Sperre zur anderen Seite und verdiente sich so ein paar Schekel. Diesmal hatte ihm jemand ein Gepäckstück gegeben und damit zum Bombenträger gemacht. Der Junge wusste nichts von seiner tödlichen Fracht. In seinem Rucksack war einer Soldatin »eine Schachtel mit einer Metallplatte, an der mehrere Kabel hingen«, aufgefallen. Sie rief einen Bombenexperten. Später erfuhr sie, dass die Attentäter versucht hatten, die Bombe fernzuzünden. Sein Leben verdankte der Kinderkurier dem Versagen des Zünders.[170]

Nur eine Woche zuvor hatten die Soldaten einen palästinensischen Jungen, der einen Gürtel mit acht Kilogramm Sprengstoff trug, kurz vor dem Grenzübergang Hawara zwischen dem Westjordanland und Israel gestellt. Die Bombenexperten schickten dem völlig verstört und verängstigt wirkenden Achtklässler mit einem ferngesteuerten Roboter eine Schere, mit der er sich von dem Sprengsatz befreien konnte. Der am Downsyndrom leidende Hassan Abdu aus Nablus war für 100 Schekel (18 Euro) als Selbstmordattentäter rekrutiert worden.[171]

Die Anwerbung von geistig Behinderten ist so neu nicht. So wurden am 1. Februar 2008 in Bagdad zwei Frauen zu Selbstmordattentäterinnen. Sie waren mit Sprengstoffgürteln auf Kleintiermärkte in El Ghasil und El Dschadida geschickt worden, wo die Bomben dann ferngezündet wurden. Die gewaltigen

Waffengattung Märtyrer im »Heiligen Krieg« (Djihad)

Märtyrer-Operationen

Direkte
Märtyrer-Einsätze

Indirekte
Märtyrer-Einsätze

Selbstbestimmte
Selbstmordanschläge

Fremdbestimmte
Selbstmordanschläge

mittels
Eigenzündung

mittels
Fremdzündung

**Der Mensch
als Bombe**
Einzelpersonen mit
Explosivstoffen am/im
Körper; zum Beispiel
Sprengstoffgürtel einer
»Schwarzen Witwe«

Fremdzündung
ohne Wissen
des Explosiv-
stoffträgers

Fremdzündung
mit Wissen des
Explosivstoffträgers
durch am Einsatz
nicht beteiligte
»Kontrolleure«

**Das Fahrzeug
als Bombe**
Einzelpersonen /
Kleingruppe mit Explosiv-
stoffen in mobilen
Fahrzeugen zu Land,
Schiene, Wasser und Luft

zum Beispiel
Kinder mit
Sprengsätzen im
Schulranzen

zum Beispiel
bemannte
Autobombe per
SMS-Zündung

**Ein Objekt
als Bombe**
Einzelpersonen/Klein-
gruppen, die mit Spreng-
sätzen bestückte Objekte
(zum Beispiel Gebäude)
vor Ort zerstören

zum Beispiel
psychisch Kranke
ohne Einsicht
in die Tat

und
andere
mehr

und andere mehr

und andere mehr

Berndt Georg Thamm, März 2009

Explosionen rissen fast 100 Menschen in den Tod und verletzten mehr als 180. Die beiden Frauen litten ebenfalls am Downsyndrom und waren sich aller Wahrscheinlichkeit nach über ihren Märtyrer-Einsatz nicht im Klaren.[172] Sie waren zuvor im Raschad-Krankenhaus ambulant behandelt worden. Der Verwaltungsdirektor der mit 1200 Betten größten psychiatrischen Klinik der irakischen Hauptstadt wurde später unter dem Verdacht festgenommen, Terroristen mit Details über Patienten versorgt zu haben.[173]

Vielleicht hat die Rekrutierung von psychisch Gestörten für den Djihad Methode. Stand doch schon Anfang Dezember 2005 die islamistische Glaubensgemeinschaft »Tablighi Jamaat« (»Gemeinschaft der Verkündigung und Mission«; TJ) beim bayerischen Verfassungsschutz im Verdacht, psychisch kranke, selbstmordgefährdete Patienten muslimischen Glaubens mit Hilfe von Vormundschaften gezielt anzuwerben: »Man kümmert sich um diese kranken Leute, um sie später womöglich für terroristische Gruppierungen als Selbstmordattentäter weltweit einsetzen zu können.«[174]

Nicht nur diese »Missionare des Djihad« zeigten, dass im »Heiligen Krieg« alle Mittel legitim scheinen – solange sie zum Erfolg führen. Das sehen auch deutsche Djihadisten so. Sie lassen im Jahr zehn nach dem 9/11 ihr Märtyrer-Leben auf verschiedenen Djihad-Schauplätzen und würden wohl auch im Djihad gegen Deutschland den Opfertod suchen.

Deutsche Märtyrer – Konvertiten und andere Djihadisten

In Deutschland liefen nach Angaben des BKA im April 2010 rund 350 Ermittlungsverfahren gegen mutmaßliche islamistische Terroristen. Allein das BKA bearbeitete davon 220, fast die Hälfte betraf Anschläge in Afghanistan. Den Ermittlungshöchststand brachte BKA-Präsident Jörg Ziercke auf den Punkt: »Hier spiegeln sich die vermehrten Angriffe auf deutsche Soldaten wider.« Sein Amt zählt aktuell etwa 1100 Menschen zum islamistisch-terroristischen Bereich. Bundesweit hätten die Sicherheitsbehörden inzwischen 127 »Gefährder«, der Verfassungsschutz spricht vom »islamistischen Kernpersonal«, im Visier. Seit Anfang 2009 sei zu beobachten, »dass sich Reisen aus Deutschland in Ausbildungslager häufen«. In jenem Jahr sollen sich mehr als 30 junge Menschen nach Afghanistan oder Pakistan abgesetzt haben. »Am Hindukusch hat sich inzwischen eine deutsche Gemeinschaft etabliert. Diese Gruppe von aktuell zehn bis zwölf Personen versucht mit deutscher Djihad-Propaganda, weitere Landsleute zu gewinnen, leider mit Erfolg«, sagte der BKA-Chef und machte damit auf eine bedrohliche Entwicklung aufmerksam.[175]

Deutsche Taliban-Mudjaheddin – Kampfgruppen-Vorreiter am Hindukusch

»Kommt zum Djihad, denn das ist der Weg zum Paradies. Wenn ihr nicht kommen könnt, dann helft uns mit eurem Vermögen.« Ein Aufruf zum Djihad, wie es ihn zuvor schon oft gegeben hat. Doch diesmal hatte die Ende April 2008 im Internet verbreitete Botschaft einen besonderen Aspekt. Sie kam von einem jungen Djihadisten namens Abdul Gaffar el-Almani – der Kampfname eines 20-jährigen Deutschen, der im Video seine Bereitschaft erklärte, sich für seinen neuen Glauben in die Luft zu sprengen. Eric Breininger, so sein deutscher Name, stammte aus Neunkirchen im Saarland, erst Anfang 2007 war er zum Islam konvertiert. Nach einer Art »Blitzradikalisierung« hielt er sich keine 18 Monate später schon im Grenzgebiet zwischen Pakistan und Afghanistan auf, unterhielt enge Kontakte zur dortigen turkestanischen Terrororganisation »Islamic Jihad Union« und deren Zelle in Deutschland (»Sauerland-Gruppe«) und warb hoch motiviert zu »lobenswerten Märtyrer-Operationen«[176].

Seinen Memoiren[177] zufolge war Breininger selbst an mehreren Anschlägen und Überfällen in der Region beteiligt. Ende April 2010 war er mit Kampfgefährten auf dem Weg von Süd-

Der unter Terrorverdacht stehende deutsche Islamist Eric Breininger
droht per Video-Botschaft mit Anschlägen.

nach Nordwaziristan, als Soldaten der pakistanischen Armee
das Auto der Glaubenskämpfer im Grenzland zu Afghanistan
stoppten. Bei einem anschließenden Feuergefecht wurden die
ausländischen Djihadisten getötet. Mit Breininger starben der
21-jährige Berliner Konvertit Danny R., Kampfname Abu Abdullah, der Deutsch-Türke Ahmet M., Kampfname Selehuddin
Türki, aus Salzgitter sowie ein weiterer »Bruder«[178]. Nur wenig
später gratulierte die islamistische Gruppierung »Taifatu'l Ma-
nure« »den am 30. April gefallenen deutschstämmigen Märtyrern« im Internet. Wenige Tage danach wurden die Memoiren
von Breininger im Netz veröffentlicht, die dieser unter dem Titel
»Mein Weg nach Jannah« begonnen, aber nicht vollendet hatte.
Schon das Vorwort zeugt von der Erwartung des baldigen Todes: »Während dieses Werk verfasst wird, ist mir nicht klar, ob
es je fertig werden wird, da wir uns im Krieg befinden und ich
somit jederzeit meinem Schöpfer begegnen kann.«[179] Abdul
Gaffar »der Deutsche« (el-Almani) wurde nur 22 Jahre alt.

Breiningers Memoiren ist weiterhin zu entnehmen, dass er seine »Kenntnisse und Fähigkeiten mit schweren Artillerie-Waffen« vertiefte. »Mein Ziel ist es, in diesem Sommer [2010] diese Waffen so gut zu beherrschen, dass ich selbständig Artillerie-Operationen anführen und andere Mudjaheddin darin ausbilden kann.«[180] Ob es dazu kam, ist nicht gewiss. Gewiss ist hingegen, dass Breininger die IJU-Gruppe wohl verlassen hatte, um in der Folgezeit zusammen mit anderen Kämpfern eine Art deutschsprachigen Taliban-Ableger zu gründen. Zwischen den beiden tödlichen Feuerüberfällen der Taliban auf Bundeswehrsoldaten am 2. und am 15. April behauptete eine Gruppierung namens »Deutsche Taliban Mudjaheddin (DTM)« in einem Video, sie hätte Anschläge auf afghanische und amerikanische Soldaten verübt.[181]

Wie viele kampfbereite »deutsche Taliban« sich derzeit in Afghanistan und in der pakistanischen Grenzregion aufhalten, ist letztlich unbekannt. Bekannt hingegen ist ihre virtuelle Präsenz. So riefen sie beispielsweise solidarisch »zum Widerstand jemenitischer Brüder« auf und verbreiteten dies »auf dem Wege Allahs« im Internet. »Auf dem Wege Allahs« ist auch der Deckname einer jungen Frau, die als zentrale Schlüsselfigur im Online-Djihad der deutschen Islamisten-Szene gilt.[182] Ob sich nun potenzielle Djihad-Freiwillige der islamistischen Szene in Deutschland durch Todesnachrichten von »deutschen Taliban« abschrecken lassen oder ob deren Märtyrertod eine eher faszinierende Wirkung hat, bleibt abzuwarten.

Man spricht Deutsch im Terrorcamp

»Unter al-Qaida haben es die Taliban geschafft, sich zu reorganisieren. Sie haben viel Geld aus dem Verkauf afghanischen Opiums, und es ist ihnen gelungen, neue Allianzen einzugehen mit extremistischen Gruppen in Pakistan, Zentralasien, dem Kaukasus und dem Irak. Al-Qaida sorgt außerdem für ihr Training und ihre Ausbildung«, beschrieb der pakistanische Journalist und Talibankenner Ahmed Rashid im Frühsommer 2006 die Situation am Hindukusch.[183] Anzeichen für diese Neustrukturierung sahen im Februar 2007 auch anglo-amerikanische und andere Nachrichtendienste. Im paschtunischen Waziristan waren eine Reihe paramilitärischer Camps eingerichtet worden, die zwar nicht die Qualität der afghanischen Lager bis 2001 hatten, aber die Ausbildung von Terroristen ermöglichten. Ihre Anzahl wurde auf 50 bis 70 geschätzt. Der britische Geheimdienst vermutete, dass hier 4000 islamistische Extremisten ausgebildet wurden, darunter nicht wenige britische Muslime.[184]

Ein Beleg für die Bedrohlichkeit vermittelten Bilder aus einem dieser Camps. Die Aufnahmen entstanden wohl am 9. Juni 2007 und wurden kurz danach dem amerikanischen TV-Sender ABC News zugespielt. Das Video zeigte die Abschlusszeremonie eines Trainingslagers von al-Qaida und Taliban. In dem Camp waren rund 300 Selbstmordattentäter ausgebildet worden, um Anschläge in den USA, Kanada, Großbritannien, aber auch in Deutschland begehen zu können. »Diese Amerikaner, Kanadier, Briten und Deutsche kommen von weit her hier nach Afghanistan«, so Mansur Dadullah, Bruder des getöteten Tali-

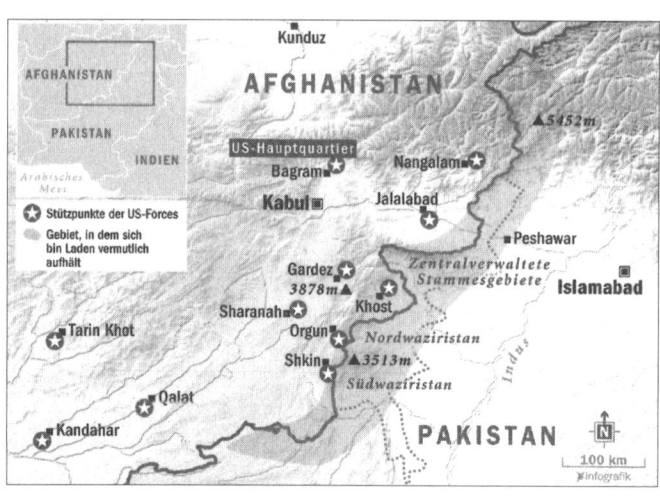

Waziristan: »Tribal area« in der Grenzregion

ban-Führers Mullah Dadullah, bei seiner Ansprache an die vermummten Rekruten: »Warum sollten wir sie nicht verfolgen?« Mit den Worten »Zerstört ihre Welt in ihren eigenen Ländern« erteilte der Kommandeur den Befehl zum Selbstmordeinsatz in den Zielländern.[185]

Die Camps, so erläuterte der Direktor des Instituts für Terrorismusforschung & Sicherheitspolitik (IFTUS) in Essen, Rolf Tophoven, darf man sich nicht als dauerhafte Einrichtungen vorstellen. Es handele sich vielmehr um »kleine Blitzcamps« aus bis zu einem halben Dutzend Zelten für bis zu 30 Männer, die über Nacht auf- und innerhalb kürzester Zeit wieder abgebaut werden könnten. In ihnen würde terroristisches »Basis-Know-how« vermittelt: der Umgang mit Schusswaffen und Sprengstoffen sowie konspiratives Verhalten. Im Mittelpunkt würden die ideologische Indoktrinierung, die Fanatisierung und die Anleitung zum Djihad gegen Ungläubige stehen, bis hin zur Bereitschaft von Selbstmordanschlägen.[186] Zu den Absolventen der Terrorcamps zählten nicht nur Islamisten aus der *dar al-Islam*, sondern zunehmend auch Muslime aus der westlichen *dar al-harb*.

**Taschenkarte für Soldaten des
»Heiligen Krieges« (Djihad)**

Als Glaubenskämpfer (Djihadist) habe ich den Auftrag,

– das Gebiet zu schützen, in welchem die Offenbarung Gottes an seinen Propheten als endgültige Botschaft unverfälscht verbreitet ist;

– Angriffe auf das Gebiet, in dem der Islam schon herrscht *(dar al-Islam)*, abzuwehren; insbesondere, wenn die Angriffe von Ungläubigen aus Gebieten erfolgen, in denen die islamische Herrschaft noch nicht errichtet ist *(dar al-harb)*.

Im Einzelnen habe ich zu beachten:

I. Der Feind:

1. Für Feinde des Islam, dazu zählen auch ungläubige Zivilpersonen *(soft targets)*, gelten keine Schutzfaktoren, weder

    a) Religion,

    b) Ethnizität,

    c) Nationalität,

    d) Geschlecht,

    e) Alter,

    f) Gesundheitszustand.

2. Den Feinden des Islam kann mit einer großen Bandbreite an Tarnlegenden begegnet werden. Die Täuschung/Verkleidung (als Kriegslist) dient der Optimierung von Märtyrer-Aktionen.

3. Auch unmündige Kinder und psychisch gestörte Personen können zum (Märtyrer-)Einsatz kommen.

4. Gegen den ungläubigen Feind darf die Lüge als strategisches Mittel eingesetzt werden. Diese Anwendung der *Takiya*, das Verbergen (Verhüllen) der wahren Identität (aus Vorsicht vor Widersachern), ist eine erlaubte Lüge/Täuschung, weil zu Ungläubigen grundsätzlich kein Vertrauensverhältnis besteht.

II. Der (Heilige) Krieg:

1. Zur Struktur des (defensiven) Djihad gehören

    a) der bewaffnete Kampf,

    b) der ideologische Kampf (insbesondere im Internet),

    c) der Wirtschaftskrieg.

2. Zur Strategie des Djihad gehören die

    a) Bedrohung (eines Religionskrieges) auf lange Zeit,

    b) Globalität der Bedrohung, insbesondere durch Internetnutzung (zur psychologischen Kriegsführung),

    c) Asymmetrie der Bedrohung, insbesondere Märtyrer-

Operationen, Geiselnahmen, Nutzung lebender Schutzschilde, Verbreitung von Gerüchten/Fehl- und Falschinformationen,

d) Bedrohungsoptimierung durch (temporäre) Bündnispolitik mit kriminellen Gruppen/Organisationen in Sachen Rauschgift und Waffenschmuggel, Entführung/Geiselnahmen, Schleusung (Menschenschmuggel) und andere Bereiche.

3. Aussetzung/Einstellung des Djihad:

a) Aus taktischen/strategischen Gründen kann der Djihad temporär eingestellt werden.

b) Die Folgezeit ist eine Zeit der »scheinbaren Unterwerfung« *(Ketman)*.

c) Der Geist des Djihad überlebt im »Ehrenbanditentum« *(Abrelik)*. Die *Abreken* tragen die »Flamme des Kampfes« weiter; eine lebendige Mahnung, dass der Widerstandsgeist nicht erloschen ist und der kleinste Funke ihn neu entfachen kann.

III. Der Krieger (Gottes):

Die Bandbreite der Krieger Gottes reicht vom *self made warrior* bis hin zum (para)militärisch ausgebildeten Soldaten.

1. Die Feinde des Islam unterscheiden unsere Krieger je nach Ausbildung, Erfahrung, Einsatzort etc. in

a) *Universal islamistic soldiers,*

b) *Leaderless resistance groups,*

c) *Home grown terrorists*
  - mit Migrationshintergrund,
  - Konvertiten,

d) *Lonely wolves* (»einsame Wölfe«, Einzeltäter).

2. Die effektivste Waffe des Kriegers ist sein Märtyrertum. Sein Einsatz als »Menschen-Bombe« ist eine

a) selbstbestimmte Zündung (seines Sprengsatzes) oder

b) fremdbestimmte Zündung (seines Sprengsatzes).

IV. Die Kriegswaffe(n):

Die wichtigsten Waffen des Djihadisten im Djihad sind Explosivstoffe, das heißt militärische, gewerbliche oder selbst hergestellte Sprengmittel.

1. Ist der Krieger die Bombe selbst (die Feinde des Islam sprechen von Selbstmordattentätern), kann diese mobil im Sinne eines (terroristischen) Produktplacements eingesetzt werden.

2. Auf einigen Schauplätzen des Djihad, zum Beispiel in ländlichen Gefechtsgebieten, ist mehr der Einsatz von statischen, selbst gebauten Sprengsätzen (»Omar-Bomben«) angezeigt, die von unseren Feinden *Improvised Explosive Devices* (IED), eben »Unkonventionelle Spreng- und Brandvorrichtungen« (USBV), genannt und als Fallen getarnt gefürchtet werden.

V. Das Kriegsziel:

Wir Glaubenskämpfer sind die Hauptakteure des Djihad

1. und stellen dem »Konzept der Globalisierung« (des internationalen Unglaubens) unser »Konzept einer globalisierten islamischen Welt« gegenüber.

2. Dem *Global War on Terrorism* begegnen wir mit dem *Global War for Caliphate*.

Nach der letzten Schlacht *(Armageddon)* im Djihad wird es nur noch ein globales Kalifat geben.

Zusammenstellung der fiktiven »Taschenkarte« Berndt Georg Thamm, Mai 2010. Vorlage für diese ist die »Taschenkarte für Posten und Streifen« (Taschenkarte für Wachsoldaten). In: Der Reibert. Das Handbuch für den deutschen Soldaten, Hamburg/ Berlin/Bonn 2009.

Doch wer von diesen Muslimen aus der *dar al-harb* in die Camps reist, ist in der Regel vom Djihad schon längst überzeugt und will nur noch das »Terrorhandwerk« lernen. Die Ausbilder in den Camps sind Terrorprofis aus dem Jemen, Saudi-Arabien, dem Irak und Sudan, aber auch kampferprobte und erfahrene Veteranen des Djihad aus dem Nordkaukasus (Tschetschenien) und den zentralasiatischen Nachbarländern. Unterhalten werden die Camps von der al-Qaida-Bewegung und den Taliban, aber auch von djihad-terroristischen Gruppen der »Islamischen Bewegung Usbekistan« (IBU), die ob des massiven Verfolgungsdrucks in ihrer Heimat schon seit Jahren von Waziristan aus operieren, und der »Islamic Jihad Union« (IJU). Diese islamistischen Gruppen und Bewegungen stehen mehr oder weniger in Kontakt.

In den letzten Jahren hatten die usbekisch-turkestanischen Gruppen regen Zulauf zu verzeichnen. Sie werden als die für deutsche Freiwillige zurzeit aktivsten und größten islamistischen Gruppen eingeschätzt. Und sie scheinen nicht nur für zum Kampf bereite Männer Angebote zu haben. »Ungewöhnlich ist, dass sich bei den Militanten inzwischen auch Frauen und Kinder aus Deutschland sammeln. Sie siedeln in jenen Mudjaheddin-Dörfern der unwegsamen Bergregionen [Waziristans], von denen aus der Kampf gegen die US-Truppen und die afghanische Armee unterstützt wird.«[187] Für diesen Trend wird regelrecht geworben. So berichtete der Hamburger Verfassungsschutz im Juli 2009 von einem deutschsprachigen Video der al-Qaida-nahen IBU, in dem »Islamisten dazu aufgerufen werden, zur Ausbildung im Grenzgebiet auch ihre Frauen und Kinder mitzubringen«[188].

In jenen Grenzregionen fallen dann auch die angereisten Djihad-Freiwilligen. Zum Beispiel der 22-jährige Deutsch-Afghane Javad Sediqi (Kampfname Abu Safiyya), der lange Zeit in Bonn gelebt hatte. Er soll am 17. Oktober 2009 bei Gefechten mit der pakistanischen Armee umgekommen sein. Propagandisten der IBU verherrlichten danach mit einer Videobotschaft den »Tod der Ehre« des Märtyrers Abu Safiyya. In dem Video äußerte sich auch dessen Ehefrau, eine deutsche Konvertitin: »Ich sage dies voller Stolz. Mein Mann ließ für die *Umma* und alle Muslime die diesseitige Welt und den trügerischen Luxus in Deutschland hinter sich.« Ihr Mann habe sich entschieden, so die Witwe, mit ihr und der gemeinsamen Tochter ein »Leben im Djihad« zu führen. Um ihren Mann solle nicht getrauert werden. Sie seien »für ein Leben in Freiheit« hierhergekommen, und sie rufe andere »Schwestern« auf, es ihr gleichzutun.[189]

Mit Frau und Kind reiste auch der deutsche Konvertit Jan Pawlowic Schneider für ein Arabischstudium nach Saudi-Arabien. Dort ließ er seine Familie zurück, um sich dem Djihad am Hindukusch anzuschließen. Im November 2009 fürchteten deutsche Sicherheitsbehörden, dass der in Kasachstan geborene und im Saarland aufgewachsene 27-jährige Djihadist mit dem Kampfnamen Hamza »in Afghanistan Anschläge auf deutsche Militär- oder Zivileinrichtungen und internationale Institutionen verüben könnte«[190]. In Absprache mit den Afghanen plakatierte das BKA in der Folge an Sicherheitsschleusen und Kontrollpunkten, an Botschaften, deutschen Einrichtungen, Militärbasen und am internationalen Flughafen des Landes eine »Warnung vor dem deutschen Islamisten«.

Es war und ist nicht das einzige Fahndungsplakat, wurden und werden doch eine Reihe weiterer deutscher Djihadisten in der Region vermutet. Wie der gesuchte Deutsch-Kasache verbringen nicht wenige spätere Glaubenskämpfer einige Monate an Sprach- und Religionsschulen im Nahen Osten, von Ägypten über Syrien bis nach Arabien. Die dortigen Studien können auch der Vorbereitung auf die Aufenthalte in den Camps dienen. So alarmierte beispielsweise im Januar 2010 die Ausbildung von zehn Islamisten aus Deutschland in einer radikalen Koranschule in Dammaj im Jemen die Sicherheitsbehörden des Bundes. Verfassungsschützer hielten die im Nordwesten des Landes gelegene Religionsschule Darul Hadith für »eine der wichtigsten Ausbildungsstätten für den Djihad«[191]. Und nur einen Monat später wollte die Staatsanwaltschaft Stuttgart erstmals Islamisten strafrechtlich belangen, die jungen Muslimen radikales Denken nahebrachten. Sie ermittelte gegen sieben Männer, die mehr als 100 Deutschen Stipendien für einen Sprachkurs am Qortoba Institut in Alexandria (Ägypten) vermittelt haben sollen. Die

Sprachschule, so die Ermittler, trage mit ihrer Islam-Interpretation zu einer »weitergehenden Radikalisierung« bei.[192]

Vor dem Hintergrund, dass sich immer mehr Islamisten aus Deutschland in Terrorcamps paramilitärisch ausbilden lassen würden, bilanzierten Ende Dezember 2009 die Sicherheitsorgane Entwicklung und Istzustand. Nach Information des BKA hatten in den vergangenen zehn Jahren insgesamt 185 Islamisten aus Deutschland ein entsprechendes Training absolviert. Von diesen »Personen mit Deutschlandbezug« kehrte mit 90 die knappe Hälfte zurück; von diesen wiederum waren 15 in Haft, 75 standen unter besonderer Beobachtung. »Diese Personen bereiten uns große Sorgen und stehen dementsprechend im besonderen Fokus der Sicherheitsbehörden«, so das BKA.[193] Etwa 30 von ihnen hätten Kampferfahrung bei Zusammenstößen mit der US-amerikanischen oder der pakistanischen Armee gesammelt. Bei den nach Pakistan ausreisenden Islamisten wären deutsche Konvertiten, so die Einschätzung des Hamburger Verfassungsschutzes, schon mit etwa 15 Prozent vertreten.[194]

Bekannt ist die Reiseroute der angehenden Djihadisten, die oft über Syrien, Ägypten oder die Türkei verläuft. Weniger bekannt sind der Rekrutierungsverlauf der Freiwilligen auf dem Weg von Deutschland nach Pakistan sowie die Rolle des Iran bei der Einschleusung.[195] Wahrscheinlich ist es, dass die angehenden Djihadisten nach ihrem Eintreffen in der Zielregion auf verschiedene Lager verteilt werden. Während in den al-Qaida- und Taliban-Lagern die wichtigsten Umgangssprachen wohl immer noch Arabisch und Paschtu sind, kann man sich in den Camps der IJU und der IBU mittlerweile auch auf Türkisch, mit Einschränkungen wohl auch auf Deutsch verständigen. In den Camps entstehen regelrechte »deutsche Exklaven«. Deren Kämpfer gehören zu einer neuen, ethnisch bunt gemischten Generation junger Araber, Türken, Kurden und deutscher Konvertiten, die sich in relativ jungen Lebensjahren in kürzester Zeit meist schon in Deutschland radikalisieren. Kompromisslos bricht diese »dritte Generation«[196] mit dem bisherigen Leben, um mit Frauen und Kleinkindern fern der Heimat ein »Leben für den Djihad« zu führen, etwa als »deutsche Taliban« am Hindukusch.

Märtyrer-Konvertiten made in Germany

Zum Islam übergetretene Deutsche stellen nach Einschätzungen des BKA ein immer größeres Sicherheitsrisiko dar. Im April 2010 stuften die Strafverfolgungsbehörden des Bundes und der Länder elf Konvertiten als »Gefährder« und 26, darunter drei Frauen, als »relevante Personen« ein. Diese radikalen Konvertiten im Alter zwischen 20 und 42 Jahren standen »im Verdacht, Terroranschläge in Deutschland zu planen«[197]. Die Einschätzungen der Bundeskriminalpolizei wurden von den Verfassungsschützern der Länder in deren im Juni 2010 vorgestellten Jahresberichten bestätigt. So warnte der Bremer Verfassungsschutz vor einer »neu entstandenen gewaltbereiten islamistischen Zelle, die Kontakte zur Terrororganisation al-Qaida habe«. Diese war von einem »amtsbekannten islamistischen« Konvertiten begründet worden, der schon vor Jahren versucht haben soll, in ein afghanisches Terrorlager zu reisen.[198]

Die Radikalen der Islamisten-Zelle an der Weser sind Anhänger der fundamentalistischen Untergrundbewegung »al-Takfir wa-l-hijra« (»Sühne und Auswanderung«), die einen gewaltsamen Djihad befürwortet. Die Takfir-Ideologie[199] gibt vor, »jeden Menschen zu bekämpfen«, der die ultraorthodoxen Positionen der Bewegung nicht teilt. Laut Verfassungsschutzbericht verzeichnen die militanten Islamisten einen »stetigen Anstieg der Besucherzahlen« von Anhängern aus »Deutschland und dem europäischen Ausland«.

Nach dem Bericht des Berliner Verfassungsschutzes liegt Deutschland »unverändert im Zielspektrum des islamistischen Terrorismus«. Inzwischen komme die Terrorgefahr nicht mehr von außen, sondern von einheimischen Islamisten, die hier leben und hier radikalisiert werden. Für die Radikalisierung muslimischer Jugendlicher in Berlin sorgen insbesondere Prediger, die der radikalen Strömung des Salafismus angehören, der »am schnellsten wachsenden« Gruppierung in der Stadt. Anhänger dieser »al-salaf al-salih« (»Die frommen Altvorderen«; im Sinne von: Die ersten Muslime)[200] sind davon überzeugt, dass nur sie den Islam richtig interpretieren. Sie zählen dementsprechend nicht nur Juden und Christen, sondern auch alle Muslime, die ihre Auffassungen nicht teilen, zu den Ungläubigen. Ein Kontaktverbot zu diesen versteht sich von selbst – und ein jegliches Integrationskonzept wird vor diesem Hintergrund zurückgewiesen. In der Hauptstadt leben 410 als gewaltbereit eingestufte Islamisten, in ganz Deutschland liegt deren Zahl bei 2900.[201] Eine besondere Gefahr, so die Berliner Verfassungsschützer, stellen weiterhin Islamisten dar, die von Deutschland nach Pakistan reisen, um dort in Terrorcamps ausgebildet zu werden. Zu diesen zählte auch der Konvertit Danny R. aus dem Berliner Bezirk Reinickendorf. Der Anhänger des Salafismus, der Deutschland aus der Ferne mit Anschlägen gedroht hatte, wurde im April 2010 in Pakistan getötet.[202]

Ob nun Berliner »Salafisten« oder Bremer »Takfiris« – radikalisierte Konvertiten mit der Bereitschaft, auch den Märtyrertod zu sterben, stellen nach heutigem Kenntnisstand den für Deutschland (und Deutsche im Ausland) wohl bedrohlichsten Typ unter den Djihad-Terroristen dar. In Deutschland trat dieser Typ Märtyrer-Konvertit erstmals Mitte der neunziger Jahre auf. In jener Zeit kämpften Muslime in Bosnien-Herzegowina gegen »ungläubige« Serben. Im Nordkaukasus hatten Tschetschenen den Kampf gegen ungläubige Russen aufgenommen. Auf der Arabischen Halbinsel brach im Jemen ein Bürgerkrieg zwischen Nord und Süd aus. Und am Hindukusch entstand im vom Bürgerkrieg gezeichneten Afghanistan als Reaktion auf Anarchie und Unsittlichkeit die Sammelbewegung der Taliban. Nicht zuletzt vor diesen Hintergründen konvertierten in Europa auch junge Christen zum Islam, in Deutschland beispielsweise ein 23-jähriger Westfale aus Detmold, der in den Folgejahren als »Allahs deutscher Söldner« Schlagzeilen schrieb.

Als Abd al-Karim wollte Stefan Josef (Steven) Smyrek nach seiner Konversion 1994 bedrängten Glaubensbrüdern in Bosnien helfen. Derart motivierte Konvertiten waren seinerzeit nahezu ideale Ansprechpartner für Anwerber der schiitischen Hisbollah. Die Dienste Israels gingen damals davon aus, dass die »Partei Gottes« 1994/1995 eine geheime Terrorzelle namens »Europäische Einheit« mit dem Ziel gebildet hatte, Anschläge in Israel ausführen zu lassen; und zwar von Personen, die möglichst westlich und somit unverdächtig auftreten konnten. Hisbollah-Werber im Großraum Braunschweig wurden in der dortigen Muslimszene so auch auf Smyrek aufmerksam, nahmen Kontakt zu ihm auf und schleusten ihn später in den Südlibanon. Dort wurde der Konvertit in einem Camp in der Bekaa-Ebene von August bis November 1997 im Umgang mit Waffen und Sprengstoff ausgebildet. Nach Abschluss der Unterweisung ließ er sich – bereit für den Märtyrer-Einsatz – filmen: »Ich bitte die Christen, dem Islam zu dienen und den islamischen Weg mit Blut zu schützen.«[203]

Zurück in Deutschland bereitete sich der Terroristensympathisant auf seinen Einsatz als »Terror-Kundschafter« in Israel vor. Hier sollte er laut den ihn beobachtenden Sicherheitsorganen in Tel Aviv und Haifa Orte auskundschaften, die sich für einen Selbstmordanschlag besonders eignen. Bei seiner Einreise in Israel am 28. November 1997 wurde er auf dem Tel Aviver Flughafen Ben Gurion festgenommen. Die spätere Anklage warf ihm Mitgliedschaft in einer terroristischen Vereinigung, staatsfeindliche Verschwörung sowie sicherheitsgefährdende Weitergabe von Informationen vor. Am 3. Januar 1999 begann die Hauptverhandlung, »der Staat Israel gegen Steven Smyrek«. Der deutsche Märtyrer-Konvertit wurde zu zehn Jahren Haft wegen Unterstützung der Hisbollah verurteilt. Smyrek, so einer seiner Richter, habe »einen obsessiven Drang, einen Selbstmordanschlag gegen Juden zu verüben«[204]. Vier Jahre später schob Israel Smyrek nach Deutschland ab.[205]

Im Jahr der Verurteilung Smyreks hatte auf einem anderen Djihad-Schauplatz der bis heute andauernde zweite Waffengang muslimischer Nordkaukasier gegen die Zentralregierung der Russischen Förderation begonnen. Die kaukasischen Mudjaheddin stellten ihren neuen Djihad bereits im ersten Kriegsjahr 1999 ins Netz: *www.qoqaz.de. Qoqaz*, arabisch für Kaukasus, wurde Teil eines globalen Propaganda-Netzwerks für den *Jihad in Chechnya*. Um das Informationsdefizit über diesen Krieg in Deutschland zu beheben, begann ein muslimischer deutscher Student der Wirtschaftsinformatik in Münster im Februar 2000, eine der Websites der Tschetschenen zu verwalten.[206] *Qoqaz.de* forderte Solidarität von der islamischen Weltgemeinschaft, brachte den fernen, grausamen Djihad ganz nah in die friedlichen zivilen Welten Europas – damit auch nach Deutschland – und warb für den Djihad: »… ist die militärische Ausbildung im Islam eine Verpflichtung eines jeden zurechnungsfähigen, männlichen und gereiften Muslims, ob reich oder arm, ob Studierender oder Arbeiter, ob in einem muslimischen Land oder in einem nicht muslimischen Land lebend.«[207]

Zu den sich angesprochen fühlenden »Studierenden in einem nicht muslimischen Land« gehörten auch vier arabische Studenten in Hamburg. Im Djihad in Tschetschenien wollten sie kämpfen, wurden dann aber in den paramilitärischen Camps der al-Qaida in Afghanistan für ein anderes Ziel interessiert und schrieben in der Folge als 9/11-Attentäter »Terrorismusgeschichte«.

Andere Muslime aus Deutschland fanden über die Türkei und das Pankisi-Tal in Nordgeorgien[208] in die Region, in der sie aufseiten tschetschenischer Djihadisten kämpften und starben. So ließen am 8. Oktober 2002 zwei Muslime aus Baden-Württemberg bei Gefechten mit russischen Militärs ihr Leben.[209] Ein Jahr später, Ende November 2003, meldete ein Sprecher des Einsatzstabes der russischen Armee, dass bei einem Gefecht mit Tschetschenen in einer in der Nähe Grosnys gelegenen Ortschaft drei türkische Söldner und ein 25-jähriger Deutscher getötet wurden. Bei dem deutschen Kämpfer handelte es sich um den Schwaben Thomas Fischer. Mit 20 Jahren konvertierte der Katholik aus Blaubeuren bei Ulm zum Islam, nannte sich nun Hamza. Er zählte zu den Mitbegründern des Islamischen Informationszentrums Ulm (1999), reiste 2000 in den Sudan, um an der Ondurman Islamic University den Koran zu studieren. Er pilgerte 2001 nach Mekka, von Saudi-Arabien reiste er in die Türkei, von dort später in den Kaukasus.[210]

In den Kaukasus war auch ein anderer Konvertit mit dem Ziel gereist, tschetschenischen Mudjaheddin logistischen Beistand zu leisten. Er wurde Abu Ibrahim »der Deutsche« (al-Almani) genannt, ihm wurden engste Kontakte zur al-Qaida-Führung in Afghanistan nachgesagt. Als Christian Ganczarski wurde er 1966 in Gleiwitz (Polen) geboren. Mit seinen Eltern kam er zehn Jahre später nach Deutschland. Hier konvertierte 1986 der nun 20-jährige Katholik zum Islam, engagierte sich fortan in der islamischen Gemeinde im Ruhrgebiet. Jahre später galt der Mitbegründer der al-Taqwa-Moschee in Duisburg als Extremist. Es hieß, er wäre schon in Bosnien und Tschetschenien gewesen. Zwischen Oktober 1998 und Oktober 2001 hielt er sich fünfmal in Afghanistan auf, soll dort als Spezialist für Informatik und Telekommunikation technische Hilfestellungen geleistet haben.

Wohl nicht nur spirituelle Hilfe leistete er ein halbes Jahr nach seinem letzten Afghanistanaufenthalt bei einer Märtyrer-Operation in Nordafrika. Nur sieben Monate nach den 9/11-Anschlägen, am 11. April 2002, wurde ein Anschlag auf die alte al-Ghriba-Synagoge der zu Tunesien gehörenden Mittelmeerinsel Djerba verübt. Zu dem Terrorakt bekannte sich später die »Islamische Armee zur Befreiung der heiligen Stätten«, ein Ableger der »Internationalen Islamischen Front für den Djihad gegen Juden und Kreuzritter«.[211] Die von einem maghrebinischen Selbstmordattentäter ausgelösten Gasexplosionen töteten 21 Besucher des jüdischen Gotteshauses, darunter 14 deutsche und zwei französische Urlauber sowie fünf Tunesier. Nach dem Terroranschlag nahmen die betroffenen Länder Tunesien und Frankreich, aber auch die USA Ermittlungen auf. In Deutschland führte eine Spur ins Ruhrgebiet. Unmittelbar vor dem Märtyrer-Einsatz hatte der junge tunesische Attentäter Nizar

Nawar einen Glaubensbruder in Mülheim angerufen, um dessen *Daawa* (»Einverständnis«, »Befehl«) zu erbitten. »Gottes Gnade und Segen sei mit Dir«, waren die Worte, die der deutsch-polnische Konvertit Ganczarski alias Abu Ibrahim dem Märtyrer mit auf den Weg gab.

Ein halbes Jahr nach dem Djerba-Attentat setzte sich der als »Gefährder« geltende Islamist nach diversen polizeilichen Befragungen mit seiner Familie nach Saudi-Arabien ab. Im Folgejahr musste er das Königreich wieder Richtung Deutschland verlassen. Bei einem Zwischenstopp in Frankreich wurde Ganczarski am 3. Juni 2003 in Paris wegen »Beihilfe zum Mord und Mitgliedschaft in einer kriminellen Vereinigung« festgenommen und inhaftiert. Eine mehr als dreijährige Ermittlung ergab für die Anklage, dass er einer der Auftraggeber des Djerba-Attentats gewesen war. Darüber hinaus soll der Konvertit engste Verbindungen zur al-Qaida gepflegt haben.[212]

Fast sieben Jahre nach dem Anschlag begann Anfang Januar 2009 vor einem Pariser Schwurgericht der Prozess gegen Ganczarski »als ›zentrale Person‹ einer Terrorgruppe mit sieben Mitgliedern, die die Sprengung eines Lastwagens vor einer Synagoge auf Djerba geplant hat«. Ganczarski wies alle Anschuldigungen entschieden zurück, bat gar in einem Brief an die Bundeskanzlerin Angela Merkel um Prozessbeistand: »Neben den deutschen bestätigen auch die spanischen, tunesischen, saudi-arabischen und Schweizer Ermittler, dass ich weder ein Terrorist noch ein hochrangiges al-Qaida-Mitglied bin, noch in das Attentat von Djerba involviert bin.«[213] Vier Wochen später, am 6. Februar 2009, wurde der mittlerweile 42-jährige Ganczarski wegen Mittäterschaft am Attentat zu 18 Jahren verurteilt (der mitangeklagte Bruder des Selbstmordattentäters zu zwölf Jahren Haft). In seinem Schlussplädoyer hatte er abermals jedes Wissen über das geplante Attentat vom 11. April 2002 zurückgewiesen: »Ich habe mich bei den Opfern schon genug entschuldigt für eine Tat, die ich nicht begangen habe. Ich bin gegen Selbstmordattentate. Vielleicht war es nicht die glücklichste Idee, nach Afghanistan zu gehen, aber das ist Vergangenheit.«[214]

Während der Verurteilte sich als Justizopfer sah, äußerten sich Überlebende des Djerba-Attentats erleichtert über das Pariser Urteil. Zu den schwerverletzten Deutschen – bei dem bis zum heutigen Tag für Deutschland verheerendsten Terroranschlag waren über 30 Menschen, darunter 17 Deutsche, verletzt worden – gehörte auch Michael Esper und sein zu diesem Zeitpunkt dreijähriger Sohn. Die Haut des Kindes war zu 50 Prozent verbrannt, bis Ende 2008 musste es rund 50 Mal operiert werden. Sein Vater, der auch im Pariser Prozess aussagte, kritisierte insbesondere als Gründer des Deutschen Opferschutzbundes Djerba die ausbleibende Hilfeleistung für die vom Terroranschlag schwerst Traumatisierten: »Es kann nicht sein, dass man sich um Täter professionell kümmert, die Opfer solcher Gewalttaten aber ehrenamtlichen Helfern überlässt.«[215] Erst im Mai 2010, über acht Jahre nach dem Anschlag, wurden den deutschen Opfern Schmerzensgelder zugesprochen. Ein Pariser Schwurgericht urteilte, dass den Deutschen, die Angehörige verloren hatten oder verletzt wurden, insgesamt 2,4 Millionen Euro zustehen – zu zahlen von Deutschland.[216]

Militante Konvertiten hatte es aber nicht nur in den Kaukasus und an den Hindukusch, sondern auch an die Fronten des Djihad in der Golfregion gezogen. Schon zu Beginn der im März 2003 begonnenen »Operation Iraqi Freedom« (OIF) wurde davon ausgegangen, dass – analog zum Djihad in Afghanistan, Bosnien und Tschetschenien – Freiwillige an den Golf reisen würden, um aufseiten der Gruppen des irakischen Widerstands gegen die Truppen des »großen Satans« und dessen »Bündnis der Willigen« zu kämpfen. Bereits neun Monate nach Beginn der Kampfhandlungen wurde die Anzahl der Freiwilligen aus Europa auf rund 100 geschätzt: 35 aus Großbritannien, 20 bis 30 aus Bosnien und 19 bis 30 aus Deutschland, vor allem aus Hamburg, Frankfurt am Main und München.[217] Insbesondere in Süddeutschland begann sich ein Netzwerk von Unterstützern zu organisieren. Bereits im Frühjahr 2004 wurde die Schätzzahl der Freiwilligen aus Deutschland mit 50 deutlich nach oben korrigiert – mit steigender Tendenz.[218] Im Januar 2008 hieß es, dass BKA und Bundesamt für Verfassungsschutz (BfV) davon ausgingen, dass »bundesweit mehr als 80 Freiwillige aus Deutschland in den Irak gereist wären, von denen etwa die Hälfte aktiv aufseiten der al-Qaida gekämpft hat«[219]. Nur vier Monate später meldeten Nachrichtenagenturen, dass eine von der US-Armee unterstützte Bürgerwehr in der Provinz Dijala nach eigenen Angaben eine lange Liste mit Namen von Selbstmordattentätern gefunden hatte, die seit 2003 im Irak Anschläge verübt haben sollen. Darauf befanden sich auch die Personalien von vier Männern aus Niedersachsen, darunter zwei Studenten der TU Braunschweig.[220]

Unbekannt ist bis heute die genaue Anzahl der Konvertiten unter den Djihad-Freiwilligen, die im Irak kämpften. Bekannt hingegen wurde mit der Auswertung der beschlagnahmten Dokumente, dass al-Qaida zwischen der Hamrein-Gebirgskette und den Ölfeldern von Baidschi im Nordirak mehrere Ausbildungslager unterhielt, in denen im Mai 2008 auch Frauen in Ausbildung waren.[221]

Vornehmlich ließen die Freiwilligen, insbesondere die Märtyrer-Konvertiten, ihr Leben auf unterschiedlichen Schauplätzen des Djihad fern ihrer Heimat. Doch auch diese sollte bedroht werden. In den Jahren 2006/2007 fingen deutsche Djihadisten an, Deutschland den Djihad zu erklären.

Deutsche Djihadisten erklären Deutschland den Djihad

Eindringlich warnten die USA Mitte Juni 2007 die Bundesregierung vor möglichen Anschlägen islamistischer Terroristen in Europa. Ein vertrauliches Papier, das die US-Botschaft seinerzeit den Nachrichtendiensten Deutschlands übermittelte, kam zu dem Schluss, al-Qaida wäre sowohl logistisch als auch finanziell so aktionsfähig wie seit langem nicht. In dem Geheimdokument waren mehrere europäische Länder als mögliche Zielorte für Anschläge genannt, darunter auch Deutschland.[222] Deutsche Sicherheitsbehörden teilten die alarmierende Einschätzung, sprachen gar von einer »neuen Qualität der Bedrohung«. In Afghanistan würde Deutschland »voll ins Zielspektrum rücken«, so der Staatssekretär August Hanning. Insbesondere vor dem Hintergrund der umstrittenen Entscheidung des Bundestags im Oktober über eine Fortführung des Afghanistan-Mandats der Bundeswehr wollte und konnte man Selbstmordattentate gegen Deutsche nicht ausschließen.

Sowohl die al-Qaida als auch die Taliban wussten, dass im fernen Deutschland eine schon erkennbar deutliche Mehrheit der Bürger für den Abzug deutscher Soldaten aus Afghanistan plädierte: »Bundeswehr raus«, »Bringt die Soldaten heim«, »Germans, come home« – diese Grundstimmung spiegelte sich vor der erneuten Entscheidung über die Verlängerung des Afghanistan-Mandats auch in der Politik wider. Hier reichte die Bandbreite der Meinungen mittlerweile vom »unverzüglichen Abzug aller Truppen« über »Teilrückzug« bis zur »Ausdehnung des Bundeswehreinsatzes«. Mit einem Wort, die Heimatfront eines der größten Truppensteller in Afghanistan war im Jahr 2007 ins Wanken geraten. Kein Wunder, dass die gut informierten Islamisten am Hindukusch dementsprechend mit Selbstmordattentaten, Anschlagsdrohungen und Geiselnahmen dafür sorgten, dass dort keine Ruhe einkehrte.

Im ersten Halbjahr sprachen Taliban-Kämpfer, al-Qaida-Ideologen und andere Djihad-Terroristen mit diversen politischen Erpressungen eine mehr als deutliche Sprache.[223] So wurde am 8. März 2007 erstmals seit dem Sturz der Taliban 2001 ein deutscher Entwicklungshelfer getötet. Der 65-jährige Dieter Rübling, Mitarbeiter der Deutschen Welthungerhilfe (DWHH), wurde auf seiner Inspektionsreise in der nordafghanischen Provinz Sar-e-Pul Opfer eines Terroranschlags. Nur zwei Tage später, kurz nach dem Bundestagsbeschluss über den Einsatz von Tornados in Afghanistan, drohte im Irak eine Gruppe namens »Kataeb Siham el Hak« (»Pfeile der Rechtschaffenheit«) Deutschland mit einer Videobotschaft den Tod ihrer Geiseln an, »wenn die deutsche Regierung sich nicht aus Afghanistan zurückzieht«[224]. Djihadisten dieser Gruppe, die möglicherweise zur »Islamischen Armee« (»Dschaisch al-Islam«) gehörte, hatten bereits am 6. Februar in Bagdad die 62-jährige Deutsche Hannelore Krause (die seit 40 Jahren im Irak lebte) und ihren 20-jährigen Sohn Sinan entführt. Nur Stunden nach den Drohungen der »Pfeile der Rechtschaffenheit« drohten Islamisten in einem im »Caliphate Voice Channel« (»Stimme des Kalifats«) auf derselben Internetseite veröffentlichten Video Deutschland und Österreich mit Anschlägen, wenn beide Länder ihre Truppen aus Afghanistan nicht abziehen würden. Österreich hatte zu dieser Zeit fünf Soldaten am Hindukusch stationiert.

Hinter dem Kanal »Stimme des Kalifats« steckte die »Global Islamic Media Front« (GIMF). Deren hoch professionell gemachtes Video zielte direkt auf deutsche Zuschauer und drohte indirekt auf Arabisch: »Ist es nicht dumm, die Mudjaheddin zu ermutigen, Anschläge in eurem Land zu verüben?« Beiden Ländern wurde auch mit wirtschaftlichem Schaden gedroht. »Warum solltest Du (Deutschland) all diese wirtschaftlichen Interessen gefährden wollen für das Wohl von Bush und seiner Bande«, hieß es in dem Video. »Dieser Krieg ist nicht Euer Krieg und Ihr könnt ihn Euch nicht leisten.«[225]

Bereits Mitte April drohte die GIMF in einer Botschaft an *Spiegel TV* weitere Entführungen von Deutschen an, angeblich im Namen der Entführergruppe. Diese lasse ausrichten, »auch wenn diese zwei Deutschen umgebracht werden, so werde sie immer Deutsche als Entführungsziel auf der ganzen Welt nehmen, bis die deutsche Regierung ihre Truppen abzieht«[226]. Ein Terroranschlag am 19. Mai verlieh dieser Forderung Nachdruck. Ein Selbstmordattentäter tötete mitten auf dem Tee-Markt im nordafghanischen Kundus drei Bundeswehrsoldaten und sechs afghanische Zivilisten, verletzte weitere 19 Personen, darunter fünf Deutsche. Zu der Märtyrer-Aktion bekannten sich die Taliban, die den Attentäter im Internet als Mudjaheddin-Helden feierten.

Am 6. Juni entging Bundesverteidigungsminister Franz Josef Jung auf einem Afghanistan-Besuch durch knappe Warnung einem Attentat, das während seiner Fahrt vom Palast des Präsidenten Karzai zum Flughafen verübt werden sollte. Am 19. Juni strahlte der US-TV-Sender ABC News die »Abschlusszeremonie« eines irgendwo im Hochgebirge Afghanistans oder Pakistans gelegenen Trainingslagers von al-Qaida/Taliban aus, in dem rund 300 Selbstmordattentäter ausgebildet worden waren. Die mit schwarzen Schals vermummten Djihad-Rekruten sollen für Anschläge in den USA, Kanada, Großbritannien und Deutschland trainiert worden sein.[227] Ihr Kommandeur erteilte den künftigen Märtyrern, darunter auch Jugendliche und »Männer mit deutschen Papieren«, den Angriffsbefehl: »Zerstört ihre Welt in ihren eigenen Ländern.«[228]

Vier Wochen später wurde Hannelore Krause nach 155 Tagen Geiselhaft in Bagdad freigelassen. Ihre Entführer hatten ihr einen Text mitgegeben, den sie im TV-Sender al-Arabija verlas: »Ich bitte die Deutschen, Afghanistan zu verlassen und die deutsche Armee abzuziehen ... Wenn diese Forderung nicht erfüllt wird, werden sie meinen Sohn schlachten.«[229] Von Sinan Krause fehlt bis zum heutigen Tag jede Spur. Mit inzwischen fast vier Jahren ist sein Fall damit im Irak die längste Entführung mit einem deutschen Opfer.

Von wesentlich kürzerer Entführungsdauer war die Verschleppung der deutschen Bauingenieure Rüdiger Diedrich (44) und Rudolf Blechschmidt (62) am 18. Juli in der afghanischen Provinz Wardak durch die Taliban. Das jüngere Opfer wurde hingerichtet. In einem von al-Jazeera ausgestrahlten Drohvideo wurde die ältere Geisel gezwungen, eine Abzugsforderung deutscher und amerikanischer Truppen vorzulesen. Nach fast drei Monaten, im September 2007, wurden Blechschmidt und fünf mit ihm zusammen entführte Afghanen im Austausch gegen sechs Taliban freigelassen.[230]

In jenem Monat schrieb die GIMF erneut Schlagzeilen. Der deutsche Ableger der »Online-Sympathisanten der al-Qaida-Führung« hetzte auf seiner Website wieder gegen Ungläubige und nahm Bezug auf die erst kurz zuvor verhafteten Mitglieder der »Wiener Terrorzelle« – drei muslimische Österreicher, darunter der Betreiber der GIMF für den gesamten deutschsprachigen Raum:[231] »Ihr könnt machen, was ihr wollt, macht so viele Festnahmen, wie ihr wollt, löscht unseren Blog so oft ihr wollt, ihr werdet euer Ziel nie erreichen, wir werden immer weitermachen, bis wir den Sieg erlangen oder das Märtyrertum.«[232] Acht Wochen später wurde dem ORF ein neues GIMF-Drohvideo zugespielt, in dem Deutschland und Österreich erneut aufgefordert wurden, ihre Soldaten aus Afghanistan abzuziehen. In dem vier Minuten langen Clip ging es dann hauptsächlich um Deutschland. Im Video wurde Bezug auf Bundeskanzlerin Angela Merkel (Bilder von der Islamkonferenz) und den bayerischen Ministerpräsidenten Günther Beckstein genommen.[233] Das Jahr 2007 endete mit einer Botschaft des al-Qaida-Führers Bin Laden zum Abzug der europäischen Truppen aus Afghanistan: Der Krieg dort sei ungerecht, »die meisten Opfer dort wären Frauen und Kinder«, hieß es auf dem von al-Jazeera ausgestrahlten Tonband, von dem es auch eine Videoversion gab, in der die al-Qaida-Botschaft erstmals deutsch untertitelt veröffentlicht wurde.[234]

Das Jahr 2008 begann mit dem Prozess gegen die GIMF-Betreiber »wegen Beteiligung an einer terroristischen Vereinigung und Internet-Drohungen gegen Deutschland und Österreich« vor dem Landgericht Wien am 3. März, der die Verurteilungen der Angeklagten zu mehrjährigen Haftstrafen zum Ergebnis hatte. Zeitgleich warnte Bundesinnenminister Wolfgang Schäuble vor Terroranschlägen in Deutschland: »Sichersheitsexperten national wie international sagen: In der Führung von al-Qaida ist die Entscheidung getroffen worden, Anschläge in Deutschland vorzubereiten.«[235] Ende November 2008 ließ die Bundesanwaltschaft in Baden-Württemberg und Nordrhein-Westfalen zwei Deutsche als mutmaßliche Terrorhelfer verhaften. Sie waren dringend verdächtig, für deutschsprachige Internetseiten der GIMF verantwortlich zu sein, auf denen Videofilme, Botschaften und anderes Propagandamaterial veröffentlicht und über Links zugänglich gemacht wurde. Das Material sollte »der Einschüchterung der westlichen Bevölkerung dienen«[236].

Auch wenn diverse Botschaften und Drohungen der Jahre 2007 und 2008 nicht nur auf Arabisch veröffentlicht wurden, sondern auch schon mit deutschen Untertiteln versehen waren, wurde Deutschland in der zu beobachtenden Ausweitung der Internet-Offensive des al-Qaida-Netzwerks nicht gesondert erwähnt. Dies änderte sich mit Beginn des Jahres 2009. In mehreren Videobotschaften wurde Deutschland nun »explizit bedroht, auch in deutscher Sprache und mit deutschen Inhalten«. Damit hatte »die djihadistische Propaganda gegen Deutschland eine neue Qualität erreicht«, so die Bewertung des Bundesinnenministeriums.[237]

Anfang Januar tauchte eine Botschaft der »Islamischen Bewegung Usbekistans« auf. In einem 30-minütigem Videofilm forderte ein Mann mit dem Kampfnamen »Abu Adam aus Deutschland« in fast akzentfreiem Deutsch die deutschen »Geschwister« auf, sich dem Djihad anzuschließen.[238] Am 17. Januar war im Internet abermals ein 30-minütiges Video zu sehen, das offenbar schon im Oktober 2008 von der Medienabteilung al-Qaidas,

Screenshot des Drohvideos von Bekkay Harrach; September 2009

»As-Sahab« (»die Wolken«), produziert worden war. Die Drohung mit dem Titel »Das Rettungspaket für Deutschland« war eine Art Kriegserklärung, die ein vermummter Mann, der sich »Abu Talha der Deutsche« nannte, vortrug: »Sollten die Deutschen leichtgläubig und naiv meinen, als drittgrößter Truppensteller ungeschoren davonzukommen, dann sind deutsche Politiker im Bundestag fehl am Platz.« Der Sprecher wurde als Bekkay Harrach (31) identifiziert.[239] Der deutsche Staatsbürger marokkanischer Herkunft soll zeitweise in Bonn gelebt und Kontakte zu Islamisten in Frankfurt am Main, Braunschweig und Ulm gehabt haben, seit 2007 soll er sich im pakistanisch-afghanischen Grenzgebiet aufgehalten haben. Fast zeitgleich zu seiner Drohbotschaft war in Kabul ein Selbstmordanschlag vor der deutschen Botschaft verübt worden, durch den fünf Menschen getötet und rund 20 verletzt worden waren, darunter drei Mitarbeiter der Botschaft. Zum Terrorakt bekannten sich die Taliban, sie erklärten, er habe sich gegen deutsches Militärpersonal gerichtet.[240] »Eure Soldaten sind nirgends sicher«, hatte Harrach im Video gedroht. Wer glaube, zwischen al-Qaida und Taliban trennen zu können, habe seinen Feind nicht verstanden.

Nur eine Woche später, am 24. Januar, wurde bekannt, dass die islamistische Drohkulisse im Internet durch eine dritte Drohung verstärkt worden war. Auf *YouTube* (das Zweieinhalb-Minuten-Video war hier bereits am 12. Januar eingestellt worden) behaupteten islamistische Terrorsympathisanten (mutmaßlich djihad-terroristische Trittbrettfahrer): »Wir werden eine Armee senden mitten in eure Stadt, besonders Berlin, Köln und Bremen … Deutschland und vier andere Länder werden ab Februar 2009 Probleme kriegen.«[241] Am 27. Januar fand sich eine weitere Botschaft im Internet. In diesem 26-minütigen Video drohten vermummte Kämpfer der turkestanischen Terrorgruppe »Islamic Jihad Union« auf Russisch, Türkisch und Deutsch; in der letzten Passage des Videos kündigte einer der Männer unter Verweis auf Afghanistan und Gaza auf Deutsch Anschläge an: »In diesem Jahr haben wir ein paar Überraschungspakete an die Besatzungsmächte vorbereitet. Denn der Verbündete der Besatzungsmächte muss immer mit unseren Angriffen rechnen ... Seit über zehn Tagen schaut die Welt zu, wie im Gazastreifen ... die Muslime massakriert, ermordet werden. Wo ist die USA? Wo bleibt Frau Merkel und ihr Kabinett?«[242]

Bis Mitte Januar war nur ein einziges Land in der Welt – die USA – mit einem eigenen Drohvideo bedacht worden. Deutschland war nun das zweite. Und die explizite Drohung wurde von einem deutsch-marokkanischen Djihadisten ausgesprochen, der in seinem »Rettungspaket für Deutschland« geprahlt hatte: »Unsere Atombombe ist eine Autobombe, jeder Muslim kann sie sein.«[243] Das auf Auswertung islamistischer Internetseiten spezialisierte US-Institut IntelCenter sprach von der bislang »bedeutendsten Botschaft al-Qaidas an Deutschland und möglicherweise an ein europäisches Land überhaupt«[244].

Als am 2. Februar die Taliban eine (auf Arabisch) verfasste Botschaft »an das deutsche Volk und seine mit Amerika verbündete Regierung« ins Internet stellten, in der der Anschlag vor der deutschen Botschaft als »Strafe und Warnung« für die Deutschen bezeichnet wurde,[245] nahm das »Modell Spanien« als Vorbild zur Beeinflussung der Debatte über den Afghanistaneinsatz noch deutlichere Konturen an. »Wir müssen das ernst nehmen und können nicht einfach zur Tagesordnung übergehen. Ein paar Monate vor der Bundestagswahl stellen wir deutliche Parallelen zur Situation in Spanien fest. Der Madrider Terroranschlag 2004 sollte die bevorstehende Wahl beeinflussen und zum Abzug der spanischen Soldaten im Irak führen. Das Ergebnis ist bekannt: Spanien hat sich zurückgezogen. Die jüngsten Videobotschaften zeigen deutlich, dass Deutschland und deutsche Interessen im Ausland bedroht werden«, so BKA-Präsident Jörg Ziercke Anfang Februar 2009.[246]

Nur zwei Wochen später drohte der rheinische al-Qaida-Sprecher Harrach in einem 45-minütigen Video mit dem Titel »Der Islam und die Finanzkrise« erneut: »Deutschland ist mit einem blauen Auge davongekommen, da es nicht mit so viel Blut befleckt ist.« Sollte Deutschland sich »vom Übel und den Verbrechern« nicht fernhalten, werde es aber von »Allahs Strafe getroffen«[247]. Bekkay Harrach sprach Deutsch, unterlegt waren arabische Untertitel. Die Liste mit an Deutschland gerichteten Drohvideos ließ sich 2009 beinahe beliebig fortsetzen:

– Ende Februar riefen zwei deutsch-marokkanische Brüder aus Bonn in einem Video der IBU zu Selbstmordanschlägen gegen Deutschland auf.[248]
– Im April tauchte das nächste Video auf, das der al-Qaida zugeordnet wurde. Ein vermummter Kämpfer namens Abu Hamsa drohte darin in deutscher Sprache: »Die Mudjaheddin sind unterwegs zu euch und wir werden euch alle, so Gott will, vernichten.«[249]
– Ende des Monats wurde in einem Islamistenforum im Internet Bundesinnenminister Wolfgang Schäuble und weiteren Mitgliedern der Islamkonferenz Gewalt angedroht. Ein »YusufQ« beschimpfte die Teilnehmer der Konferenz als »Affen und Schweine«, dann wurde ein Koranvers zur Parole »Schlachtet sie ab!« umgebogen.[250]
– Anfang Juni tauchte im Internet ein neues Terrorvideo des deutschen Islamisten Eric Breininger auf. In diesem traten ranghohe Führer der al-Qaida und der IJU erstmals gemeinsam auf. In dem etwa zwölfminütigen Film drohte der deutsche Konvertit unter Nennung seines Aufenthaltsortes: »Wir befinden uns hier in Afghanistan, um uns gegen die *Kufr* (›Ungläubigen‹) vorzubereiten.«[251]
– Gut eine Woche vor der Bundestagswahl tauchte ein gegen Deutschland gerichtetes Drohvideo der al-Qaida auf. In der 26-minütigen Internetbotschaft wurde ein sofortiger Abzug deutscher Soldaten aus Afghanistan gefordert. Anderenfalls würde Deutschland nach der Wahl am 27. September »ein böses Erwachen« drohen. Al-Qaidas Sprecher Harrach drohte unter seinem Kampfnamen Abu Talha: »Entscheidet das Volk sich … für eine Fortsetzung des Krieges, hat es sein eigenes Urteil gefällt.«[252] Er rief die Muslime in Deutschland auf, sich nach der Wahl zwei Wochen lang von Orten fernzuhalten, die sie nicht unbedingt aufsuchen müssten. »Nur

Screenshot des Drohvideos von »Ajjub«

Kiel ist sicher«, so Abu Talha in seiner dritten Botschaft (mit dem Titel »Sicherheit – ein geteiltes Schicksal«) kryptisch. In der Folge ließ das Bundesinnenministerium wegen der »erhöhten Gefährdungslage« die Sicherheitsmaßnahmen an den Flughäfen und auf den Bahnhöfen verstärken.

– Noch kurz vor der Bundestagswahl verstärkten Islamisten ihre Drohungen gegen Deutschland. Al-Qaida-Führer Bin Laden richtete eine fünfminütige Audiobotschaft an die »europäischen Völker«, in der er sie aufforderte, ihre Allianz mit den USA aufzukündigen und ihre Truppen aus Afghanistan abzuziehen: »Wir verlangen nicht zu viel und nichts Unangemessenes von euch, sondern wir betrachten es als fair, dass ihr eure Unterdrückung beendet und eure Truppen zurückzieht.«[253] Das Video war mit deutschen und englischen Untertiteln versehen.

– Nur wenig später wurde die Botschaft eines deutschsprachigen Taliban bekannt, der sich Ajjub nannte. Es war das bis zu diesem Zeitpunkt konkreteste Drohvideo, das sich gegen Deutschland richtete. »Erst durch euren Einsatz hier gegen den Islam wird ein Angriff auf Deutschland für uns Mudjaheddin verlockend.« Es wäre nur eine Frage der Zeit, bis »der Djihad die deutschen Mauern einreißt«, so der Kämpfer.[254] In dem Video wurden das Brandenburger Tor in Berlin, der Hamburger Hauptbahnhof und andere Orte als potenzielle Ziele genannt sowie Innenminister Schäuble und Verteidigungsminister Jung als potenzielle Zielpersonen eingeblendet.

– Auch nach der Bundestagswahl riefen militante Islamisten weiter zu Gewalt gegen Deutschland auf. So forderten Anfang Oktober Kämpfer der IBU deutsche Muslime zum Djihad auf. Auf einer arabischen Internetseite wurde ein Anschlag »im Oktober« angekündigt. Kein Wunder, dass in Deutschland vor diesen Hintergründen sowohl das Oktoberfest in München als auch das Einheitsfest in Berlin mit massiven Sicherheitsmaßnahmen begleitet wurden.

Zum Ende des Jahres 2009 war Deutschland von der islamistischen Terrorszene mit insgesamt 24 Videobotschaften attackiert worden[255] – eine bis heute beispiellose Medienkampagne der Djihadisten, die in dieser Intensität 2010 nicht fortgesetzt wurde.

»Todesengel im Namen des Islam« –
Der Feind im eigenen Land

Mit Märtyrer-Konvertiten wie Eric Breininger sah BKA-Präsident Ziercke »eine neue Qualität der Bedrohung« und warnte im Juni 2008: »Wer als Suizidtäter nach Afghanistan oder Pakistan geht, der kann auch zurückkommen und in Deutschland Anschläge begehen. Das ist die Logik des Terrors.«[256] Märtyrer-Konvertiten sind die wohl gefährlichsten Djihadisten unter den gewaltbereiten Islamisten. Zugleich wirft ihre Art der Bedrohung eine Zahl von Fragen auf, die nur schwer zu beantworten sind: Was veranlasst (in der Regel) christlich sozialisierte Deutsche zum Religionswechsel? Wer konvertiert zum Islam? Wer radikalisiert sich nach der Konversion und welche Gründe führen dazu? Und wer vollzieht nach der Radikalisierung den Schritt hin zum aktiven, zum Märtyrer-Einsatz bereiten Djihadisten? Zusammengefasst: Gibt es eine »Typologie des radikalen Konvertiten«? Gültige Antworten darauf wird möglicherweise die Konvertitenforschung der Religionssoziologie oder anderer wissenschaftlicher Disziplinen einmal geben können.[257]

Am 9. Mai 2007 hatte Salim Abdullah, Senior-Direktor des 1927 in Berlin gegründeten Zentralinstituts Islam-Archiv Deutschland in Soest, bekanntgegeben, dass im Vorjahr rund 4000 Deutsche zum Islam übergetreten waren – mehr als dreimal so viele wie im Jahr 2005. Damit waren im Jahr 2006 mehr Deutsche als jemals zuvor zum Islam konvertiert.[258] Bis zum Jahr 2004 hatte die Zahl der jährlichen Konversionen konstant bei etwa 300 bis 350 gelegen. Auch aus diesem Grund zeigten sich Politiker besorgt, sahen gar in der wachsenden Zahl von Menschen, die in Europa zum Islam konvertierten, durchaus etwas Bedrohliches: »Ich sage natürlich nicht, dass jeder Konvertit ein potenzieller Terrorist ist. Aber man muss sehen, es wächst bei uns das Phänomen des *home grown terrorism*«, so Bundesinnenminister Wolfgang Schäuble in einem Interview 2007.[259] Die Sicherheitsdienste seines Amtskollegen in Frankreich hatten ermittelt, dass unter den dortigen 60 000 Konvertiten etwa 1600 den islamistischen Salafisten zuzurechnen sind.[260] In Deutschland sahen die Verhältnisse anders aus. Hier wurde die Anzahl der Konvertiten unter über 3,2 Millionen Muslimen auf 18 000, darunter 60 Prozent Frauen, geschätzt. Es könnten aber auch bis zu 100 000 sein, so die Extremismusexpertin Claudia Dantschke von der Gesellschaft Demokratische Kultur in Berlin. Realistisch seien 40 000 bis 50 000.[261] Die Anzahl terroristischer »Gefährder« unter diesen »deutschstämmigen Muslimen« wurde seinerzeit auf 70 geschätzt.

Natürlich können auch vor dem Hintergrund des gesellschaftsbedrohenden Djihad-Terrorismus nicht alle Konvertiten unter Generalverdacht gestellt werden, zumal die meisten Konversionen zum Islam ganz unspektakulär sind. Dennoch stellen die einheimischen Islamisten für die Heimatgesellschaft bis heute ein verstörend neues Phänomen dar. Insbesondere deshalb, weil radikalisierte Konvertiten von militanten islamistischen Organisationen und Bewegungen nicht nur geschätzt, sondern auch eingesetzt werden. Beispiele dafür sind unter anderem der deutsche Konvertit Steven Smyrek, der deutsch-polnische Konvertit Christian Ganczarski, der britische Konvertit Richard Reid oder die belgische Konvertitin Muriel Degauque, die sich bei einem Selbstmordanschlag auf US-Soldaten in der Nähe von Bagdad in die Luft sprengte. Aus djihad-terroristischer Sicht sind derart motivierte Konvertiten wertvoll: Sie können sich bis zur perfekten Unauffälligkeit tarnen, haben selten ein geheimdienstlich erfasstes Vorleben, sind ortskundig und können nicht ausgewiesen werden. Sie sind sozusagen ideal für Terroreinsätze in ihrer eigenen Heimat.

Eine Woche vor dem sechsten Jahrestag des 9/11, am 4. September 2007, wurden drei Männer als mutmaßliche Terroristen in einem von ihnen angemieteten Ferienhaus in Medebach-Oberschledorn im Sauerland festgenommen. Diese »Sauerland-Gruppe« hatte zuvor eine islamistische Zelle begründet, deren Mitglieder sich zu Selbstmordanschlägen in Deutschland bereiterklärten. Bereits zum Jahreswechsel 2006/2007 waren zwei US-Kasernen in Hanau als mögliche Anschlagsziele ausgespäht worden. Die Islamisten gerieten sodann ins Visier der US-Terrorabwehr. Im April 2007 verstärkten die USA den Schutz ihrer diplomatischen Einrichtungen in Deutschland und hielten ihre dort lebenden Bürger zu erhöhter Aufmerksamkeit an. Ausgelöst hatten den Alarm verdächtige E-Mails zwischen Deutschland und Pakistan. Die US-Dienste warnten die Bundesregierung vor möglichen Anschlägen einer pakistanisch-usbekischen Terrorgruppe; sie ließ deren Zelle in der Folge über sechs Monate lang beobachten. In den USA war diese Gruppe unter dem Namen »Islamic Jihad Group« (IJG) mit Executiv-Order 13224 schon im Mai 2005 offiziell von der Regierung als Terrorgruppe eingestuft worden. In Deutschland wurde gegen die offensichtlich zur IJG/IJU gehörige Islamistenzelle im März 2007 ein offizielles Verfahren beim Generalbundesanwalt eröffnet.

Die aufwendigste Antiterror-Operation seit dem »Deutschen Herbst« vor 30 Jahren, die »Operation Alberich«, richtete sich gegen den Kern der sauerländischen Zelle der »Islamic Jihad Union« (IJU). Dieser hatte sich von Februar bis August 2007 zwölf Fässer mit insgesamt 730 Kilogramm einer 35-prozentigen Wasserstoffoxidlösung und weiteres Material für den Bau von drei Autobomben beschafft, die in einer Garage im Schwarzwald zwischengelagert wurden.[262] Nach Behördenrechnungen entsprach diese Menge einer herstellbaren Sprengkraft von mindestens elf Zentnern TNT. »Diese Menge hätte ausgereicht, um Sprengsätze mit einer höheren Sprengkraft als bei den Anschlägen in Madrid und London zu konstruieren«, so das BKA später.[263] Abgehörte Unterhaltungen der »Garagen-Djihadisten« belegten, dass »möglichst viele Menschen getötet« werden sollten. Man wollte nicht nur die USA, sondern auch Deutschland wegen seines Engagements in Afghanistan bestrafen. Unbemerkt konnte die Polizei den Stoff in den Fässern durch eine nur dreiprozentige Lösung ersetzen. Als die Gruppe im Ferienhaus mit den Anschlagsvorbereitungen begann – chemische Ingredienzien wurden zu einer explosiven Mischung angereichert, militärische Zünder (syrischer Bauart) waren besorgt worden –, erfolgte der polizeiliche Zugriff. Neben der Ferienwohnung wurden noch weitere 40 Objekte in mehreren Bundesländern durchsucht.

Nur eine Woche nach den Festnahmen erklärte sich die »Islamic Jihad Union« im Internet. Sie gab zu, die verhinderten Anschläge in Deutschland geplant zu haben, die zum Ende des Jahres auf den US-Luftwaffenstützpunkt Ramstein sowie amerikanische und usbekische Konsularabteilungen in Deutschland hätten verübt werden sollen. Mit denselben hätte die turkestanische Terrorgruppe auch eine Schließung des von Deutschland für den Afghanistaneinsatz genutzten usbekischen Luftwaffenstützpunktes in Termez erreichen wollen. Das IJU-Bekenntnis hielten die Sicherheitsbehörden für authentisch, so das Bundesinnenministerium.[264]

Neu für Deutschland war, dass nicht fremde, sondern einheimische Islamisten die Anschläge verüben wollten, »Terroristen von nebenan«[265] sozusagen. Bei den drei Festgenommenen handelte es sich um zwei deutsche Konvertiten – Fritz Gelowicz alias Abdullah (29) aus Neu-Ulm (Bayern) und Daniel Martin Schneider alias Abdullah (22) aus Neunkirchen (Saarland) – sowie den aus Langen bei Frankfurt am Main stammenden Deutsch-Türken Adem Yilmaz (28). Den drei jungen Männern wurde, zusammen mit einem Helfer, dem Deutsch-Türken Attila Selek (25), ab dem 22. April 2009 vor dem Oberlandesgericht Düsseldorf der Prozess gemacht. Fast ein Jahr später, am 4. März 2010, wurden die sogenannten »Sauerland-Terroristen« wegen ihrer Anschlagspläne im Auftrag der IJU auf US-amerikanische Ziele in Deutschland zu hohen Strafen verurteilt: die Konvertiten Gelowicz und Schneider zu je zwölf Jahren, der Deutsch-Türke Yilmaz zu elf Jahren und Selek – er hatte von der Türkei aus die Zünder für die geplanten Sprengsätze besorgt – zu fünf Jahren Haft. Die vier Männer akzeptierten die Urteile, die somit rechtskräftig wurden.

Zehn Monate lang hatte der Vorsitzende Richter Ottmar Breidling mit seinen Kollegen vom 6. Strafsenat an insgesamt 65 Verhandlungstagen versucht, die Hintergründe zu diesem »ungeheuren Tatgeschehen« zu ergründen. Sie studierten mehr als 600 Aktenordner der Ermittler, lasen 1700 Seiten Vernehmungsprotokolle, befragten die Angeklagten, konsultierten Gutachter. Richter Breidling war darauf bedacht, die vier Täter nicht als »harmlose Kriminelle« erscheinen zu lassen, und weigerte sich, der Vierer-Bande ihre Geständnisse allzu hoch anzurechnen. So wurden sie wegen Mitgliedschaft in einer terroristischen Vereinigung, Verabredung zum vielfachen Mord und Vorbereitung eines Anschlags schuldig gesprochen.

Breidlings Erklärung des Urteils[266] ging in seiner Deutlichkeit wohl in die Kriminalgeschichte ein, wie zuvor die detaillierten Berichte der deutschen IJU-Terroristen ob ihrer Einmaligkeit Justizgeschichte schrieben. »Bei den Islamisten der sogenannten ›Sauerland-Terrorzelle‹ geisterte die Vorstellung eines zweiten 11. September herum«, sagte Breidling. »Ein An-

Prozess gegen die Sauerland-Gruppe vor dem OLG Düsseldorf; April
2009 bis März 2010

schlag von solch einem Ausmaß hat es in Deutschland noch
nicht gegeben und auch nicht die Verabredung zu einem solchen Anschlag«, so der Vorsitzende Richter. Den Angeklagten
hätten nicht einmal rudimentäre Islam-Kenntnisse genügt, »um
sich zu Todesengeln im Namen des Islam zu erheben und ohne
Skrupel, ja mit höchster Begeisterung, Hunderte Menschen im
Namen des Islam als Ungläubige zu töten«. In seiner Urteilsbegründung ging der Jurist auch auf die Bedrohung »aus dem Innern«, von sogenannten *home grown terrorists* ein. Mit Erschrecken müsse man erkennen, »dass die Geißel unserer Zeit,
die ungeheure Bedrohung der internationalen Staatengemeinschaft, nämlich der weltweite Terrorismus, um sich greift und
auch junge Menschen erfasst, die in westlicher Kultur aufgewachsen sind«. Der gewaltbereite Islamismus habe »eine verheerende Anziehungskraft« auf solche Menschen, die zu wenig
Aufmerksamkeit erführen.[267] »Es gibt ganz offenbar zahlreiche
verführbare oder schon verführte junge Männer«, so Ottmar
Breidling, »die ihr bisheriges Leben hinter sich lassen und sich
in den Djihad begeben, also auf den Weg zu töten.«[268]

3. KAPITEL

Terrorziel Deutschland –
Strategien der Angreifer, Szenarien der Abwehr

Über einen Zeitraum von bald zehn Jahren ist Deutschland zunehmend »in den Fokus des islamistischen Terrorismus« gerückt. Dieser bleibe für die Sicherheitsbehörden auch die zentrale Herausforderung für die nächsten 10 bis 20 Jahre, so der Präsident des BND Ernst Uhrlau Anfang September 2008. Ein gutes Jahr später bilanziert sein Kollege Jörg Ziercke, Präsident des BKA, in der Ringvorlesung »Der internationale Terrorismus als Herausforderung des Rechts« an der FU Berlin (juristische Fakultät) Ende Oktober 2009 die Gefahrensituation in Deutschland seit den Anschlägen des 11. September 2001. Grundlage seiner Bilanz ist das Datenmaterial über 106 »Gefährder« und 322 »relevante Personen« im Umfeld; über 1100 weitere Personen als »Netzwerk«; über 313 Ermittlungsverfahren in Sachen Terror; über 70 deutsche Tote, die derselbe seit 2001 gekostet hat; über sieben Anschläge, die in Deutschland gescheitert sind oder verhindert wurden; über Dutzende Anschläge auf ISAF-Truppen in Afghanistan und anderes mehr.[269] Und seine Bilanz macht deutlich, dass sich die Lage keineswegs beruhigt hat. »Es gibt keine Entspannung«, so Ziercke, »im Gegenteil.«

Kein halbes Jahr später, im April 2010, relativiert der neue Bundesinnenminister Thomas de Maizière die Warnungen vor eben dieser Gefahr: »Natürlich sehen wir die Aktivitäten von islamistischen Terroristen in anderen Staaten. Natürlich sehen wir deutsche Staatsbürger, die sich in Videobotschaften brüsten, dass sie am Kampf in Afghanistan beteiligt sind. Aber eine ständige Warnung halte ich nicht für geboten.« Die Frage, wie groß die Gefahr islamistischer Anschläge in Deutschland sei, lasse sich »so nicht beantworten ... Deutschland und deutsche Ziele sind im Fokus des internationalen Terrorismus ... Wie wahrscheinlich ein Anschlag in Deutschland ist, kann niemand wirklich vorhersagen«[270].

Zehn Jahre Warnungen vor terroristischen Gefahren und Terrordrohungen gegen Deutschland und Deutsche im Ausland

2000
Der Bundesnachrichtendienst (BND) warnt vor einer neuen Bedrohung durch den internationalen Terrorismus. »Alle weltweit operierenden extremistischen Gruppen haben in Deutschland Dependancen. Es gibt Hinweise, dass in Deutschland Geld gesammelt wird zur Vorbereitung terroristischer Anschläge.« (BND-Präsident August Hanning im *Münchner Merkur*, ddp-Meldung vom 19. Juni 2000)

2001
Mit erhöhter Aufmerksamkeit haben die deutschen Sicherheitsbehörden auf Geheimdiensthinweise zu einem angeblich geplanten Terroranschlag in Deutschland reagiert. Das BKA bestätigte Informationen über eine »erhöhte Gefährdungslage« in Deutschland. (AP-/dpa-Meldung vom 17. Dezember 2001)

Das BKA befürchtet Anschläge islamistischer Terroristen auf jüdische Einrichtungen in Deutschland. (*Focus*, 21. Dezember 2001)

2002

»Wir machen uns natürlich Sorgen, insbesondere was den Bereich des internationalen Terrorismus angeht.« (BND-Präsident August Hanning im *Spiegel*, 18. Februar 2002)

Nach Einschätzung der Sicherheitsbehörden könnten erstmals beliebte Einrichtungen in Deutschland selbst Ziel islamistischer Attentäter werden. Bislang galten vor allem amerikanische oder jüdische Institutionen als bedroht. Insbesondere nach dem Anschlag auf Bali habe sich die Gefährdung Deutschlands »erheblich erhöht«, warnte das BKA. (*Der Spiegel*, 21. Oktober 2002)

BND-Präsident August Hanning weist in einem Forum in Berlin darauf hin, dass Deutschland neben den USA und Frankreich als »vorrangiges Anschlagsziel« der al-Qaida zu betrachten ist. (*Berliner Zeitung*, 6. November 2002)

Bundesinnenminister Otto Schily: »Deutschland ist im Visier einer ernstzunehmenden islamisch-fundamentalistischen Bedrohung.« Nach Angaben des Präsidenten des Zentralrats der Juden, Paul Spiegel, herrscht in jüdischen Gemeinden in Deutschland pure Angst vor islamistisch motivierten Terroranschlägen. (AFP-/AP-/KNA-Meldung vom 15. November 2002)

Generalbundesanwalt Kay Nehm sieht Anzeichen für einen drohenden Anschlag von al-Qaida: »Es gibt Zeichen, dass etwas passieren könnte und dass auch etwas in Deutschland passieren könnte.« (AP-/dpa-Meldung vom 18. November 2002)

2003

»Es gibt eine abstrakt hohe Gefahr von Anschlägen in Deutschland, besonders für britische, amerikanische und jüdische Einrichtungen«, so der Sprecher des Bundesinnenministeriums. (AP-Meldung vom 14. Februar 2003)

»Al-Qaida hat Deutschland als feindliches Land eingestuft«, warnt Bundesinnenminister Otto Schily. (*Berliner Morgenpost*, 23. Februar 2003)

Der BND warnt seit Beginn des Irakkrieges vor »nicht kalku-
lierbarem Einzelrisiko durch Spontantäter«. Deren Anschläge
können jederzeit im In- und Ausland deutsche Staatsbürger treffen. (*Welt am Sonntag*, 23. März 2003)

Nach Anschlägen in Saudi-Arabien warnt Bundesinnenminister Otto Schily vor al-Qaida: Das Netzwerk stelle auch für
Deutschland nach wie vor eine »ernstzunehmende Bedrohung«
dar. (*Berliner Morgenpost*, 15. Mai 2003)

Für Deutschland kann keine Entwarnung vor terroristischen
Anschlägen gegeben werden, so das Bundesamt für Verfassungsschutz. (ddp-Meldung vom 10. Oktober 2003)

BKA-Präsident Ulrich Kersten warnt vor einer »ernsthaften
Bedrohung« Deutschlands. »Wir haben Personen im Land, die
auf den Heiligen Krieg eingeschworen sind, die ausgebildet
sind, um Gewaltakte auszuüben und die auch willens sind, diese
auszuführen.« (*Berliner Morgenpost*, 5. Dezember 2003)

2004

Die neuesten Lageberichte in- und ausländischer Geheim-
dienste warnen übereinstimmend vor Terroranschlägen in
Deutschland. Die Sicherheitsbehörden gehen davon aus, dass
»Deutschland im Zielspektrum des islamistischen Terrorismus«
steht und nicht mehr nur als Rückzugs- oder Ruheraum gilt.
(*Welt am Sonntag*, 18. Januar 2004)

»Die Terrorismusgefahr in Deutschland war seit 1945 noch
nie so konkret wie heute und die Innere Sicherheit noch nie so
gefährdet«, so der Bundesvorsitzende der Gewerkschaft der
Polizei (GdP) Konrad Freiberg. (Interview im *Focus*, 19. Januar
2004)

Nach den Terroranschlägen in Madrid warnt der stellvertre-
tende Unions-Fraktionschef Wolfgang Schäuble: »Ein Anschlag
wie diese Woche in Spanien kann morgen auch in Deutschland
passieren.« (AP-/dpa-/rtr-Meldung vom 14. März 2004)

Deutsche Sicherheitsbehörden warnen vor einer erhöhten

Terrorgefahr für Deutsche in islamischen Ländern. »Die Gefährdung deutscher Interessen in arabisch-islamischen Ländern ist
gestiegen«, so BKA-Präsident Jörg Ziercke. (AFP-/dpa-Mel-
dung vom 14. August 2004)

Der islamistische Terrorismus sei zur »gefährlichsten Bedrohung für die zivilisierte Welt geworden«, so Bundesinnenminister Otto Schily. (*Berliner Morgenpost*, 13. September 2004)

2005
»Der islamistische Extremismus und Terrorismus stellt die größte
Bedrohung der Inneren Sicherheit dar – weltweit und auch in
Deutschland ... Die Mudjaheddin-Netzwerke erstrecken sich in
unterschiedlicher Dichte über die Kontinente und nehmen
Deutschland nicht aus.« (Statement des Bundesinnenministers
Otto Schily anlässlich der Vorstellung des Verfassungsschutz-
berichts 2004 in Berlin am 17. Mai 2005)

2006
»Die Beurteilung der Sicherheitslage gehört nicht zu den Aufgaben des Generalbundesanwalts. Ich habe jedoch den Eindruck,
wir sitzen auf einem Pulverfass«, so Kay Nehm. (Interview im
Tagesspiegel, 13. Mai 2006)

2007
»Wir sind eines der Länder, das im weltweiten Kalkül des Terrorismus eine Rolle spielt ... Vielleicht hatten wir bisher einfach
Glück ... Es wächst bei uns das Phänomen des *home grown
terrorism*, des Terrorismus, der gewissermaßen auf unserem
eigenen Mist gewachsen ist«, so Bundesinnenminister Wolfgang Schäuble. (Interview in der *Berliner Morgenpost*, Anfang
Februar 2007)

»Machen wir uns nichts vor: Wir gehören aus Sicht der Ter-
ror-Urheber und ihrer Helfershelfer zu den ›Kreuzrittern‹. Deutsche Soldaten stehen in Afghanistan, die deutsche Marine fährt

Patrouille am Horn von Afrika und im Mittelmeer vor der libanesischen Küste. Wir sind in dieser Auseinandersetzung also aus Sicht der Terroristen eindeutig positioniert, sie sehen uns auf der Seite der Angreifer«, so BND-Präsident Ernst Uhrlau. (Interview im *Spiegel*, 2. April 2007)

»Deutschland ist im Zielspektrum des islamistischen Terrors. Es wäre falsch, anzunehmen, etwa weil Deutschland nicht am Irakkrieg beteiligt ist, seien wir nicht betroffen. Deutschland ist ein Teil des westlichen Bündnisses und am Kampf gegen den Terrorismus in Afghanistan und anderen Stellen beteiligt. Es gibt immer wieder Drohungen, die sehr ernst zu nehmen sind«, so BfV-Präsident Heinz Fromm. (Interview im *Kölner Stadt-Anzeiger,* Mitte August 2007)

»Deutschland ist Teil des weltweiten Gefahrenraums. Bombenattentate wie in London oder Madrid können theoretisch auch bei uns passieren ... Wir können daher nicht ausschließen, dass es hierzulande zu Anschlägen kommt, auch wenn uns derzeit keine konkreten Hinweise vorliegen«, so BKA-Präsident Jörg Ziercke. (Interview im *Focus*, 3. September 2007)

2008

»Sicherheitsexperten, national wie international, sagen: In der Führung von al-Qaida ist die Entscheidung getroffen worden, Anschläge gegen Deutschland vorzubereiten«, so Bundesinnenminister Wolfgang Schäuble. (*Bild am Sonntag*, 2. März 2008)

»Deutschland ist ein explizites Angriffsziel von al-Qaida und anderen Terrororganisationen. Wir müssen davon ausgehen, dass Vorbereitungen für mögliche Anschläge in Deutschland laufen. Konkrete Hinweise gibt es derzeit aber nicht«, so BKA-Präsident Jörg Ziercke. (Interview im *Focus*, 23. Juni 2008)

»Der islamistische Terror bleibt für die Sicherheitsbehörden die zentrale Herausforderung der nächsten zehn bis zwanzig Jahre. Die Annahme, nach größeren Fahndungserfolgen sei das

Schlimmste überstanden, ist falsch«, so BND-Präsident Ernst Uhrlau. (Interview im *Tagesspiegel*, 8. September 2008)

2009

»Die jüngsten Videoverlautbarungen untermauern unsere Einschätzung: Auf höchster Ebene der al-Qaida ist die Entscheidung gefallen, Anschläge in Deutschland zu begehen. Außerdem müssen wir mit weiteren Terrorangriffen auf die Bundeswehr in Afghanistan und mit Entführungen von Deutschen rechnen«, so BKA-Präsident Jörg Ziercke. (Interview im *Focus*, 2. Februar 2009)

»Die Drohungen der islamistischen Terrorszene, die früher allgemein gegen die westliche Welt und gegen die USA gerichtet waren, sind jetzt spezifisch an Deutschland adressiert. Man spricht Deutsch und zeigt sich ... informiert über deutsche Innenpolitik. Die deutsche Gesellschaft soll im Sinne der al-Qaida gezwungen werden, die Bundeswehr aus Afghanistan abzuziehen und die deutsche Präsenz in dem Land überhaupt zu beenden«, so Staatssekretär August Hanning. (Interview im *Tagesspiegel*, 28. März 2009)

»Wir sehen seit längerem eine ganze Reihe von Indizien dafür, dass Deutschland stärker als früher im Fokus islamistischer Terroristen steht ... al-Qaida und ihr nahestehende Organisationen wollen offenbar versuchen, Druck auf politische Entscheidungen in Deutschland auszuüben ... Aus ihrer Sicht sind Anschläge probate Mittel, um dieses Ziel zu erreichen«, so BfV-Präsident Heinz Fromm. (Interview im *Focus*, 22. Juni 2009)

2010

Bundesinnenminister Thomas de Maizière bezeichnet die Terrorgefahr in Deutschland als unverändert hoch: »Ich kann weder Entwarnung geben, noch eine zusätzliche Eskalation für Anschläge in Deutschland erkennen ... Wie wahrscheinlich ein

Anschlag in Deutschland ist, kann niemand wirklich vorhersagen.« (*Welt Online*, 27. April 2010)

»Der islamistische Terrorismus stellt eine besondere Gefahr für unser Land dar ... Unser Land ist neben den USA der einzige Staat, dessen Bevölkerung von ausländischen terroristischen Organisationen in der Muttersprache angesprochen wird ... Die Bedrohung durch den islamistischen Terrorismus ist inzwischen nicht mehr eine Bedrohung von außen, sondern eine im Lande durch radikalisierte Islamisten«, so der Innensenator des Landes Berlin, Ehrhart Körting. (Vorwort zum *Verfassungsschutzbericht 2009*. Berlin, 15. Juni 2010)

Nach Gründung der al-Qaida zum Ende des ersten großen Djihad in Afghanistan wurden über den Zeitraum von bald einem Vierteljahrhundert (von 1988 bis 2011) weit über 100 000 zu terroristischer Gewalt bereite Islamisten zu Djihadisten. Seit fast 20 Jahren überziehen sie die Welt ihrer Feinde mit Anschlägen. Auf mittlerweile allen Kontinenten haben Explosionen von Sprengstoffgürteln und Sprengfallen, Auto- und Lastwagenbomben Zehntausende »Feinde des Islam« getötet oder schwer verwundet. Nicht nur die Opferzahlen machen deutlich, welch bedrohliches Erfahrungswissen in der Praxisanwendung von Explosivstoffen die Djihadisten bis heute erworben haben – und es kann noch potenziert werden, finden sich doch im Internet seit vielen Jahren diverse »Anregungen«, vom Sabotage-Handbuch bis zum Bombenbau.[271]

Die Waffen der Djihad-Terroristen

Am 26. Februar 1993 verübten Veteranen des Afghanistan-Djihads in den USA einen Anschlag, der achteinhalb Jahre vor dem 9/11 schon mehr Kriegshandlung denn gewöhnliches Verbrechen war. An diesem Tag explodierte in der Tiefgarage des

World Trade Center in New York ein mit rund 600 Kilogramm Nitroglyzerin beladener Minibus. Der Plan, mit Hilfe von zwölf Zentnern Sprengstoff einen der Türme in den anderen stürzen zu lassen, hatte nicht funktioniert.[272] Dennoch forderte dieser Anschlag sechs Todesopfer, 1042 Menschen wurden verletzt oder schwer traumatisiert.

In den folgenden Jahren wechselten in vielen Ländern der Welt die Anschlagsziele, nicht aber die Anschlagsmittel. Die Waffe im Djihad war und ist der Explosivstoff – und wird es wohl auch über lange Zeiten bleiben.

Explosivstoffe – »verlässliche« Einsatzmittel des Todes

Anschläge mit Explosivstoffen wurden schon im Terror-Handbuch von al-Qaida, *Militärische Studien des Djihad im Kampf gegen die Tyrannen*, als besonders wichtige Missionen gleich in der ersten Lektion aufgeführt: »6. Sprengung und Zerstörung der Orte des Vergnügens, der Unmoral und Sünde … 7. Sprengung und Zerstörung der Botschaften … 8. Sprengung und Zerstörung von Brücken, die in die Städte hinein- und herausführen.«[273]

Der *Brockhaus* definiert Explosivstoffe als »feste, pastenförmige oder flüssige explosivfähige Stoffe, die zum Sprengen (Sprengstoffe), als Treibmittel für Geschosse, zum Zünden anderer Explosivstoffe (Zündstoffe) oder für pyrotechnische Zwecke verwendet werden«[274]. Unterschieden wird in militärische Sprengstoffe, bei denen häufig, zum Beispiel für Granaten und Minen, eine hohe Brisanz angestrebt wird, und in gewerbliche Sprengstoffe. Letztere werden im Bergbau, für den Straßen-, Tunnel- und Kanalbau sowie in Steinbrüchen verwendet. Gesteinsprengstoffe sind nur für Sprengarbeiten ohne Schlagwettergefahr zugelassen, Wettersprengstoffe sind für den Kohlenbergbau zugelassen.

Für ihre Anschläge nutzen Djihad-Terroristen sowohl gewerbliche als auch militärische Sprengstoffe. Um von Militär und Gewerbe unabhängig agieren zu können, wurde der »Selbstherstellung von Explosivstoffen aus handelsüblichen Produkten«[275] schon vor vielen Jahren hohe Aufmerksamkeit geschenkt. So lassen sich Explosivstoffe aus Düngemitteln (beispielsweise Ammonsulfat, Chilesalpeter, Harnstoff, flüssiges Ammoniak), Pflanzenschutz- und Schädlingsbekämpfungsmitteln (zum Beispiel mineral- und schwerölhaltige Mittel, Schwefel- und Kupferverbindungen, formaldehydhaltige Mittel, Gaspatronen, Baumwachse), Haushaltschemikalien und Kosmetika, Nahrungs- und Genussmitteln sowie Naturstoffen und Hochpolymeren herstellen – in der Regel kostengünstig.

Unter diesen handelsüblichen Produkten sind insbesondere die Düngemittel zur Herstellung von Explosivstoffen geeignet – also organische und anorganische Stoffe, die dem Boden zur Ernährung der Pflanzen und zur Verbesserung seiner Fruchtbarkeit im Sinne der Ertragsfähigkeit zugeführt werden. Nach Herkunft werden zwei verschiedene Düngemittelgruppen unterschieden. Es sind zum einen Wirtschaftsdünger, die durch Tierhaltung und den Pflanzenanbau im Betrieb anfallen, zum Beispiel Jauche – im Wesentlichen Harn – mit hohen Kalium- und Stickstoffgehalten. Zum anderen sind es Handelsdünger, eben über den Handel vertriebene industriell hergestellte Düngemittel, beispielsweise Stickstoffdünger.

Als es am 21. September 2001 in einer Düngemittelfabrik in der südfranzösischen Großstadt Toulouse zu einem Detonationsunfall kam, glaubte man zunächst an einen Terrorakt. Zum einen war es die zeitliche Nähe zu den nur zehn Tage zurückliegenden 9/11-Anschlägen, zum anderen hatte man unter den Opfern den 35-jährigen Tunesier Hassan Jandoubi identifizieren können, dem enge Kontakte zu Kreisen nachgesagt wurden, die selbst von den Toulouser Muslimen als »Taliban« bezeichnet wurden.[276] Faktisch war der Detonationsunfall, bei dem 30 Menschen ums Leben kamen und weitere 3500 verletzt wurden, die schwerste Industriekatastrophe Frankreichs nach dem Zweiten Weltkrieg. In der Fabrik AZF waren 300 Tonnen des explosiven Düngers Ammoniumnitrat (AN) hergestellt und gelagert worden. Als Mitarbeiter einer Zuliefererfirma in eben diese Lagerhalle Chlorabfälle brachten, entzündete sich der hochexplosive Dünger. Die ungeheure Sprengkraft der AN-Tonnagen hatte selbst noch im fünf Kilometer entfernten Stadtzentrum von Toulouse beträchtlichen Schaden angerichtet. An der Explosionsstelle selbst wurde ein 50 Meter großer Krater in den Boden gerissen. Die ermittelnde Staatsanwaltschaft machte Nachlässigkeit und Schlamperei als Ursache der Explosion aus, die nie völlig aufgeklärt wurde. Dementsprechend hielten sich hartnäckig Gerüchte, dass es sich um eine Terrorattacke handeln könnte.[277]

Längst wissen auch Djihad-Terroristen, dass AN in Düngequalität sich zur Herstellung von Sprengstoffgemischen eignet. Hierfür, so der Chemiker und Toxikologe Walter Katzung, kommen zwei Typen von AN-Sprengstoffgemischen infrage: »1. Gemische aus AN und Brennstoffen: Diese Gemische bestehen aus zirka 84 bis 96 Prozent AN und 16 bis 4 Prozent eines kohlenstoffhaltigen Brennstoffs, wie Dieselöl, Heizöl etc. … Sie sind auch unter den Bezeichnungen AN/DK-, ANO-, ANC-, ANFO-Sprengstoffe bekannt. Diese Gemische sind billig, schnell und leicht herstellbar und besitzen, richtig gezündet, sehr gute Sprengwirkungen. Neben dem Brennstoff können sie noch eine Reihe Zusätze enthalten wie Metallpulver, Stabilisatoren … 2. Schlammsprengstoffe auf der Basis von AN: Diese Gemische bestehen aus einer wässrigen Aufschwämmung von AN, einem brisanten Wirkstoff, sowie Metallpulvern. Sie werden auch als *Slurries* bezeichnet … Sie sind absolut handhabungssicher, schnell herstellbar, billig und leicht zu transportieren.«[278]

Explosivstoffe aus Düngern, aber auch Pflanzenschutz- und Schädlingsbekämpfungsmitteln herzustellen, war und ist von Nahost bis Südasien verbreitet. Die Anwendungspraxis der explosiven Gemische liegt in den möglichen »sehr guten Sprengwirkungen«; oder anders formuliert: Mit selbst hergestellten Sprengstoffgemischen sind auch »Mega-Anschläge« keine Utopie. Und fehlgeschlagene Versuche mindern die Angst vor der-

artigen »Mega-Anschlägen« keineswegs, wie nachstehende
Beispiele belegen:

– Schon seit einiger Zeit hatten Israels Dienste konkrete Hinweise darauf, dass militante Islamisten palästinensischer Gruppen einen strategischen »Mega-Anschlag« planten. So sollte am 23. Mai 2002 ein mit einem Sprengsatz präparierter Tanklaster in Pi Glilot detonieren – mitten im größten Treibstofflager Israels am Rand von Tel Aviv. Das Attentat wurde vereitelt; der eigentliche Plan, dass die Flammen auf die Treibstofftanks übergreifen sollten, scheiterte. Mehrere Tausend Menschen der dicht besiedelten Gegend wären nach Expertenschätzungen ums Leben gekommen.[279]

– Am 12. Oktober 2002 wurden auf der indonesischen Ferieninsel Bali die weltweit schlimmsten Anschläge seit dem 9/11 verübt. Anschlagsziel war der vornehmlich von Westtouristen besuchte Amüsierdistrikt des Küstenortes Kuta. Eine große Anzahl von »Weißen« in ihren »Lasterhöhlen« zu treffen war das Ziel der militanten Gruppe »Jemaah Islamiyah« (JI). Zwei ihrer Märtyrer-Kämpfer zündeten gegen 23.30 Uhr einen kleineren Sprengsatz im Nachtclub *Paddy's Bar* und trieben damit die Gäste auf die Straße. Dort war der Fluchtweg mit einem Kleinbus, der schräg gegenüber vor der Discothek *Sari Club* stand, blockiert. In diesem befand sich der größere Sprengsatz, der mit einem Mobiltelefon verbunden war. Durch das Senden einer SMS wurde die Detonation der 1,1-Tonnen-Autobombe ausgelöst. Sie bestand, so australische Ermittler später, aus einem Gemisch aus Düngemitteln und anderen Chemikalien. Die Sprengkraft dieser stärkeren Bombe hätte ausgereicht, um Gebäude im Umkreis mehrerer Hundert Meter zu zerstören und Tausenden Menschen das Leben zu nehmen – wenn sie »richtig funktioniert« hätte. Glücklicherweise waren bei der Zündung mehr als zwei Drittel des hochexplosiven Gemischs verbrannt statt zu detonieren. Die Explosion des geringeren Teils des Sprengstoffs tötete (zusammen mit der ersten Bombe) neben den Attentätern immer noch 200 Disco-Besucher aus insgesamt 21 Ländern, darunter 88 Australier, 38 Indonesier, 22 Briten, 7 US-Amerikaner und 6 Deutsche. Über 300 Menschen wurden verletzt.[280] Die Anschläge auf Bali sollen nur 35 000 Dollar gekostet haben, schätzte das britische International Institut für Strategische Studien (IISS) in London.

– Auf eine wesentlich höhere Opferzahl war eine jordanische Terrorzelle aus, die wahrscheinlich im Auftrag des al-Qaida-Terroristen al-Sarkawi einen Anschlag vorbereitete. Nach Aussagen von Festgenommenen waren Sprengstoffanschläge (Giftgasanschläge?) auf mehrere Einrichtungen in Jordaniens Hauptstadt Amman geplant, so auf das Amt des Ministerpräsidenten, auf die Zentralstelle des jordanischen Geheimdienstes GID und auf die US-Botschaft. Mitglieder der Terrorzelle hatten für diesen »Mega-Anschlag« fast 20 Tonnen Chemikalien und Lastwagen gekauft. In einem abgelegenen Haus nahe der Stadt Irbid im Norden des Landes wollte man aus den erworbenen Chemikalien – die Behörden gaben nicht bekannt, um welche Substanzen es sich handelte – in den kommenden zwei Monaten Sprengstoff herstellen. Nach Aussagen des Sprengmeisters der Zelle, Asmi Jalusi (am 26. April 2004 vom jordanischen Staatsfernsehen ausgestrahlt) hätte die Sprengkraft gereicht, um das gesamte Gebäude der Sicherheitsbehörden zu zerstören: »Nichts von ihm wäre übrig geblieben.« Wenn es zu den Simultan-Anschlägen gekommen wäre, so die Behörden in einer weiteren Mitteilung, hätten bis zu 80 000 Menschen getötet und 160 000 verwundet werden können.[281] Diese Zahlen wurden später nach unten korrigiert. Die Welt reagierte trotz Korrektur mit Besorgnis. Wenn zuträfe, was bisher über die Vorgänge in Amman bekannt sei, so der damalige Bundesaußenminister Joschka Fischer, dann sei dies »der Versuch eines Mega-Terroranschlags« gewesen.[282] Auch Joschka Fischer hätte sich nicht vorstellen können, dass nur drei Jahre später durch die »Sauerland-Gruppe« der Versuch eines »Mega-Anschlags« mitten in Deutschland stattfinden würde – mit

einer dreiviertel Tonne Chemikalien. Glücklicherweise kam
es analog zu Jordanien 2004 auch in Deutschland 2007 nicht
zur Tatbegehung. Dennoch ist die Gefahr eines strategischen
»Mega-Anschlags« in unserem Land damit nicht gebannt.

Verhinderte und gescheiterte Terroranschläge in Deutschland

Deutschland wird immer mit den Anschlägen des 9/11 verbunden werden, hatten doch Djihadisten der »Hamburger Zelle«
diese maßgeblich mit vorbereitet.

Die »Hamburger Zelle« und die Anschläge des 11. September 2001

Die »Hamburger Zelle« bestand um 2000 aus einer Gruppe junger muslimischer, vornehmlich arabischer Studenten, deren
Zentrum eine Wohngemeinschaft im Hamburger Stadtteil Har-
burg war. Die Zelle war in eine »Arbeitsgemeinschaft Islam« ein-
gebettet, der auf dem Campus etwa 50 Araber angehörten. Zum
Kern der Aktivisten gehörten auch die drei Terror-Piloten
Mohammed Atta (der ägyptische Städtebau-Student flog in den
WTC-Nordturm), Marwan al-Shehhi aus den V.A.E. (der Schiff-
bau-Student flog in den WTC-Südturm) und Ziad Jarrah (der
libanesische Flugbau-Student stürzte in Pennsylvania ab).
Gegen zwei Unterstützer dieser Märtyrer kam es in der Hanse-
stadt zum weltweit ersten Prozess um die 9/11-Anschläge.

Zwei Marokkaner der Zelle waren 1993 zum Studium nach
Deutschland gekommen, 1995 zogen sie nach Hamburg, um
hier Elektrotechnik zu studieren. Mounir al-Motassadeq wurde
am 22. Oktober 2002 angeklagt, der 3. Strafsenat des Hanseatischen OLG machte ihm vom 22. Oktober 2002 bis zum

19. Februar 2003 den Prozess. Als Terrorhelfer wurde er zu 15 Jahren Haft verurteilt. Diesen Schuldspruch hob der BGH am 4. März 2004 in einer Revisionsentscheidung auf und verwies zur Neuverhandlung zurück nach Hamburg. Der Haftbefehl gegen al-Motassadeq wurde unter strengen Auflagen außer Vollzug gesetzt, der Terrorist kam am 7. April frei. Im zweiten Prozess verhandelte nun der 4. Strafsenat des OLG ab dem 10. August 2004 gegen al-Motassadeq. Ein Jahr später, am 19. August 2005, wurde er wegen Mitgliedschaft in einer terroristischen Vereinigung zu sieben Jahren Haft verurteilt. Den Vorwurf der Beihilfe zum tausendfachen Mord im Zusammenhang mit den Anschlägen sah das OLG als nicht erwiesen an. Doch der BGH verschärfte den Schuldspruch am 16. November 2006 und verwies das Verfahren zur Festsetzung einer neuen (höheren) Strafe abermals zurück an das OLG Hamburg. Am 18. November 2006 wurde al-Motassadeq erneut in Haft genommen. Am OLG Hamburg war auch Motassadeqs Landsmann Abdelghani Mzoudi wegen Beteiligung an den Vorbereitungen der 9/11-Anschläge der Prozess gemacht worden (vom 14. August 2003 bis zum 5. Februar 2004), der allerdings mit einem Freispruch »aus Mangel an Beweisen« endete. Dieses Urteil wurde vom BGH am 9. Juni 2005 bestätigt. Damit wurde das weltweit erste Verfahren zum 9/11 endgültig abgeschlossen. Mzoudi kehrte im Juni 2005 nach Marokko zurück; mit Ende des Gerichtsverfahrens war seine Duldung in Deutschland abgelaufen.

Zur Bedrohungsbilanz im Jahr zehn nach 9/11 gehören insgesamt sieben Terroranschläge, die in Deutschland gescheitert sind oder verhindert wurden.

Vorbereitung eines Sprengstoffanschlags
der »Frankfurter Zelle« in Straßburg

»Da sind die Feinde Allahs. Sie werden in der Hölle schmo-
ren«, hieß es in einer Videoaufzeichnung, in der das potenzielle
Ziel für den Anschlag ausgekundschaftet worden war. Geplant
war ein Blutbad auf dem Weihnachtsmarkt am Straßburger
Münster, der jährlich von Zehntausenden Elsässern und Touristen besucht wird, mit einem hochexplosiven Gemisch aus
Chemikalien, mit Zucker, Honig und Mehl als Brennstoff, ge-
spickt mit Nägeln und verpackt in einem zur Bombenhülle um-
funktionierten Schnellkochtopf oder Druckkocher.[283] Noch in
150 Meter Entfernung hätten die Nägel und Splitter tödlich
gewirkt.

Derartige Unterweisungen im Bombenbau hatten nordafrikanische Islamisten ab 1998 in paramilitärischen Camps in Afghanistan erhalten. Nach ihrer Rückkehr schlossen die mehrheitlich
in Frankfurt am Main lebenden Männer sich im Herbst 2000 zu
einer konspirativ arbeitenden Zelle zusammen. Für ihren Anschlag erwarben sie in Apotheken im gesamten Bundesgebiet
über Wochen hinweg Chemikalien wie Aluminiumpulver, Was-
serstoffperoxid, Aceton, Natriumkarbonat, Batteriesäure und
nicht zuletzt 20 Kilogramm Kaliumpermanganat. Die Vorbereitung in Deutschland, das ausgespähte Angriffsziel in Frankreich – ein Hinweis des französischen Nachrichtendienstes DST
an die Kölner Verfassungsschützer führte zur Enttarnung und
Festnahme dieser »ungebundenen Gotteskrieger« *(non-aligned
Mudjaheddin)* vor der Tatbegehung. In zwei von der »Frankfurter Zelle« angemieteten Wohnungen stieß die Polizei auf ein
verstecktes Waffendepot, elektronische Bauteile und Schaltpläne für Zündeinrichtungen sowie chemische Substanzen, die
zur Herstellung von Sprengstoff geeignet waren. Von dem Sex-
tett waren in Frankfurt vier Bomben-Bastler am 25. Dezember
2000 und einer am 4. April 2001 festgenommen worden.[284] Der
sechste Mann, Mohammed Bensakhria, wurde im Juni 2001 von
der spanischen Polizei in Alicante als mutmaßlicher Führer des

Djihadisten-Kommandos festgenommen. Sein Alias-Name Meliani gab der »Frankfurter Zelle« ihren Namen.

Nach langen Ermittlungen erhob die Bundesanwaltschaft Anfang Dezember 2001 Anklage gegen die fünf in Frankfurt lebenden Männer der »Meliani-Zelle« wegen Mitgliedschaft in einer terroristischen Vereinigung, gegen vier zusätzlich wegen Verabredung eines Sprengstoffverbrechens und illegalen Waffenbesitzes. Am 16. April 2002 begann der Prozess vor dem 5. Strafsenat des OLG Frankfurt am Main. Das Verfahren war ein Novum. Nirgendwo in Europa war bis dahin Djihadisten, die in Afghanistan ausgebildet worden waren, der Prozess gemacht worden. Dementsprechend galt für das »Meliani-Verfahren«, das sich in die Länge zog,[285] die höchste Sicherheitsstufe. Nach 44 Verhandlungstagen verkündete der Vorsitzende Richter Karlheinz Zeiher am 10. März 2003 die Urteile, Haftstrafen zwischen zehn und zwölf Jahren.

Planung von Anschlägen der »al-Tawhid« in Düsseldorf und Berlin

In der Nachkriegsordnung der al-Qaida war der Palästinenser Abu Mussab al-Sarkawi mit der Aufgabe eines »Warlord für den Djihad in Westeuropa« betraut worden. Als Kommandant für den »Aktionsraum Europa« verfügte er über Kämpfer der islamistischen Gruppen »Ansar al-Islam« (»Partisanen des Islam«) und »al-Tawhid« (»Einheit Gottes«). Noch im September 2001 – kurz nach den Anschlägen des 9/11 – soll er in Essen eine deutsche Zelle der »al-Tawhid« gegründet haben, deren Leitung er seinem Vertrauten Abu Dhess übertrug. Die zunächst als »Reisebüro für Islamisten« getarnte Zelle bekam schon früh die Weisung, die »Arbeit in Deutschland« zu erledigen. Die Telefonate zwischen al-Sarkawi und seinem palästinensischen Statthalter im Ruhrgebiet wurden mitgehört, die Auswertung der Abhörprotokolle machte deutlich, dass der Djihad nach Deutschland getragen werden sollte.

»Geeignete« jüdische und israelische Ziele durfte sich die Zelle selbst aussuchen. Sie entwickelte den Plan, zunächst ein Attentat mit einer schallgedämpften Pistole auf einen belebten Platz in einer deutschen Stadt zu verüben. In einer anderen Stadt sollten zudem in unmittelbarer Nähe zu einer Synagoge Handgranaten gezündet und möglichst viele Menschen getötet werden. Zu den Vorbereitungen gehörte es, geeignete Anschlagsziele auszuspähen, zu denen in Düsseldorf eine »von Juden besuchte Discothek in der Altstadt« und »eine von einer Jüdin geführte Gaststätte« sowie in Berlin das Jüdische Gemeindehaus im Bezirk Charlottenburg und das Jüdische Museum im Bezirk Kreuzberg gehört haben sollen. Beim militärischen Führer der »al-Tawhid« soll die endgültige Festlegung der Anschlagsziele, in der codierten Sprache der Djihadisten »Mädchen« genannt,[286] gelegen haben. Am 2. April 2002 kam per Telefon der Einsatzbefehl: »Ihr seid an der Front, jetzt sollt ihr auch handeln.«

Noch im selben Monat wurden bundesweit elf Personen festgenommen,[287] von denen nach Überzeugung der Bundesanwälte fünf eine eigenständige Terrorzelle gebildet und Anschläge geplant hatten. Dem einzigen Geständigen der deutschen »al-Tawhid-Zelle«, dem palästinensischen Jordanier Abdallah, machte der 6. Strafsenat des OLG Düsseldorf vom 24. Juni bis zum 26. November 2003 den Prozess. Der Vorsitzende Richter Ottmar Breidling verurteilte den »ersten islamistischen Kronzeugen für die deutsche Justiz« zu vier Jahren Haft, hatte dieser doch »den deutschen Ermittlern tiefe Einblicke in die islamistische Terrorszene gewährt«. Die nicht geständigen Männer, darunter auch der mutmaßliche Führer der Zelle, hielt man für so gefährlich, dass ihr Prozess in einem neu gebauten Hochsicherheitstrakt[288] stattfand. Diesen führte erneut der Vorsitzende Richter des 6. Strafsenats Breidling am OLG Düsseldorf über insgesamt 20 Monate, vom 10. Februar 2004 bis zum 26. Oktober 2005. Nach 136 Verhandlungstagen wurden die vier »al-Tawhid«-Islamisten zu Strafen zwischen fünf und acht Jahren Haft verurteilt. Die Anschläge – auf das Jüdische Gemeindezentrum in Berlin-Charlottenburg sowie ein Billardlokal und eine Discothek in Düsseldorf, die die Angeklagten für jüdische Einrichtungen hielten – habe al-Sarkawi persönlich angeordnet. Das Motiv sei »abgrundtiefer Hass auf Juden, Israel und alle Ungläubigen« gewesen.[289]

Planung von Sprengstoffanschlägen der al-Qaida in Berlin

Der Tunesier Ihsan Garnaoui war 2001 von seiner Heimat über Saudi-Arabien und Pakistan zur Djihadisten-Ausbildung nach Afghanistan gereist. In der Zeit bis November 2002 – am Hindukusch lief längst die »Operation Enduring Freedom« – soll er von einem al-Qaida-Führer beauftragt worden sein, in Deutschland eine Kampfgruppe aufzubauen und Anschläge auf amerikanische und jüdische Einrichtungen zu verüben. Im November 2002 verließ Garnaoui Afghanistan, reiste über Pakistan nach Südafrika, wo er sich als ausgebildeter Sprengstofffachmann Schaltpläne für Zündauslösevorrichtungen besorgt haben soll. Bekannten aus der Berliner al-Nur-Moschee soll er zu jener Zeit bereits mitgeteilt haben, dass er »mit einem Auftrag« zurückkomme. Im Januar 2003 reiste er von Südafrika über Belgien nach Deutschland. Aus dem Tunesier war laut Reisepass ein Bürger Portugals geworden (sein Dokument stammte aus einer Serie von Blankopässen, die Anfang April 2000 aus dem portugiesischen Konsulat in Luxemburg gestohlen worden waren).

Ende Januar 2003 soll Garnaoui in Berlin mit der physischen und psycho-ideologischen Ausbildung von vier zum Djihad bereiten Gesinnungsgenossen begonnen haben. Hierfür nutzte er zunächst die Räumlichkeiten der al-Nur-Moschee. Nachdem ihm dies vom Iman, der auch den geplanten Djihad-Einsatz nicht absegnen wollte, untersagt worden war, soll er die Schulung seiner Berliner Gruppe an einem unbekannten Ort fortgesetzt haben. Ende Februar soll er seinen Djihadisten erste Einzelheiten zu den Märtyrer-Aktionen mitgeteilt haben: Symbolisch mit Beginn des Irakkrieges sollten mehrere Sprengsätze gezündet werden. Durch Tötung und Verletzung vieler Menschen sollte die »westliche Welt gedemütigt« und hierdurch die »muslimische Welt verteidigt« werden. Garnaoui selbst übernahm die Beschaffung chemischer Substanzen zur Herstellung von Sprengsätzen. Darüber hinaus erwarb er Mobiltelefone und Armbanduhren mit Weckfunktionen, die für die Zündung der Sprengsätze kurzfristig manipuliert werden sollten – »Tatwaffe Handy«[290].

Ein Freund des Tunesiers soll am 15. März geäußert haben, dass »während der Demo zum Tag X, die ja um 18 Uhr stattfinden wird, jemand etwas im Namen Allahs tun wird, weil er sein Leben für Allah geben will«[291]. Die Friedensbewegung hatte für den »Tag X«, den Beginn des Irakkrieges, zu Protesten aufgerufen. Zur Tatbegehung kam es nicht. Am 20. März 2003 erfolgte der polizeiliche Zugriff, die Festsetzung der Männer.[292] Am Abend jenes Tages versammelten sich um 18 Uhr auf dem Berliner Alexanderplatz rund 70 000 Menschen, um gegen die in der vergangenen Nacht begonnenen Angriffe der US-Armee im Irak zu demonstrieren. »Wäre er [Garnaoui] nicht rechtzeitig festgenommen worden«, so später die Anklage, »wäre ein abscheuliches Verbrechen geschehen.«[293]

Bei der Durchsuchung der Wohnräume Garnaouis stellten die Fahnder ein Computerprogramm mit einem 3-D-Flugsimulator, das CD-ROM-Set *Im Tiefflug über Deutschland*,[294] Straßenkarten aus den Niederlanden und Deutschland, mehrere Stadtpläne, ein Handbuch über Gifte *(Aids to Forensic Medicine and Toxicology)*, Sprengstoffutensilien und anderes mehr sicher. Eine schussbereite 9-mm-Pistole der Marke Glock 19, die der Tunesier samt zwei Magazinen in einer Plastiktüte bei sich trug, war aktenkundig. Die Faustfeuerwaffe war 1999 in Jugoslawien als gestohlen gemeldet worden. Mitte Januar 2004 klagte der Generalbundesanwalt Garnaoui wegen »versuchter Gründung einer terroristischen Vereinigung, Urkundendelikte, Verstöße gegen das Ausländer- und Waffengesetz sowie Steuerstraftaten« beim Berliner Kammergericht an. Am 4. Mai 2004 begann der Prozess gegen den mutmaßlichen al-Qaida-Mann.

Elf Monate später sprach Richter Frank-Michael Libera das Urteil. In der Begründung hieß es am 6. April 2005, Garnaoui habe sich nach seiner illegalen Einreise nach Deutschland im Januar 2003 »nicht als harmloser Ausländer in der Bundesrepublik aufgehalten, sondern mit dem Plan, im Rahmen des gewalttätigen Djihad aktiv zu werden und einen Sprengstoffanschlag in Deutschland vorzubereiten«. Auch sei der Angeklagte nicht nur ein Mann, der – wie seine Verteidiger sagten – böse Gedanken habe. »Er war auch willens, diese in die Tat umzusetzen.«[295] Doch nach dem Grundsatz »Im Zweifel für den Angeklagten« sprach das Kammergericht den Tunesier vom Terrorvorwurf »aus Mangel an Beweisen« frei und verurteilte ihn wegen »rein kriminellen Straftaten« – Urkundenfälschung, Steuerhinterziehung, unerlaubte Einreise, illegaler Waffenbesitz – zu einer Haftstrafe von drei Jahren und neun Monaten. Das Urteil ebnete damit zugleich den Weg, einen gefährlichen Islamisten aus Deutschland herauszuschaffen.

Planung von Sprengstoffanschlägen der »Ansar al-Islam« in Hamburg

Mit falschen Reisepässen waren Anfang Dezember 2003 zwei Djihadisten nach Deutschland eingereist, was wenige Wochen später zu massiven Schutzvorkehrungen in Hamburg führen sollte. Schon seit langer Zeit überwachten US-Nachrichtendienste den Militärführer der »Ansar al-Islam«. Vor dem Hintergrund, dass al-Sarkawi als Kommandeur auch europäische Länder zur »Front des Djihad« erklärt hatte, gaben die US-Dienste in eben jenem Dezember 2003 einen »unspezifischen Hinweis über bevorstehende Anschläge der ›Ansar al-Islam‹ in Europa«. Die knapp gehaltene Warnung ging an Nachrichtendienste in Spanien, Frankreich und Großbritannien, in Deutschland an den BND und das BfV. Neben US-Militäreinrichtungen wurden Krankenhäuser, in denen US-Soldaten behandelt wurden, die im Irakkrieg eingesetzt waren, als gefährdet benannt.

Für Deutschland kam damit nur die US Air Base in Frankfurt am Main infrage. Nur etwa 150 Kilometer von dieser US-Basis entfernt liegt die Universitätsklinik Homburg (Saarland), in der ebenfalls US-Soldaten behandelt wurden. Als gefährdet sah man jedoch das in Hamburg-Wandsbek gelegene Bundeswehrkrankenhaus. In dem 1935 erbauten Hospital waren seinerzeit 950 Mitarbeiter beschäftigt, darunter 150 Bundeswehrärzte. Das 305-Betten-Haus betrieb seit 1973 auch ein Rettungszentrum, US-Soldaten gehörten jedoch nicht zu den Patienten. Am 30. Dezember 2003 ging um 14.30 Uhr die als »geheim« eingestufte Warnung des BfV an die hanseatischen Landesbehörden, die den Innensenator informierten. Danach planten mehrere Mitglieder der »Ansar al-Islam«, von denen zwei namentlich benannt wurden, ein Selbstmordattentat auf ein »Militärhospital« in Hamburg sowie auf einen US-Militärflughafen im Rhein-Main-Gebiet. Hamburgs Innenbehörde reagierte mit massiven Schutzvorkehrungen, zumal Autobomben zur Tatbegehung erwartet wurden: Zufahrtsstraßen zum Hospital wurden durch aufgestellte Container blockiert, Anwohner durften nur mit Ausweispapieren passieren, Bereitschaftspolizei mit gepanzerten Fahrzeugen und Bundeswehrsoldaten übernahmen den Schutz des mutmaßlichen Anschlagsobjekts.

Über die zum Jahreswechsel 2003/2004 hergestellte Medienöffentlichkeit kam es zwischen Innenpolitikern der Länder und dem Bundesinnenminister zu einem sicherheitspolitischen Disput. Vielleicht hatte aber gerade die Veröffentlichung des Vorgangs eine Art Schutzfunktion. So stufte das BKA »das Gefährdungspotenzial für das Hamburger Bundeswehrkrankenhaus als deutlich gesunken ein«, hätte die Veröffentlichung doch für die potenziellen Attentäter der »Ansar al-Islam« zu der Überzeugung geführt, dass ein Anschlag »nicht mehr erfolgreich sein dürfte«. Das BKA warnte in der Folge vor einem »Verdrängungseffekt« auf andere Anschlagsziele und mahnte die Länderbehörden zu verstärkter Aufmerksamkeit. Hamburg hielt die verstärkten Sicherheitsmaßnahmen noch bis zum 14. Januar 2004 aufrecht, ehe sie eingestellt wurden.

Anschlagsplanung auf den irakischen
Übergangspräsidenten in Berlin

Zu Beginn der »Operation Iraqi Freedom« waren Kämpfer der
»Ansar al-Islam«, vormals »Jund al-Islam« (»Armee des Islam«), Ende März 2003 aus dem kurdischen Norden des Irak
vertrieben worden. In der Folge setzte sich eine Minderheit
nach Europa, insbesondere nach Deutschland ab. Al-Sarkawi,
ihr militärischer Führer im Irak, setzte im Juli 2004 ein Kopfgeld
auf seinen Gegner Ijad Allawi, den Übergangspräsidenten des
Irak, aus. In einem über das Internet verbreiteten Aufruf wurden demjenigen, der Allawi tötet, umgerechnet rund 230 000
Euro versprochen.[296]

Ein halbes Jahr später hielt sich der irakische Regierungschef
für zwei Tage zu politischen Gesprächen in Deutschland auf.
Am 2. Dezember 2004 war er gegen 18 Uhr mit einer Privat-
maschine auf dem militärischen Teil des Berliner Flughafens
Tegel gelandet und unter Sicherheitsstufe 1 in die Residenz des
Bundespräsidenten gebracht worden. Für den Abend war ein
privates Gespräch mit irakischen Oppositionellen geplant. Dieser Termin wurde jedoch ebenso wie ein für den nächsten Tag
vorgesehener deutsch-irakischer Wirtschaftsdialog wegen Anschlagsgefahr abgesagt. Abgehörte und gut übersetzte Telefonate – »Ein lieber Gast kommt zu Besuch, Ijad Allawi, wir
sollten ihn bewirten« – hatten zu Festnahmen von drei Männern
geführt. Einen wichtigen Hinweis auf diese hatte man offenbar
aus den Kurdengebieten des Irak erhalten. Der kurdische Geheimdienst soll dort im März 2004 einen Kurden festgenommen
haben, in dessen Notizbuch sich die Namen und Telefonnum-
mern der Iraker Ata Rashid aus Stuttgart, Rafik Yousef aus Berlin und Mazen Hussein aus Augsburg befunden haben. Und
eben diese drei hatten wohl die »Ad-hoc-Entscheidung« getroffen, Allawi in Berlin zu töten. Die Ermittler glaubten, dass der
in Berlin lebende Kleinunternehmer Rafik Yousef geplant hatte,
den Premier mit Pistolenschüssen zu ermorden – zwischen 8.30
und 10.30 Uhr am Morgen des 3. Dezember, als Allawi in einem

Gebäude der Deutschen Bank im Berliner Bezirk Mitte auftreten sollte.[297] Als Staatsgast wurde das potenzielle Mordopfer an jenem Tag von Bundeskanzler Schröder empfangen.

Nur einen Tag später erließ der Ermittlungsrichter am Bundesgerichtshof Haftbefehl. Generalbundesanwalt Nehm warf den Männern im Zusammenhang mit den Anschlagsplänen gegen den Übergangspräsidenten die Mitgliedschaft in einer ausländisch-terroristischen Vereinigung vor und erhob dementsprechend Anklage vor dem OLG Stuttgart im November 2005. Der spektakuläre Islamisten-Prozess – Ata Rashid galt sogar als Deutschlandchef der »Ansar al-Islam« – begann in dem für die RAF-Verfahren gebauten Gerichtsgebäude in Stuttgart-Stammheim am 21. Juni 2006. Aussageunwillige Angeklagte, ein Streit um Code-Wörter, Andeutungen und die korrekte Übersetzung zahlreicher Telefonate aus dem Kurdischen und Arabischen machten diesen für den 5. Strafsenat zu einem über zwei Jahre andauernden Mammutverfahren. Erst am 15. Juli 2008 verurteilte das OLG Stuttgart die irakischen Staatsangehörigen zu Haftstrafen zwischen sieben und zehn Jahren »wegen Mitgliedschaft in der ›Ansar al-Islam‹ in Tateinheit mit der versuchten Beteiligung an einem Mord«. Das Gericht sah es als erwiesen an, dass sich Rafik Yousef angeboten hatte, das Attentat zu begehen, falls er von der Organisation die Genehmigung dazu erhalte. Diese sei ihm telefonisch von Mazen Hussein nach Absprache mit Ata Rashid übermittelt worden.[298]

Kofferbomben-Anschlagsversuche auf Regionalzüge

Am 31. Juli 2006 deponierten zwei junge Libanesen am Kölner Hauptbahnhof um 12.30 Uhr in zwei verschiedenen Nahverkehrszügen, die in kurzen Abständen am videoüberwachten Bahnsteig 3 hielten, jeweils einen Rollkoffer. Ein herrenloser Trolley, der auf dem Dortmunder Hauptbahnhof im Fundbüro der Deutschen Bahn AG abgegeben wurde, war von einem Zugbegleiter im Regionalexpress gefunden worden. Dieser Zug, auch »NRW-Express« genannt, gilt als die (Bahn-)Hauptverkehrsader im bevölkerungsreichsten Bundesland. Er fährt in drei Stunden quer durch Nordrhein-Westfalen, von Aachen nach Hamm. Täglich fahren Zehntausende mit der Linie, insbesondere Berufspendler des Rheinlands und des Ruhrgebiets. Der Koffer enthielt einen Sprengsatz – Gasflasche, brennbare Flüssigkeit und Zündvorrichtung. Die Polizei entschärfte die explosive Fracht noch vor Ort. Das zweite, baugleich präparierte Gepäckstück, wurde im Regionalexpress von Mönchengladbach nach Koblenz gefunden, im Zielbahnhof jedoch erst einen Tag später geöffnet und zerstört. Wäre es zu Explosionen gekommen, hätten die Sprengsätze immense Schäden angerichtet. Kriminaltechniker ermittelten einen Wirkungsradius von 100 Metern. Die beiden Züge wären entgleist, es hätte Tote und Verletzte gegeben.[299]

Geplant war, dass die Sprengsätze auf freier Strecke zehn Minuten vor Erreichen der Bahnhöfe Dortmund und Koblenz detonierten. Nur ein »handwerklicher Fehler« habe verhindert, dass die Hauptladungen explodierten, so BKA-Präsident Ziercke ein paar Wochen später.[300] Die Zündauslösung war in beiden Fällen erfolgt. Doch offenbar hatten die Bombenbauer kein zündfähiges Gas-Luft-Gemisch hergestellt. Videokameras auf dem Kölner Hauptbahnhof hatten aufgezeichnet, wie die zwei bis dahin unbekannten Bombenleger die Regionalzüge bestiegen. In der Folge wurde mit diesen Bildern in Deutschland erstmals nach Terroristen gefahndet, die mutmaßlich islamistischen Kreisen angehörten. Die Video-Veröffentlichungen des BKA wurden auch vom militärischen Nachrichtendienst im Libanon DRAL gesehen, die einen der jungen Männer als Youssef Mohamad al-Hajdib identifizierten.[301]

Nach Hinweisen wurde der 21-jährige Student der Mechatronik keine drei Wochen nach dem fehlgeschlagenen Attentat am 19. August auf dem Hauptbahnhof in Kiel festgenommen. Sein Komplize, der im Kölner Stadtteil Neu-Ehrenfeld wohnende 20-jährige Jihad Hamad, hatte sich in seine libanesische Heimat abgesetzt, wo er sich am 24. August, nur fünf Tage nach der Festnahme von al-Hajdib, der Polizei stellte. In der Folge kam es in beiden Ländern zu weiteren Festnahmen möglicher Mittäter.

Die Ermittlungen in beiden Ländern ergaben, dass die versuchten Anschläge wohl nicht von einer größeren Gruppe, sondern letztlich von zwei »Ad-hoc-Terroristen« geplant und begangen worden waren. Es war vielleicht das Motiv, das die beiden Studenten aus dem Norden des Libanon verband: Die »Kofferbomber« nannten hierfür die Veröffentlichungen der umstrittenen Mohammed-Karikaturen in deutschen Zeitungen. Der in Kiel gefasste al-Hajdib interpretierte diese »als Angriff der westlichen Welt auf den Islam«. Als weiteres Motiv nannte er den Tod des Djihad-Terroristen al-Sarkawi am 7. Juni 2006.

Den sich nun gegenseitig beschuldigenden Männern wurde in beiden Ländern – der Libanon wollte seine inhaftierten mutmaßlichen Täter nicht nach Deutschland ausliefern, und Deutschland wollte seine einsitzenden Tatverdächtigen nicht an den Libanon ausliefern, wie es der dortige Generalstaatsanwalt Said Mirza forderte[302] – der Prozess gemacht. In Deutschland wurde Youssef Mohammed al-Hajdib am 11. Juli 2007 angeklagt, gemeinschaftlich mit Jihad Hamad »zwei Bombenanschläge versucht zu haben, um eine möglichst hohe Anzahl von Menschen zu töten«. Am 18. Dezember 2007 begann am OLG Düsseldorf die Hauptverhandlung gegen den mutmaßlichen »Kofferbomber«. Ein Jahr später wurde er am 9. Dezember 2008 »wegen versuchten Mordes in Tateinheit mit versuchtem Herbeiführen einer Sprengstoffexplosion« zu einer lebenslangen Freiheitsstrafe verurteilt.[303] Der im Libanon gefasste Jihad Hamad war dort bereits am 18. Dezember 2007 zu zwölf Jahren Haft verurteilt worden. Al-Hajdib erhielt im Libanon in Abwesenheit eine lebenslange Freiheitsstrafe.[304]

Mohammed-Karikaturen –
Anschlagsmotiv für viele Jahre

Am 30. September 2005 veröffentlichte die dänische Zeitung *Jyllands-Posten* Karikaturen von zwölf Zeichnern zum Thema »Mohammeds Gesichter«. Die satirischen Zeichnungen karikierten den Stifter des Islam sowie Aussagen der islamischen Theologie und die islamische Gemeinschaft. Eine von Knut Westergaard (74) gezeichnete gehörte zu den am heftigsten kritisierten, sie zeigte den Propheten mit einem Turban in Form einer Bombe. Aus Protest dagegen gingen dänische Muslime im Oktober und November auf die Straße. Als im Januar 2006 die norwegische Zeitung *Magazinet* die Karikaturen nachdruckte, schwappte die Protestwelle auf arabische Länder über. Saudi-Arabien zog seinen Botschafter aus Dänemark ab. Im Februar eskalierte die Situation in den Gebieten des Islam, es kam zu schweren Ausschreitungen – die Botschaften Dänemarks und Norwegens in Damaskus gingen in Flammen auf, das Konsulat Dänemarks in Beirut wurde in Brand gesetzt und viele andere mehr –, bei denen weltweit mehr als 150 Menschen ums Leben kamen. Die Karikaturisten erhielten Morddrohungen und wurden unter Polizeischutz gestellt. Unter Verteidigung der Pressefreiheit hatten 143 Zeitungen (70 in Europa, 14 in Nordamerika und 9 in muslimischen Ländern) in 56 Staaten einige oder alle Karikaturen veröffentlicht; zudem bildeten viele Websites die Zeichnungen ab. Vor diesem Hintergrund rief der al-Qaida-Vize Aiman al-Zawahiri am 4. März 2006 im arabischen TV-Sender al-Jazeera zu »einem vom Volk ausgehenden Wirtschaftsboykott gegen Dänemark, Frankreich, Norwegen, Deutschland und alle Staaten, die sich an der Kreuzfahrer-Kampagne gegen den Islam und die Muslime beteiligen«, auf. Dänemarks Exporte in muslimische Länder gingen zurück – die Satire kostete Millionen. In Deutschland hatten die *Frankfurter Allgemeine Zeitung*, die *Berliner Zeitung*, die *taz* und *Die Welt* Kari-

katuren der Dänen abgebildet. Für einen 28-jährigen Pakista-
ner, der in Mönchengladbach Textilwirtschaft studierte, Motiv
genug, Ende April 2006 nach Berlin zu fahren, um den Chefre-
dakteur der *Welt* zu töten. Er gelangte bis in den Eingangsbereich des Hauses. Der dänische Karikaturist Westergaard
entging am 1. Januar 2010 in seinem Haus nur knapp dem
Mordanschlag eines somalischen Islamisten.

Eine aufgebrachte Menschenmenge verbrennt im pakistanischen Karachi
dänische Flaggen als Reaktion auf die erneute Veröffentlichung von
Mohammed-Karikaturen in dänischen Zeitungen; 29. Februar 2008.

Vorbereitung eines Sprengstoffanschlags der
»Islamic Jihad Union« in Deutschland

Mit Bombenanschlägen auf die Botschaften der USA und Israels sowie auf die usbekische Staatsanwaltschaft am 30. Juli 2004 in Taschkent – durch die Attentate wurden zwei Menschen getötet und neun verletzt – war die »Islamic Jihad Union« (IJU), eine erstmals 2002 in Erscheinung getretene Abspaltung der »Islamischen Bewegung Usbekistans« (IBU), als Terrorgruppe bekannt geworden. Den Angaben der Behörden zufolge bekannte sich die Gruppe nicht nur zu den Anschlägen »auf westliche Einrichtungen«, sondern »auch zu weiteren Terrorplänen für die Zukunft«.

Drei Jahre später, am 4. September 2007, wurden in Deutschland drei mutmaßliche Mitglieder der IJU festgenommen, die Sprengstoffanschläge, insbesondere gegen US-Bürger und -Einrichtungen, geplant haben sollen. Die Region ihrer Festnahme prägte den Namen »Sauerland-Gruppe«. Daraufhin hatte die IJU, die vom afghanisch-pakistanischen Grenzgebiet aus operierte, am 11. September 2007 auf einer ihr nahestehenden Internetseite die Festgenommenen als »Brüder« bezeichnet und weitere Angriffe auf die USA und ihre Verbündeten angekündigt.[305]

Fast ein Jahr dauerte der Prozess gegen vier Angeklagte. Die Richter des OLG Düsseldorf sahen es als erwiesen an, dass die vier Männer im Auftrag der IJU Anschläge auf Einrichtungen der US-Armee in Deutschland verüben wollten. Ihr Ziel »sei ein ungeheures Blutbad« gewesen, mit einer möglichst großen Zahl von Toten und Verletzten. Die vier »Todesengel im Namen des Islam« hätten Anschläge auf Ziele in Ramstein, Kaiserslautern, Düsseldorf und Köln geplant. Am 4. März 2010 wurden die deutschen Konvertiten Fritz Gelowicz (30) und Daniel Martin Schneider (24) »wegen Mitgliedschaft in einer ausländischen terroristischen Vereinigung, Verabredung zu vielfachem Mord und der Vorbereitung einer Sprengstoffexplosion« zu je zwölf Jahren Gefängnis verurteilt. Der 31 Jahre alte Deutsch-Türke

Adem Yilmaz erhielt eine Haftstrafe von elf Jahren. Attila Selek, der vierte Angeklagte, wurde wegen Unterstützung einer terroristischen Vereinigung zu fünf Jahren Haft verurteilt.[306]

Verhinderte und gescheiterte Terroranschläge in Deutschland von 2000 bis 2007

1. Vorbereitung eines Sprengstoffanschlags auf den Straßburger Weihnachtsmarkt 2000
   Non-aligned Mudjaheddin der »Meliani-Zelle« vor dem 5. Strafsenat des OLG Frankfurt am Main (April 2002–März 2003)
2. Anschlagsplanungen auf jüdische Einrichtungen in Düsseldorf und Berlin 2002
   Mitglieder der »al-Tawhid« (»Einheit Gottes«) vor dem 6. Strafsenat des OLG Düsseldorf (Juni–November 2003/ Februar 2004–Oktober 2005)
3. Anschlagsplanungen auf jüdische und amerikanische Einrichtungen in Berlin 2003
   Al-Qaida-Djihadist vor dem Berliner Kammergericht (Mai 2004–April 2005)
4. Anschlagsplanung/-versuch auf ein Militärhospital in Hamburg 2003/2004
   Märtyrer-Kommando der »Ansar al-Islam« (»Partisanen des Islam«)
5. Anschlagsplanung auf den Übergangspräsidenten des Irak Ijad Allawi in Berlin 2004
   Attentäter der »Ansar al-Islam« vor dem 5. Strafsenat des OLG Stuttgart (Juni 2006–Juli 2008)
6. Kofferbomben-Anschlagsversuche auf deutsche Regionalzüge Richtung Koblenz und Hamm 2006
   Non-aligned Mudjaheddin vor dem 6. Strafsenat des OLG Düsseldorf (Dezember 2007–Dezember 2008) und in Beirut (Dezember 2007)

7. Vorbereitung eines Sprengstoffanschlags auf US-amerikanische Ziele in Deutschland 2007
Deutsche Kämpfer der »Islamic Jihad Union« (IJU) vor dem
6. Strafsenat des OLG Düsseldorf (April 2009–März 2010)
8. ???

Zusammenstellung Berndt Georg Thamm, September 2010

Die Täter der bisher in Deutschland verhinderten und gescheiterten Anschläge spiegeln zugleich Schauplätze des Djihad und Ideologien der unterschiedlichsten islamistischen Bewegungen wider. Das islamistisch-terroristische Spektrum in Deutschland reicht von Gruppierungen, die enge Beziehungen zu islamistischen Organisationen haben, bis hin zu unabhängigen Kleinstgruppen oder selbst motivierten Einzeltätern. Eine organisatorische Anbindung an al-Qaida, so das Bundesamt für Verfassungsschutz in seinem jüngsten Bericht, ist in den wenigsten Fällen gegeben.[307]

In den meisten Fällen war und ist auch weiter der Explosivstoff das am meisten verwendete Mittel bei Anschlägen. Vor diesem Hintergrund erfolgten bereits im Jahr 2002 in Großbritannien geheim gehaltene Tierversuche zum »Effekt von Sprengstoffanschlägen auf Menschen«, die Anfang 2010 bekannt wurden und Proteste des britischen Verbands gegen Tierversuche auslösten. Bei dem Versuch auf einem Militärstützpunkt in England wurden lebende Schweine in Brandschutzdecken gehüllt. Anschließend wurde zwei Meter entfernt Sprengstoff gezündet. Dann beobachteten die Wissenschaftler, wie sich das Sterben der Schweine hinzog, um herauszufinden, wie man Menschenleben besser vor Anschlägen schützen könnte (die Tiere waren vor der Explosion betäubt worden). Im Forschungspapier hieß es, das Sprengexperiment sei nötig, weil Verletzungen durch Explosionen wegen der Terrorgefahr ein immer größeres Problem würden.[308]

ABC des Todes –
Vom Giftgas zur »schmutzigen Bombe«

Im Jahr 2002 wurden im Norden Londons sechs Männer festgenommen. Drei von ihnen wurden verdächtigt, einen Giftgasanschlag mit Cyanid auf die U-Bahn vorbereitet zu haben, so
ein seinerzeit nicht kommentierter Bericht in der *Sunday
Times*, in dem es weiter hieß, bei den Männern handele es sich
um Mitglieder der Terrorgruppe »Nordafrikanische Front« mit
Verbindungen zum al-Qaida-Netzwerk. Den Berichten zufolge
planten die maghrebinischen U-Bahn-Terroristen, in den weit-
läufigen Tunnelsystemen, wie den Stationen *Waterloo* oder
King's Cross, Cyanid-Gas aus einem Druckbehälter freizusetzen. Ein anderes Szenario sah eine Gasattacke in einem
U-Bahn-Wagen vor, bei der der Fahrtwind das Gas durch den
Zug getrieben hätte. Der Einsatz eines Behälters mit Blausäu-
regas hätte im tiefsten U-Bahn-System der Welt Zigtausende
von Menschen töten können.

Die Terrorzelle der Nordafrikaner wurde über Monate vom
britischen Geheimdienst MI 5 überwacht.[309] Dieser konnte im
darauffolgenden Jahr zusammen mit der Polizei die erste vom
Inland ausgehende als gefährlich eingestufte islamistische Verschwörung aufdecken, bei der Nordafrikaner Anschläge mit
tödlichen Giften geplant hatten. Am 5. Januar 2003 waren in
einer Wohnung im Norden Londons, die von den Behörden für
Asylbewerber und Einwanderer gemietet worden war, sieben
Algerier und Marokkaner festgenommen sowie Rizinussamen
zur Gewinnung des Biokampfstoffs Rizin[310] sichergestellt worden. Bei den Verhaftungen erstach ein algerischer Islamist den
Detective Constable Stephen Oake. Der Täter wurde später wegen Mordes zu 22 Jahren Haft verurteilt. Die Fahndung nach
weiteren »Rizin-Terroristen« führte nach Manchester, die nordafrikanischen Extremisten, die wahrscheinlich an der »Rizin-
Verschwörung« beteiligt waren, konnten aus Mangel an Beweisen jedoch nicht verurteilt werden.[311]

Scotland Yard sprach damals vom bedrohlichsten Ereignis

seit dem 11. September 2001. Im Jahr 2003 soll auch al-Qaida einen Giftgasanschlag auf die New Yorker U-Bahn geplant haben, so der Autor Ron Suskind in seinem Buch *The One Percent Doctrine*.[312] US-Geheimdienste hatten von dem Anschlag durch den Laptop eines Kämpfers aus Bahrain erfahren, der 2003 in Saudi-Arabien festgenommen worden war. Auf dem Computer waren Pläne zum Bau eines Apparats gewesen, aus dem Blausäure strömen sollte. Der Wille, derartige Anschläge zu begehen, wurde den Djihadisten nie abgesprochen. Bezweifelt wurde jedoch, dass sie über das Know-how verfügten, biologische und chemische Kampfstoffe so freizusetzen, dass es dann tatsächlich die »erstrebten hohen Opferzahlen« gegeben hätte. Hinzu kommt, dass die wichtigsten Komponenten solcher Massenvernichtungswaffen in der benötigten Größenordnung nur sehr schwer zu beschaffen sind. »Um etwa mit Giftgas eine große Zahl von Menschen zu töten, bedarf es einer Menge, die nur industriell herstellbar ist und nicht in kleinen Laboren. Das Gleiche gilt für Bakterien und Virenstämme.«[313] Realistisch ist es aber anzunehmen, dass Djihad-Terroristen schon seit einigen Jahren B- und C-Waffen-Komponenten für einen kleineren Anschlag mit lokal begrenzter Kontamination besitzen. Das gilt gleichermaßen auch für radiologische Substanzen. »Terroristische Anschläge mit nuklearem Material werden oft als Science-Fiction abgetan. Aber wir leben in einer Welt mit vielen gefährlichen Stoffen und großem technologischen Knowhow, und einige Terroristen sind fest entschlossen, für eine möglichst hohe Opferzahl zu sorgen«, warnte UN-Generalsekretär Kofi Annan schon vor einem halben Jahrzehnt.[314]

Bisher scheuten Djihadisten, zum verheerendsten Mittel in der Führung ihres »Heiligen Krieges« zu greifen, doch bestand und besteht immer das Restrisiko mit dem Namen »schmutzige Bombe« *(dirty bomb)*. Sie funktioniert nach einem einfachen Prinzip: Sie enthält keinen Atomsprengkopf, sondern nuklearen Abfall (etwa aus Krankenhäusern oder Kernkraftwerken). Gezündet wird die Bombe durch die Sprengkraft herkömmlicher Explosivstoffe wie Dynamit. Die Explosion löst keine atomare

Kettenreaktion aus, dafür verteilen Druckwelle und Wind die freigesetzten radioaktiven Stoffe, die als Niederschlag auch größere Gebiete für längere Zeit verseuchen können. So gingen schon vor Jahren US-Sicherheitsexperten das Szenario eines derartigen Terroranschlags in New York durch: »An der Südspitze von Manhattan wird eine *dirty bomb* gezündet, die in ihrem Innern 4,5 Kilogramm TNT und radioaktives Kobalt verbirgt. Die Explosion selbst fordert nur wenige Opfer, aber danach ist eine Fläche von 1000 Quadratkilometern verseucht; in den 300 City-Blocks rund um den Detonationsort liegt das Krebsrisiko bei 1:10, im übrigen Manhattan bei 1:100.«[315]

Die notwendigen Bestandteile für eine »schmutzige Bombe« zu beschaffen, galt schon vor Jahren als nicht besonders schwierig.[316] So erstellte im Herbst 2005 der britische Geheimdienst eine Liste von über 350 Organisationen und Firmen, die »an Entwicklung von Massenvernichtungswaffen beteiligt« waren; darunter 114 Organisationen im Iran, 95 in Pakistan und 73 in Indien. Die Liste soll seinerzeit erstellt worden sein, um zu verhindern, dass britische Unternehmen Handel mit diesen Organisationen treiben.[317] Dennoch blieb eine Bedrohung mit der *dirty bomb* im Sinne einer »Panik-Waffe« bis heute mehr der psychologischen Kriegsführung vorbehalten. »Für die meisten Radionuklide ist nicht zu erwarten, dass eine ›schmutzige Bombe‹ aus radiologischer Sicht lebensbedrohliche Folgen hätte. Ich glaube jedoch, dass die psychologische Wirkung eines solchen Anschlags nicht unterschätzt werden darf«, so der Präsident des Bundesamts für Strahlenschutz (BfS) Wolfram König im Januar 2006.[318]

Psychologische Wirkungen hinterlassen allerdings ebenso bedenkliche Meldungen. So wurde im Oktober 2009 öffentlich, dass ein Forscher des Europäischen Zentrums für Atomforschung CERN in Genf für die »al-Qaida im Islamischen Maghreb« spioniert haben soll. Der Mann, der von französischen Fahndern dann verhaftet wurde, arbeitete an einem Analyseprojekt für den Teilchenbeschleuniger.[319] Nur ein knappes halbes Jahr später, im März 2010, wurde bekannt, dass ein im Jemen verhaftetes mutmaßliches al-Qaida-Mitglied über Jahre in amerikanischen Atomkraftwerken gearbeitet hatte. Die US-Atomaufsicht ging davon aus, dass der Mann dort allerdings keinen Zugang zu scnsiblem Material oder sensiblen Informationen hatte.[320] Fast zeitgleich wollte David Albright, Chef des unabhängigen Institute for Science and International Security (ISIS) in Washington, nicht ausschließen, dass Terroristen mit Unterstützung kundiger Fachleute »eine improvisierte Atombombe bauen könnten«. Die Wahrscheinlichkeit einer von Terroristen verursachten echten Nuklearexplosion wie in Hiroshima sah er jedoch »bei weniger als einem Prozent«. Zugleich warnte er, die Folgen würden »derart katastrophal ausfallen, dass die Welt danach nicht mehr die gleiche wäre«[321]. In einem bereits im März 2009 in London veröffentlichten Terror-Bericht hatte die britische Regierung vor einem Anschlag mit einer *dirty bomb* gewarnt: »Terrororganisationen werden Zugang zu neuen Technologien haben und danach imstande sein, noch tödlichere Operationen auszuführen … Heutige Terrororganisationen streben danach, chemische, biologische und sogar nukleare Waffen zu nutzen.«[322]

Geiselnahmen – Die »Waffe der Entführung« im Djihad

»Vom ersten Moment der Gefangennahme an sollte der Bruder stolz eine feste Oppositionshaltung gegen den Feind einnehmen und keine Befehle befolgen. Je fester diese Oppositionshaltung, desto vorteilhafter ist sie. Diese Haltung wird nicht zur härteren Behandlung führen. Man darf dem Feind keine Gelegenheit und keine Lücke bietcn.« So steht es in den Ratschlägen der 17. Lektion (»Verhören und Ermitteln«) der *Militärischen Studien des Djihad im Kampf gegen die Tyrannen*.[323] Richtschnur für inhaftierte Djihadisten war doch die »Befreiung der Brüder, die vom Feind gefangen gehalten werden«, als wichtige Mission schon in der ersten Lektion des Handbuches der al-Qaida festgeschrieben.

Der direkte Weg zur »Befreiung der Brüder« ist der verlustreiche Sturm auf das Gefängnis. Als effektiver erwies sich ein indirekter Weg: der Weg der Freipressung von Gesinnungsgenossen durch Geiselnahme. Wie ein roter Faden zieht sich diese Praxis durch die langen Jahre des Djihad. Mit Geiseln konnten nicht nur gefangene Djihadisten freigepresst, sondern auch Lösegelder abgepresst und Regierungen mit religiös-politischen Forderungen (Abzug »ungläubiger« Soldaten aus den Gebieten des Islam) erpresst werden. Auf den Schauplätzen des Djihad waren in langen Kriegsjahren regelrechte »Entführungsindustrien« entstanden. Vor allem im Irak und in Tschetschenien hatte sich so »ein undurchdringliches Geflecht aus organisierter Kriminalität und Terrorismus gebildet. Der Terror finanziert sich mit Geiselnahmen und Drogenhandel, dubiose Quellen liefern Waffen und Sprengstoff.«[324] In diesen Kriegsgebieten, wie letztlich in allen Konflikt- und Krisengebieten, hat die psychologische Kriegsführung zum Ziel, »die Widerstandskraft der feindlichen Streitkräfte und der Zivilbevölkerung systematisch zu untergraben (offensiv); das eigene Volk, die eigenen Streitkräfte im Sinne der militärischen und politischen Zielsetzung zu beeinflussen (defensiv); die Sympathie und Kooperation neutraler Staaten zu gewinnen (konsolidierend)«[325]. Um die »Widerstandskraft des Feindes zu untergraben«, werden auch Geiseln eingesetzt, so im Nordkaukasus und am Golf, aber auch am Hindukusch. In extremen Fällen wurden sie vor laufender Kamera bestialisch getötet. Die »Enthauptungsvideos« wurden dann ins Netz gestellt, um beim Gegner Angst und Schrecken zu verbreiten.

Auch deutsche Geiseln waren immer wieder bei Nichterfüllung der Forderungen vom Tode bedroht, erlagen den Strapazen während der Geiselhaft oder wurden im Einzelfall gar exekutiert. Über zehn Jahre zieht sich bereits die Anwendung der »Waffe Entführung« gegen deutsche Staatsbürger durch militante Islamisten.

Geiselfall Lehrer-Familie aus Göttingen
auf den Philippinen im Jahr 2000

Am 23. April 2000 entführte ein bewaffnetes Kommando der islamistischen Gruppe »Abu Sayyaf« (»Vater des Schwertes«) eine Touristengruppe von der malaysischen Ferieninsel Sipadan im Nordosten von Borneo und verbrachte sie auf dem Seeweg auf die zu dem Sulu-Archipel der Philippinen gehörenden Insel Jolo. Die 21 Geiseln aus Malaysia (9), Deutschland (3), den Philippinen (2), Finnland (2), Frankreich (2), Südafrika (2) und dem Libanon (1) wurden in Kleingruppen aufgeteilt und auf der Insel in wechselnden Dschungelquartieren versteckt. Einer der Kommandeure dieser – von den Medien weltweit zur Kenntnis genommenen – Operation war der »Abu Sayyaf«-Führer Galib Andang alias »Commander Robot«. Innerhalb kurzer Zeit wurden etwa 1500 Sicherheitskräfte auf der Insel zusammengezogen, die die Lager der Geiselnehmer umzingelten.

In Deutschland wurde insbesondere das Schicksal einer aus Göttingen stammenden Familie verfolgt: der »Wallerts« (Renate, 56, und Werner Wallert, 57, beide Lehrer, und ihr jüngster Sohn Marc, 26). Als Entschädigung für »Kost und Logis« ihrer Geiseln forderten die Entführer Lösegeld – allein für die Freilassung von Renate Wallert, der es in Geiselhaft gesundheitlich sehr schlecht ging, umgerechnet mehr als zwei Millionen Euro. Die Bundesregierung lehnte dies ab. Ob des weltweiten Medieninteresses forderten die Kidnapper am 22. Mai einen eigenen islamischen Staat Südphilippinen. Zwei Wochen danach wurden mehrere Journalisten, später auch ein *Spiegel*-Reporter, von »Abu-Sayyaf«-Rebellen auf dem Weg ins Dschungelcamp festgehalten und erst nach »Ablösezahlungen« freigelassen.

Am 24. Juni ließ man die erste Geisel – einen Malaysier – gehen. Vier Tage später sprachen sich Deutschland, Frankreich und Finnland nach Angaben Manilas für die Zahlung von Entwicklungshilfe (anstelle von Lösegeld) aus. Daraufhin boten die Geiselnehmer Deutschland und den anderen betroffenen Ländern direkte Verhandlungen an. Anfang Juli reiste Bundes-

Werner und Marc Wallert sowie weitere Geiseln in einem Dschungelcamp auf der Insel Jolo; 2. Juni 2000

außenminister Fischer zusammen mit seinen Amtskollegen aus Frankreich und Finnland nach Manila. Mitte des Monats ließ »Abu Sayyaf« eine zweite malaysische Geisel gegen umgerechnet eine halbe Million Euro frei. Am 17. Juli wurde Renate Wallert nach dreimonatiger Geiselhaft freigelassen. Zum Ende des Monats fand das Entführungsdrama nach 100 Tagen sein Ende. Später wurde bekannt, dass Libyen als Vermittler den »Abu Sayyaf«-Separatisten pro Kopf eine Million Dollar als »Entwicklungshilfe« gezahlt haben soll,[326] was die Bundesregierung nicht kommentierte.

Gefangennahme christlicher Aufbauhelfer aus Braunschweig, Afghanistan 2001

Am 3. August 2001 wurden in der Hauptstadt von Afghanistan vier Deutsche, zwei Amerikaner und zwei Australier sowie 16 afghanische Mitarbeiter der christlichen Hilfsorganisation Shelter Now von der »Polizei gegen Sünde und für Tugend« festgenommen. Bis dahin war die 1983 begründete und in den USA beheimatete Organisation Shelter Now International (SNI) kaum wahrgenommen worden. Anfang der neunziger Jahre musste sie sich aus Pakistan zurückziehen, weil sie mit ihrer Glaubensmission in den dortigen Flüchtlingslagern auf Unmut stieß. Danach wurde das organisatorisch von der Mutterorganisation völlig unabhängige Shelter Now Germany mit Sitz in Braunschweig gegründet. Am Hindukusch setzte die deutsche Organisation zusammen mit der SNI die Arbeit – Notleidenden ohne Ansehen der Person, ethnischen Zugehörigkeit oder Religion zu helfen – in Afghanistan fort. Im Kabuler Hauptquartier wurde vornehmlich Baumaterial hergestellt, das in der teilweise zerstörten Stadt dringend benötigt wurde. Die »Tugendpolizei« der Taliban warf den Helfern vor, christliche Missionierung betrieben zu haben. Elf Tage nach der Entführung mühten sich Diplomaten der betroffenen Länder vergeblich um die Freilassung ihrer Bürger, so Deutschland um den Leiter des Projekts Georg Taubmann (45) aus Sulzbach-Rosenberg und dessen niedersächsische Assistentinnen Margit Stebner, Silke Dürrkopf und Katrin Jelinek.

Am 4. September wurde der Prozess gegen die Shelter-Now-Mitarbeiter in Kabul eröffnet. Diese wiesen den Vorwurf, Muslime missioniert zu haben, entschieden zurück. Eine Woche später wurden in den USA die 9/11-Anschläge verübt. In der Folge klagten die inhaftierten Angeklagten per Fax an Shelter Now Germany über Isolation und Gesundheitsbeschwerden. Am 6. Oktober boten die Taliban den USA die Freilassung ihrer Gefangenen an, wenn diese nicht mehr mit Angriffen auf ihr Emirat drohen würden. Die USA – aber auch Deutschland – lehnten jeden »Handel« ab. Einen Tag später begann mit der »Operation Enduring Freedom« der Angriff. Ende Oktober war jeder Kontakt zu den westlichen Helfern abgebrochen. Am 13. November fiel Kabul an die Truppen der Nordallianz. Die Taliban brachten ihre Gefangenen noch nach Ghasni, in das fünfte Gefängnis ihrer inzwischen 15-wöchigen Haft. Am darauffolgenden Tag konnten jedoch alle befreit und nach Pakistan ausgeflogen werden. »Das ist ein Wunder, dass wir da unverletzt rausgekommen sind«, so der SNI-Projektleiter Taubmann später. Bundesaußenminister Fischer hatte die nun Freigekommenen schon Wochen zuvor »faktisch in einer Geiselsituation« gesehen.

Geiselfall Sahara-Touristen aus Deutschland, Algerien und Mali 2003

Für Wüstenreisende ist die »Gräberpiste« eine der schönsten und beliebtesten Passagen, eine gut 400 Kilometer lange Strecke zwischen dem südalgerischen Provinzstädtchen Bordj Omar Driss und der Oasenstadt Illizi. Auf ihr waren 31 europäische Sahara-Touristen (15 Deutsche, zehn Österreicher, vier Schweizer, ein Niederländer und ein Schwede) mit insgesamt 18 Geländewagen und Motorrädern unterwegs. Sie »verschwanden« an unterschiedlichen Orten und zu unterschiedlichen Zeitpunkten zwischen dem 22. Februar und 22. März 2003 in Südalgerien. Mitte Mai kam ein weiterer Deutscher hinzu. Über 1500 Kilometer südlich von Algier waren sie Geiseln militanter Islamisten der »Groupe salafiste pour la Prédication et le Combat« (GSPC), einer Abspaltung der »Groupe Islamique Armé« (GIA), geworden.

Diese »Salafistische Gruppe für Predigt und Kampf« hatte die Mission, einen Gottesstaat in Algerien zu errichten, dafür kämpften die Djihadisten. Diese teilten ihre 32 Geiseln in zwei Gruppen. Eine Gruppe von 17 Geiseln wurde in der Bergregion nördlich von Tamanrasset versteckt, wo sie nach einer (mysteriösen) Aktion von Elitesoldaten der algerischen Armee am 13. Mai befreit wurde. Sechs Deutsche, ein Schwede und zehn Österreicher wurden später unverletzt nach Köln und Salzburg ausgeflogen. Die zweite Geiselgruppe, zehn Deutsche, vier Schweizer und ein Niederländer, befand sich in der abgeschiedenen Gebirgsregion westlich von Illizi. Die deutsche Geisel Michaela Spitzer erlag den Strapazen durch Hitzschlag. Im Juli ließ die algerische Armee die Gruppe über die Grenze nach Mali ziehen, wo die Geiseln nach langen Geheimverhandlungen am 18. August freikamen.

Für die Freilassung der deutschen Sahara-Touristen sollen malische Unterhändler 4,6 Millionen Euro an die GSPC übergeben haben, Mali soll mit Entwicklungshilfe bedacht worden sein.[327] Beides wurde von der Bundesregierung nicht bestätigt. Der Preis der Freiheit nach der mit 177 Tagen bis dahin längsten Geiselnahme war wohl noch höher. Zählt man zusammen, was von deutscher Seite über den Zeitraum eines halben Jahres zur Rettung der Staatsbürger investiert wurde – Krisenstab in Berlin, Reisen des Bundesaußenministers, Hotelrechnungen der GSG 9, Aufklärungsflüge der Bundeswehr über der Sahara und vieles andere mehr –, lagen die Gesamtkosten bei rund 20 Millionen Euro.

Geiselfall Radsportler aus Bremen im Iran 2003

Auf ihrem langen Weg von Europa nach Nepal wurden drei Touristen mit ihrem iranischen Tourführer am 8. Dezember 2003 im Südosten des Iran verschleppt. Die zwei Bremer Oliver Brück und David Sturm und der Ire Aidan James Leahy waren mit dem Fahrrad in der Provinz Sistan-Belutschistan unterwegs. Zwischen der historischen Stadt Bam und der Provinzhauptstadt Sahedan wurden die Extrem-Radsportler gekidnappt. Die Gegend unweit der Grenze zu Afghanistan und Pakistan ist als Schmuggelkorridor für Drogen bekannt und gilt als besonders gefährlich. Die Entführer bezeichneten sich gegenüber ihren Geiseln als Taliban mit Kontakten zur al-Qaida, gehörten wahrscheinlich aber zur Drogenschmugglerbande »Schahbachsch«. Für die Geiseln forderten sie die Freilassung von inhaftierten Bandenmitgliedern oder ein Lösegeld in Höhe von fünf Millionen Euro. Mit dem Lösegeld wollten die Geiselnehmer »den Schaden« kompensieren, den die iranischen Behörden mit der Beschlagnahmung von 40 Tonnen Drogen in den letzten Monaten verursacht hatten. Beide Forderungen wurden von Teheran abgelehnt. Dennoch kamen die Verschleppten zum Jahresende wieder frei und konnten zu ihren Angehörigen nach Deutschland zurückfliegen.

Geiselfall Archäologin aus Bayern im Irak 2005

Mit der aus Oberbayern stammenden Susanne Osthoff (43) wurde am 25. November 2005 zum ersten Mal eine Deutsche im Irak entführt. Die Archäologin hatte bis dahin – mit Unterbrechungen – 14 Jahre im Irak gelebt und seit 1991 mehrere Hilfslieferungen organisiert. Verheiratet mit einem Muslim, sprach die zum Islam konvertierte Wissenschaftlerin fließend Arabisch. Zusammen mit ihrem irakischen Fahrer – Ziel war eine Ausgrabungsstätte – fiel sie in der nördlichen Provinz Ninive auf dem Weg ins kurdische Arbil hinter Tus Churmatu, einer sehr unsicheren und von kriminellen Banden kontrollierten Gegend, ihren Entführern in die Hände. Diese nannten sich »Saraja al-Salasil« (»Sturmtruppen der Erdbeben«). Tags darauf bekam die US-Botschaft einen Hinweis und alarmierte die deutsche Botschaft.

Nur zwei Tage später, am 28. November, wurde einem freien Mitarbeiter des ARD-Büros in Bagdad eine CD mit einer Videobotschaft der Entführer zugespielt. Darin wurde Deutschland aufgefordert, die Zusammenarbeit mit der irakischen Regierung einzustellen, sonst würde die Geisel getötet. Das Ultimatum sollte am 2. Dezember ablaufen. Am darauffolgenden Tag richtete Bundeskanzlerin Angela Merkel den »eindringlichen Appell« an die Täter, die beiden Entführten »unverzüglich in sichere Obhut zu übergeben« – sie machte zugleich aber deutlich, dass sich die Bundesregierung nicht erpressen lassen würde. Wenig später strahlte das ZDF den dramatischen Appell von Schwester und Mutter aus, der auch im arabischen TV-Sender al-Jazeera zu sehen war und im Irak große Beachtung fand. Hier riefen sowohl der einflussreiche radikale Schiitenprediger und Milizenführer Muktada al-Sadr als auch das Komitee der *Ulemas* (»Gelehrten«) zur Freilassung der entführten Osthoff auf. In Deutschland wurde in der ersten Dezemberhälfte zu Mahnwachen aufgerufen. Sowohl der ehemalige Bundeskanzler Schröder und sein Ex-Außenminister Fischer als auch die Altbundespräsidenten Johannes Rau, Roman Herzog und Richard von Weizsäcker appellierten an die Entführer.

Am 18. Dezember wurde Susanne Osthoff »in guter körperlicher Verfassung« in der Nähe von Bagdad Angehörigen der deutschen Botschaft übergeben. Nach 23 Tagen Geiselhaft war die Archäologin frei. Ihr Fahrer kam ebenfalls frei, tauchte danach aber ab. Mitarbeiter des BKA und des BND in Bagdad gingen davon aus, dass es sich bei den Entführern nicht um politisch motivierte Terroristen, sondern um gewöhnliche Kriminelle gehandelt hatte. Susanne Osthoff hingegen sagte acht Tage nach ihrer Freilassung in ihrem ersten Interview gegenüber al-Jazeera, ihre Kidnapper hätten aus »politischen Motiven« gehandelt. »Ich war so glücklich, dass ich nicht in die Hände von Kleinkriminellen geraten war.«[328] Wenig später gab sie dem ZDF ein Interview,[329] tief verschleiert zugeschaltet aus einem Studio von al-Jazeera in Doha. In diesem äußerte sie, dass ihre Geiselnehmer aus dem Umfeld des al-Qaida-Anführers im Irak, Abu Mussab al-Sarkawi, stammten.

In der Folge warf ihr Entführungsfall immer mehr Fragen auf (in Sachen Lösegeld, nachrichtendienstlichem Hintergrund) und nährte Gerüchte. So wurde nur wenige Tage nach ihrer Freilassung medienöffentlich, dass der in Deutschland 1989 zu lebenslanger Haft verurteilte Hisbollah-Terrorist Mohammed Ali Hamadi, der 1985 mit Komplizen eine Maschine der US-Airline TWA auf dem Weg von Rom nach Athen entführt und einen amerikanischen Passagier ermordet hatte, nach 19 Jahren vorzeitig freigelassen und nach Beirut ausgeflogen worden war. Die zeitliche Nähe seiner Freilassung am 16. Dezember zu der Freilassung Osthoffs am 18. Dezember gab Anlass zu Spekulationen »über eine Gegenleistung für die Rettung der Archäologin«, die jedoch von der Bundesregierung dementiert wurden.

Geiselfall Diplomatenfamilie aus Berlin im Jemen 2005

Auf Einladung des Vize-Außenministers des Jemens war Staatssekretär i.R. Jürgen Chrobog (65), der Spitzendiplomat des Auswärtigen Amts hatte einst mehrere Krisenstäbe bei Geiselnahmen Deutscher geleitet, am 24. Dezember 2005 in den Jemen gereist. Vier Tage später machte er zusammen mit seiner Frau Magda und den drei erwachsenen Söhnen eine Tour durch den Osten des Landes. In der weitgehend von lokalen Stämmen beherrschten Wüstenprovinz Shabwa wurde die Familie Chrobog von Mitgliedern des Stammes al-Abdullah bin Dahha, der in Fehde mit dem Stamm al-Riad lag, gekidnappt. In der Region um die Stadt Habban, rund 400 Kilometer östlich der Hauptstadt Sanaa, hatte sich die vorgeschriebene militärische Begleitung von den Urlaubern entfernt, deren Wagen dann von der Hauptstraße auf einen Seitenpfad abgedrängt wurde.

Die Entführer wollten mit dieser Tat die Freilassung von fünf ihrer Stammesangehörigen erreichen, die ohne Anklage inhaftiert worden waren und in den nächsten Tagen vor Gericht gestellt werden sollten – für den Stamm Abdullah ein ungelöster Konflikt. Rund 10000 derartige Stammeskonflikte hatte seinerzeit das »Dar al-Salam« in Sanaa registriert, eine Organisation, die sich für ein friedliches Zusammenleben der Clans einsetzt. Fälle, die die Stämme schlimmstenfalls mit einer Entführung zu lösen versuchen,[330] wie eben die der Familie Chrobog.

Bereits nach drei Tagen zeichnete sich die Freilassung ab. Der Stamm der Abdullah hatte als Kompromiss vorgeschlagen, dass fünf Mitglieder des rivalisierenden Stammes ebenfalls inhaftiert werden, um einen fairen Prozess für beide Parteien zu gewährleisten. Am 1. Januar 2006 konnte die Familie Chrobog unversehrt nach Deutschland zurückkehren. Vor dem Abflug hatte Jürgen Chrobog dem Präsidenten Jemens, Ali Abdullah Saleh, persönlich für dessen Bemühungen um eine Lösung der Geiselnahme gedankt.

Geiselfall Ingenieure aus Sachsen im Irak 2006

Nur knapp zwei Monate nach der Entführung der Archäologin Osthoff wurden im Irak zwei weitere Deutsche entführt, die erst zwei Tage zuvor in das Land gekommen waren. Am 24. Januar 2006 wurden die Ingenieure Thomas Nitzschke (28) und René Bräunlich (31) auf einer öffentlichen Straße zur Raffinerie-Anlage am Rand der Stadt Baidschi entführt. Sie waren dort für die sächsische Firma Cryotec Anlagenbau tätig, die ihren Sitz bei Leipzig hat. Die Erdölstadt Baidschi liegt rund 180 Kilometer nördlich von Bagdad im sogenannten sunnitischen Dreieck, das seit Beginn des Irakkrieges 2003 als Rückzugsraum für irakische Terror-Milizen diente und als besonders gefährlich galt. Nur drei Tage später strahlte al-Jazeera ein erstes Drohvideo aus, das die beiden Wartungsingenieure zusammen mit bewaffneten und vermummten Männern zeigte, Kämpfer der bis dahin unbekannten Gruppe »Kataib Ansar al-Tawhid wa al-Sunna« (»Brigaden der Anhänger der göttlichen Einheit und des Beispiels des Propheten«).

Die Geiselnehmer stellten weitreichende politische Forderungen. Berlin sollte die Zusammenarbeit mit Bagdad einstellen, außerdem sollten in irakischen Gefängnissen einsitzende Frauen (irakischer Aufständischer) freigelassen werden. Am 31. Januar drohten die Kidnapper in einem zweiten Video mit der Enthauptung der Geiseln, wenn die Forderungen nicht binnen 72 Stunden erfüllt werden. In der Folge richtete die Firma Cryotec als Arbeitgeber, die Mütter der Entführten, aber auch Bundesaußenminister Frank-Walter Steinmeier TV-Appelle an die Entführer; in der Heimat der beiden Männer hielten Hunderte Mitbürger die erste Mahnwache vor der Leipziger Nikolaikirche.

Das Ultimatum verstrich. Im Februar wurde nun im arabischen TV-Sender al-Arabija ein drittes Drohvideo mit einer »letzten Warnung« ausgestrahlt. Mitte des Monats demonstrierten rund 1500 Menschen mit einer Lichterkette für die Freilassung, was auch im arabischen Fernsehen gezeigt wurde. Am

9. April schickten die Entführer über das Internet eine vierte Drohbotschaft mit »einem letzten Ultimatum«. In dieser Kurzbotschaft appellierte die Geisel Nitzschke: »Wir sind jetzt seit über 60 Tagen hier gefangen. Wir sind am Ende unserer Nerven. Bitte helfen Sie uns.«[331] Mitte April wurde die Forderung von zwölf Millionen Dollar für die Freilassung bekannt. Die Entführer schienen ihre Geiseln an eine kriminelle Gruppe »weiterverkauft« zu haben.

Am 2. Mai 2006, nach der 37. Mahnwache in Leipzig, kamen die beiden Ingenieure nach 99 Tagen Geiselhaft frei. »Eine Menge Geld« sei geflossen, verkündete der irakische Botschafter in Berlin, Alaa al-Hahimy, ohne sich auf eine genaue Summe festzulegen.[332] Das Geiseldrama, so der Staatsminister im Auswärtigen Amt, Gernot Erler, habe offenbar einen kriminellen Hintergrund gehabt. Ex-Geisel Nitzschke erklärte in einem Interview mit der *Leipziger Volkszeitung*, dass sie die gesamten 99 Tage in der Hand ein- und derselben Entführergruppe gewesen wären. »Es stimmt nicht, dass wir ›verkauft‹ wurden.«[333]

Geiselfall Arztfamilie aus Bagdad im Irak 2007

Seit Beginn des Irakkrieges im März 2003 wurden bis zur dritten Entführung deutscher Staatsbürger insgesamt 250 Ausländer gekidnappt, von denen mindestens 39 getötet wurden.[334] Am 6. Februar 2007 wurden in Bagdad Hannelore Kadhim und ihr Sohn im Stadtteil Ghasalija aus ihrem Wohnhaus von Bewaffneten verschleppt. Beide wollten gerade zur Arbeit gehen. Die bei Berlin geborene Hannelore Kadhim, geb. Krause (61), war mit einem irakischen Arzt verheiratet und lebte seit Jahrzehnten in der Heimat ihres Mannes. Ihr Sohn Sinan (20) war im Außenministerium als Techniker tätig.

Durch Telefonate übermittelten die sich zur »Dschaisch al-Islam« (»Islamische Armee«) bekennenden Entführer Lebenszeichen der Geiseln und stellten politische Forderungen wie einen wirtschaftlichen Boykott des Irak. Am 10. März veröffentlichte eine bis dahin unbekannte Vereinigung namens »Kataeb Siham el Hak« (»Pfeile der Rechtschaffenheit«) im Internet ein Video mit beiden Geiseln. Sie forderte die Bundesregierung auf, innerhalb von zehn Tagen alle Bundeswehrsoldaten aus Afghanistan abzuziehen, andernfalls würden die Geiseln getötet. Hannelore Kadhim bat in deutscher Sprache Bundeskanzlerin Angela Merkel, die Forderungen der Entführer zu erfüllen: »Wir sind doch auch Deutsche. Diese Leute hier wollen meinen Sohn vor meinen Augen umbringen und hinterher mich.«[335] Wenige Tage später wandte sich Bundespräsident Horst Köhler in einem von der ARD und al-Jazeera ausgestrahlten Video direkt an die Entführer: »Ich appelliere an Sie, Frau Krause und ihren Sohn umgehend freizulassen. Im Irak ist schon zu viel unschuldiges Blut vergossen worden.«[336] Nach Ablauf des Ultimatums bangten nicht nur die nächsten Angehörigen um ihre entführten Familienmitglieder.

Nach langem Schweigen stellten die Entführer am 3. April in einem weiteren Drohvideo ein neues Ultimatum, in dem sie ihre Forderungen bekräftigten und wieder mit der Ermordung ihrer Geiseln drohten. Auch dieses zweite Ultimatum lief ab. Es verstrich ein Vierteljahr der Ungewissheit. Am 12. Juli schließlich kam Hannelore Kadhim frei, ihr Sohn jedoch nicht. Einen Tag später strahlte der in Dubai ansässige TV-Sender al-Arabija ein Interview mit der durch fünf Monate Entführung gezeichneten Frau aus: »Ich bitte die Deutschen, Afghanistan zu verlassen und die deutsche Armee abzuziehen. Wenn diese Forderung nicht erfüllt wird, werden sie meinen Sohn töten.« Für Mutter Krause ging nach 155 Tagen die Geiselhaft zu Ende. In einer nur vier Tage später vom ZDF ausgestrahlten Videobotschaft appellierten die Eltern eindringlich an die Bundesregierung, sich für die Freilassung ihres Sohnes einzusetzen. Der Ehemann Krauses sprach darin die Entführer direkt an: »Als Vater von Sinan wende ich mich an die Männer der Kataeb Siham el Hak … Seid gnädig – der Islam ist eine Religion des Friedens und der Barmherzigkeit. Bitte behandelt meinen Sohn Sinan weiterhin gut und mit Respekt und Ehre.« Vom Sohn fehlt bis heute jede Spur.

Geiselfall Ingenieure aus Schleswig-Holstein
und Bayern in Afghanistan 2007

Am 18. Juli 2007 wurden in der Provinz Wardak, rund 100 Kilometer südwestlich von Kabul, zwei Bauingenieure entführt. Rüdiger Diedrich (44) war in Schleswig-Holstein beheimatet, ehe er nach Teterow (Mecklenburg-Vorpommern) ging. Sein Kollege Rudolf Blechschmidt (62) kam aus Ottobrunn (Bayern). Beide Männer arbeiteten für ein in Afghanistans Hauptstadt ansässiges Unternehmen an einem Dammprojekt.

Bereits kurz nach der Entführung drohte ein Sprecher der Taliban mit der Ermordung der Deutschen, wenn sich die Bundeswehr nicht aus dem Land zurückziehen würde, und forderte die Freilassung von gefangenen Taliban. Die beiden Geiseln wurden von ihren Entführern ins unzugängliche Hochgebirge verbracht. Rüdiger Diedrich konnte das Marschtempo nicht mithalten. Als er am 21. Juli entkräftet zusammenbrach, wurde er erschossen. Mit dieser Exekution starb zum ersten Mal seit 2000 wieder ein Deutscher gewaltsam in Geiselhaft.[337]

Kurz danach drohten die Entführer mit der Ermordung des zweiten Deutschen, wenn nicht zehn ihrer Kämpfer aus afghanischer Haft entlassen werden. Am 31. Juli strahlte al-Jazeera ein Video aus, in dem der 62-Jährige, umringt von bewaffneten Kämpfern, die Regierungen Deutschlands und der USA auffordert, ihre Truppen abzuziehen – »ein gezielt lanciertes Dokument der Einschüchterung«, so das Auswärtige Amt. Es folgten Verhandlungen, Übergabetermine scheiterten. Unterdessen war der Leichnam der ersten Geisel nach Deutschland ausgeflogen, im Kölner Institut für Rechtsmedizin obduziert und in Neumünster (Schleswig-Holstein) beigesetzt worden. Mitte August richtete der über Herzprobleme klagende Blechschmidt einen verzweifelten Appell an die Öffentlichkeit, alles zu tun, um sein Leben zu retten. In der Heimat schrieb seine Familie an 1500 Abgeordnete im Bundestag und in den Landtagen mit der Bitte um Hilfe. Ende September scheiterte erneut eine vorbereitete Freilassung.

Knapp drei Monate nach seiner Entführung kam Rudolf Blechschmidt am 10. Oktober frei. Seine Geiselnehmer übergaben ihn in der Nähe des Entführungsortes an afghanische Mittelsmänner. Es war auch ein afghanischer Arzt, dem der Deutsche das Überleben von 84 Tagen Geiselhaft »auf 3000 Meter Höhe im Freien« verdankte. Die Taliban hatten den Mediziner zur Untersuchung ihrer Geisel geholt. Fünf Komplizen der Entführer kamen aus Kabuler Gefängnissen frei; mehrere Hunderttausend Dollar Lösegeld gab es im Tausch gegen die Freilassung und die von fünf afghanischen Mitarbeitern. Erstmals seit 1975, als die »Bewegung 2. Juni« sieben Aktivisten für den Berliner CDU-Vorsitzenden Peter Lorenz freipresste, hatte der Krisenstab einem Deal zugestimmt.[338]

Geiselfall Lehrerin aus Hessen in Mali 2009

Am 22. Januar 2009 wurde in der westafrikanischen Grenzregion zwischen Mali und Niger ein Geländewagenkonvoi mit europäischen Touristen, die eine zehntägige Wüstentour durch die Sahara machen wollten, überfallen. Die drei Insassen des ersten Wagens konnten flüchten; das zweite Auto mir vier Insassen – ein Schweizer Ehepaar, ein Brite und die pensionierte Lehrerin Marianne P. (77) aus Darmstadt (Hessen) – wurde gestoppt und entführt. Das unübersichtliche Grenzland zwischen Mali, Niger und Algerien wird seit Jahren von islamistischen Extremisten aus dem Umfeld des nordafrikanischen al-Qaida-Flügels als Rückzugsgebiet genutzt.

Vier Wochen später bekannte sich die »al-Qaida im Islamischen Maghreb« (AQIM) per Video zur Entführung. Im März forderte sie die Freilassung von 20 in europäischen Gefängnissen einsitzenden islamistischen Gesinnungsgenossen. Am 22. April 2009 wurde die deutsche Geisel zusammen mit der Schweizer Touristin und zwei kanadischen UN-Diplomaten, die bereits Mitte Dezember 2008 in Niger entführt worden waren, freigelassen. Der Mann der Schweizerin und der Brite wurden weiter festgehalten. Anfang Juni 2009 gab die AQIM auf einer einschlägigen Internetseite die Ermordung ihrer britischen Geisel am 31. Mai bekannt, »weil Großbritannien nicht wie gefordert einen terrorverdächtigen Islamisten freigelassen hatte«[339].

Geiselfall Krankenhausmitarbeiter aus Sachsen im Jemen 2009/2010

Als gefährlich gelten laut Auswärtigem Amt im Jemen vor allem der Norden und Nordosten. Seit 1990 wurden mehr als 200 Ausländer entführt, darunter mehr als 30 Deutsche. Am 12. Juni 2009 begann einer der rätselhaftesten Entführungsfälle. Mitarbeiter des kleinen Krankenhauses (30 Betten) al-Dschumhuri in Saada, das von der niederländischen baptistischen Hilfsorganisation »World Wide Services« (WWS) unterstützt wird, wurden während eines Ausflugs in Saada, der im Nordwesten des Jemen gelegenen Grenzprovinz zu Saudi-Arabien, entführt. Zur neunköpfigen Gruppe der Entführten gehörten sieben Deutsche. Das Ehepaar Johannes (36) und Sabine Hentschel (36) mit ihren drei Kleinkindern Anna, Lydia und Simon kam aus dem Dorf Meschwitz im Landkreis Bautzen in Sachsen. Die Familie aus der Lausitz lebte schon mehrere Jahre im Jemen, der Vater als Haustechniker, die Mutter als Krankenschwester im al-Dschumhuri. Erst im Juni kamen die gelernte Krankenschwester Anita G. (24) und die Angestellte Rita S. (26) als Praktikantinnen des WWS hinzu. Die beiden Frauen waren Studentinnen der »Bibelschule Brake« in Lemgo (Ostwestfalen) mit dem Berufsziel Sozialdiakonin. Die beiden anderen Entführungsopfer waren ein britischer Ingenieur und eine südkoreanische Lehrerin (34), die Theologie studiert hatte. Alle Opfer waren tiefreligiöse Christen, die sich bei Missionswerken auf ihren Einsatz im Jemen vorbereitet hatten.

Nur drei Tage später fanden Schafhirten in einem trockenen Flusstal die Leichen von drei Entführten. Die beiden deutschen Praktikantinnen und die Südkoreanerin waren exekutiert worden. Am 23. Juni nahm die freichristliche Immanuelgemeinde Wolfsburg Abschied von den beiden Bibelschülerinnen, begleitet von mehr als 1000 Trauernden. Die sterblichen Überreste der jungen Frauen wurden auf dem Friedhof von Wettmershagen im Kreis Gifhorn beigesetzt.

Unklarheit herrschte über die mordenden Entführer. In der Provinz Saada bekämpfen sich seit 2004 schiitische Aufständische und Regierungstruppen. Ob die Geiselnehmer zu diesen Aufständischen oder doch zur »al-Qaida auf der Arabischen Halbinsel« (AQAH) gehören, ist nicht bekannt. Im Januar 2010 forderten die Entführer jedoch die Freilassung mehrerer Häftlinge, die dem Umfeld der al-Qaida zugerechnet wurden, ein Lösegeld in Höhe von zwei Millionen Dollar sowie Straffreiheit. Elf Monate nach der Gruppenentführung wurden im Mai 2010 in einem jemenitischen Dorf nahe der Grenze die beiden Kinder Anna (6) und Lydia Hentschel (4) von Spezialtruppen aufgefunden und in Sicherheit gebracht. Sie waren scheinbar schon früh von ihren Eltern getrennt worden. Ihr kleiner Bruder Simon (1) hatte die Entführung offenbar nicht überlebt. Die beiden Überlebenden wurden zurück nach Deutschland geflogen. Von ihren Eltern und dem britischen Ingenieur fehlt bis heute jede Spur.

Weit über 50 Deutsche wurden seit 2000 immer wieder Opfer von Geiselnahmen im Ausland, zählt man Entführungsopfer somalischer Piraten im Golf von Aden mit hinzu.[340] Deutsche Geiseln gelten nicht erst seit den Entführungsfällen »Osthoff« (2005) und »Nitzschke/Bräunlich« (2006) im Irak als »Geldkoffer auf zwei Beinen«. So wurden während des Bürgerkrieges im Libanon (1975–1990) über 14000 Menschen entführt,[341] darunter einige ausländische Staatsbürger. Wie zum Beispiel Hoechst-Manager Rudolf Cordes. Nach Ende seiner Geiselhaft im September 1988 wurde behauptet, er sei für 40 Millionen Mark freigekauft worden. Die Bundesregierung dementierte ebenfalls, dass für die Freiheit des Siemens-Technikers Alfred Schmidt zwischen 5 und 16 Millionen Mark gezahlt wurden.[342] Vier Jahre später, im Juni 1992, wurde in der israelischen Presse behauptet, Bonn habe für die Freilassung der Libanon-Geiseln

Deutsche Geiseln, islamistische Geiselnehmer – Auswahl spektakulärer Entführungsfälle von 2000 bis 2010

Jahr	Entführungsfall	Entführungsort	Entführungszeit	Entführergruppe
2000	Lehrerfamilie Wallert aus Göttingen	Jolo (Insel; Philippinen)	23. April – 17./Ende Juli (3 Monate)	»Abu Sayyaf«
2003	16 Sahara-Touristen aus Deutschland Radsportler Oliver Brück und David Sturm aus Bremen	Südalgerien/Nordmali Iran, Provinz Sistan-Belutschistan	Ende Februar – 18. August (177 Tage) 8. – 30. Dezember (gut 3 Wochen)	»Groupe Salafiste pour la Pré-dication et le Combat« (GSPC) »Schahbachsch«-Bande
2005	Archäologin Susanne Osthoff aus Oberbayern Diplomatenfamilie Chrobog aus Berlin	Irak, Provinz Ninive Jemen, Provinz Shabwa	25. November – 18. Dezember (23 Tage) 28. – 30./31. Dezember (3 Tage)	»Saraja al-Salasil« Stamm der »al-Abdullah«
2006	Ingenieure Thomas Nitzschke und René Bräunlich aus Leipzig	Irak, sunnitisches Dreieck	24. Januar – 2. Mai (99 Tage)	»Ansar al-Tawhid wa al-Sunna«
2007	Arztfamilie Krause (Mutter und Sohn) aus Bagdad Ingenieure Rüdiger Diedrich und Rudolf Blechschmidt	Irak, Bagdad Afghanistan, Provinz Wardak	6. Februar – 10. Juli (155 Tage), Sohn bis heute verschwunden 18. Juli – 10. Oktober (84 Tage)	»Kataeb eb Siham el-Hak« Taliban
2009	Lehrerin Marianne P. aus Darmstadt (Hessen)	Mali/Grenzland zu Niger	22. Januar – 22. April (3 Monate)	»Al-Qaida im Islamischen Maghreb« (AQIM)
2009/ 2010	Krankenhausmitarbeiter-Familie Hentschel (Eltern und drei Kinder) aus Meschwitz (Sachsen)	Jemen, Provinz Saada	12. Juni 2009 – Mai 2010 (11 Monate), Eltern bis heute verschwunden	»Al-Qaida auf der Arabischen Halbinsel« (AQAH)?

Heinrich Strübing und Thomas Kemptner 23 Millionen Mark gezahlt. Bonn dementierte.[343]

Im Jahr zehn des 9/11 – und wohl auch in den Folgejahren – könnten vor dem Hintergrund des globalen Djihad immer wieder Deutsche im Ausland Entführungsopfer werden: Bundeswehrsoldaten, Polizeibeamte, Angehörige der privaten Sicherheitsindustrie, Diplomaten, Geschäftsleute, Seeleute, Entwicklungshelfer, medizinisches Fachpersonal und Touristen. Nicht nur in Übersee, auch im europäischen Ausland, wo mehr als eine halbe Million Deutscher lebt,[344] könnten sie gefährdet sein – durch *home grown terrorists* und andere »Feinde im eigenen Land«.

Gerüchte und Tarnlegenden – Die Feinde im eigenen Land

Vier Jahre vor dem 9/11 wurde in Paris von französischen Wehrexperten und Nachrichtendienstlern Europas erste »Schule des Wirtschaftskrieges«, die Ecole de guerre économique (EGE) gegründet.[345] Die Schule vertrat die These: »In der Wirtschaft herrscht Krieg.« Das wichtigste Werkzeug in diesem Krieg ist das Internet, die wirksamsten Waffen sind Gerüchte. Dementsprechend setzen Gotteskrieger schon über Jahre diese »Waffengattung« im Djihad gegen den ungläubigen Feind ein. »Verbreitung von Gerüchten und Abfassung von Erklärungen, die die Menschen gegen den Feind aufstacheln«, hieß es denn auch im Militärbuch der al-Qaida, festgeschrieben in der ersten Lektion als wichtige Mission.[346]

Gezielt schüren djihadistische »Psycho-Krieger« der al-Qaida-Bewegung mit Lügen und Desinformationen die Angst, insbesondere vor Anschlägen. »Am 14. März [2006], kurz vor neun Uhr morgens, informierte ein Anrufer die deutsche Botschaft in der senegalesischen Hauptstadt Dakar über Anschlagspläne in Berlin und Frankfurt. In vier Tagen würden zwei mit Sprengstoff beladene Lastwagen in der Hauptstadt hochgehen ... Die Attentäter reisten über Zürich und München ein, teilte der Tippgeber mit. Auch Bundeskanzlerin Merkel sei in Gefahr.«[347] Mit derart lancierten Falschmeldungen bindet al-Qaidas »fünfte Kolonne« nicht nur wichtige Ressourcen der staatlichen Abwehr, muss diese doch »jedem Hinweis nachgehen und jede Warnmeldung prüfen«, sie ermutigt damit auch Trittbrettfahrer, »auf den Terrorzug aufzuspringen«. In offenen Gesellschaften in Umlauf gebrachte Falschmeldungen können schnell zu »Wahrheiten« mutieren. Bewusst gestreute Desinformationen, die als Gerüchte die Öffentlichkeit erreichen, könnten auch zur Vorbereitung von Anschlägen dienen.

Zur »verdeckten Kriegsführung« der Djihadisten gehört des Weiteren die Unterwanderung des Gegners oder doch zumindest der Versuch, etwa der feindlichen Armee. In der US-Armee dienen 1,45 Millionen Soldaten, zwischen 4000 und 12 000 von diesen sind Muslime.[348] Einer von ihnen schrieb blutige Militärgeschichte auf dem mit 53 000 Soldaten und 17 000 Familienangehörigen größten amerikanischen Armeestützpunkt der Welt. Am 6. November 2009 lief auf diesem Heeresstützpunkt Fort Hood in Texas der US-Armeepsychiater Major Nidal Malik Hasan (39) Amok. Mit den Worten »Allah ist groß« eröffnete der Spezialist für Katastrophen- und Präventionspsychiatrie mit zwei Pistolen völlig überraschend das Feuer auf unbewaffnete Kameraden, tötete zwölf Soldaten und einen Zivilisten und verletzte 42 zum Teil schwer. Ein Polizist schoss den Militärarzt nieder und beendete damit den Amoklauf. Der gläubige Muslim palästinensischer Herkunft hatte schon seit zwei Jahren über Gewissenskonflikte von Muslimen im US-Militär reflektiert,[349] nun sollte er in drei Wochen nach Afghanistan – »sein schlimmster Alptraum«. Eine Woche nach dem Amoklauf wurde Hasan, der sich als *Soldier of Allah* begriff und ungewollt überlebt hatte, wegen 13-fachen vorsätzlichen Mordes angeklagt. Es blieben Fragen: Ob der Todesschütze als Psychopath oder als Terrorist handelte? Ob sich derartige oder ähnliche Taten wiederholen könnten? Die Welt der militanten Islamisten feierte diese »gesegnete Djihad-Operation in Amerika« und den Militärpsychiater als ihren Helden. In den einschlägigen arabischsprachigen Internetforen »sorgte die Nachricht vom Blutbad in Texas für Begeisterung«[350]. Für die Propagandisten des Djihad war der Amoklauf »ein Gottesgeschenk«, das die Soldaten des Feindes erschütterte, demoralisierte, verwirrte.

In den britischen Streitkräften mit ihren rund 100 000 Soldaten gibt es insgesamt nur etwa 300 Muslime.[351] In Frankreich dienen ungefähr sieben bis acht Prozent Muslime, was ihrem Anteil an der Gesamtbevölkerung entspricht.[352] In Deutschland geht die Zahl der Muslime in der Bundeswehr nach einer Schätzung des Verteidigungsministeriums »in die Tausende«, eine genaue Zahl ist nicht bekannt.[353] Das gilt insbesondere für die Konvertiten unter ihnen. So konvertierte der 1985 im saarländischen Neunkirchen geborene Daniel Martin Schneider bereits mit 19 Jahren zum Islam. In Ägypten lernte er die arabische Sprache. Zurück in Deutschland leistete er 2004/2005 seinen Grundwehrdienst bei den Luftlandepionieren in Saarlouis (Luftlandebrigade 26) ab – offenbar schon als radikaler Islamist. Bei der Bundeswehr erlernte der Konvertit Schneider alias Abdullah den Umgang mit Kampfmitteln. Sein Erfahrungswissen konnte er in die »Sauerland-Gruppe« einbringen, die im Auftrag der »Islamic Jihad Union« Terroranschläge in Deutschland plante. Ein Werdegang, der hoffentlich keine Schule macht.

Islamisten versuchen nicht nur die Streitkräfte der Feinde des Islam zu unterwandern, sondern auch private Sicherheitsdienste und Polizeien[354] sowie selbst Nachrichtendienste. So hatte der britische Geheimdienst MI5 nach Angaben des *Daily Telegraph* im August 2009 sechs muslimische Agenten in Ausbildung wegen Terrorverdachts entlassen.[355] Schon drei Jahre zuvor hatten al-Qaida nahestehende Islamisten versucht, den MI5 zu unterwandern. Nach den Terroranschlägen in London am 7. Juli 2005 waren die britischen Dienste verstärkt auf der Suche nach Informanten in der islamistischen Szene. Vor diesem Hintergrund hatten sich die al-Qaida-Sympathisanten beim Dienst beworben, waren jedoch im Lauf des Auswahlverfahrens enttarnt worden.[356]

Die Unterwanderungsversuche der Schutzorgane des Gegners bilden die eine Gefahr. Die andere Gefahr besteht darin, dass Djihadisten in den muslimischen Angehörigen der Polizeien und Streitkräfte des Feindes »Verräter« sehen, die es zu bestrafen gilt.[357] Wie will und muss man diesen Gefahren begegnen? Gibt es überhaupt eine »Waffengleichheit« in diesem asymmetrisch geführten Djihad?

Im Djihad gibt es keine Waffengleichheit – Szenarien der Abwehr

»27. Januar 2010, 7.28 Uhr im Terminal 1 des Flughafens Köln-Bonn. In Panik laufen Menschen davon, lautes Geschrei, Hilferufe, Chaos und Hysterie verbreiten sich. Bundespolizei und Sicherheitskräfte sind in höchster Aufregung. Im alten Terminal, Abflugbereich, Gate 44, liegen verletzte Personen am Boden, andere laufen blutüberströmt davon … Offenbar ist gerade ein mit Sprengstoff versetzter Koffer in der Wartehalle detoniert … Die Reste des Sprengkörpers sind leicht radioaktiv verseucht … Augenscheinlich war der Sprengsatz im Koffer mit Caesium 137 verbunden worden und wurde so zu einer *dirty bomb* … Der Landeskrisenstab setzt für 9.00 Uhr eine Pressekonferenz an, um die Bevölkerung entgegen anderslautender erster Medienberichte über einen atomaren Ernstfall in der Bundesrepublik zu beruhigen … Aus Einsatzstellen war kurz zuvor die Information gekommen, dass um 8.30 Uhr ein in einem Rucksack versteckter Sprengsatz inmitten der Wandelhalle des Hamburger Hauptbahnhofs detonierte …«[358]

Diese Anschläge mit »schmutzigen Bomben« hat es glücklicherweise nur als Übungsszenario LÜKEx 09/10 gegeben. Das Kurzwort steht für »Länderübergreifende Krisenmanagementübung (Exercise)« und bezeichnet eine Übungsserie im Bereich des nationalen Krisenmanagements in Deutschland.[359] Seit 2004 fanden drei solcher Übungen für den Krisenstab der Bundesregierung sowie die Krisenstäbe der Landesregierungen statt.

Die erste (LÜKEx 04) hatte »großflächige Stromausfälle und Terroranschläge auf See« zum Thema. LÜKEx 05 probte Szenarien im Umfeld der Großveranstaltung Fußball-WM 2006. Und LÜKEx 07 simulierte den Bevölkerungsschutz im Fall einer Influenza-Pandemie. Ursprünglich war ein Zweijahres-Rhythmus vorgesehen, doch konnte 2009 aus zeitlichen Gründen keine Übung mehr erfolgen. So wurde LÜKEx 9/10 am 27. und 28. Januar 2010 mit dem Thema »Androhung und Durchführung von Terroranschlägen mit ABC-Waffen« nachgeholt. In Teilaspekten wurden die Themen Zweitanschlagsproblematik, psychosoziale Aspekte des Krisenmanagements, Detektion, Dekontamination/Behandlung dekontaminierter Verletzter sowie Risiko- und Krisenkommunikation in CBRN(chemisch-biologisch-radiologisch-nuklear)-Lagen behandelt. An der Übung nahmen alle Bundesländer teil. Als Kernübungsländer wurden laut Bundesinnenministerium Bayern, Berlin, Nordrhein-Westfalen und Schleswig-Holstein besonders intensiv eingebunden.[360] Der Übungsort Köln Bonn Airport wurde bewusst gewählt, ist er doch »ein wichtiges Tor für die Auslandseinsätze

Feuerwehrleute und Sanitäter üben am 27. Januar 2010 am Flughafen Köln-Bonn im Rahmen von LÜKEx die Bergung Verletzter nach einem simulierten Bombenanschlag auf ein Passagierflugzeug.

der Bundeswehr« sowie »Dreh- und Angelpunkt für den Perso-
naltransport deutscher Soldatinnen und Soldaten in die verschiedenen Einsatzgebiete«[361].

Alles Schlechte kommt von oben –
Flugverkehr: Hauptziel des Terrors

Wird ein Passagierflugzeug von Terroristen zur Lenkwaffe umfunktioniert, sprechen Militärs von einem »Überläufer« *(Renegade)*. Dringt ein *Renegade* in den deutschen Luftraum ein,
übernimmt die Führungszentrale Nationale Luftverteidigung
die Terrorabwehr. Als Reaktion auf die 9/11-Anschläge war auf
Wunsch der NATO diese Luftwacht bei Uedem (Niederrhein)
eingerichtet worden, nachdem alle 16 Bundesländer auf ihre
»verfassungsrechtlich verbrieften Luftpolizeirechte« verzichtet
hatten.[362]

Zu den Aufgaben der Einsatzzentrale der Luftwaffe gehört
auch die Beschäftigung mit dem »hypothetischen Fall« eines
»zur Bombe mutierten Jets«, der von der vorgesehenen Flug-
route abweicht und bei unveränderter Flugrichtung einige Minuten später auf ein ausverkauftes Fußballstadion, ein Atom-
kraftwerk oder das Zentrum einer Großstadt stürzen könnte.
Darf dann in einer solchen Situation das Flugzeug abgeschossen
werden? Am 18. Juni 2004 verabschiedete der Bundestag mit
§ 14 Absatz 3 Luftsicherheitsgesetz eine Regelung, die eine Antwort auf diese Frage zu geben versuchte. »Können aber die Leben der Flugzeugpassagiere als ›unvermeidbare Kollateral-
schäden‹ (ab)qualifiziert werden, die ohnehin nicht zu retten
sind? Müssen diese sich tatsächlich entgegenhalten lassen, zu
Lebzeiten von einer freiheitlichen Ordnung profitiert zu haben,
weshalb von ihnen verlangt werden darf, dass sie bei Bedrohung
dieser Ordnung notfalls mit ihrem Leben für sie einzustehen
haben?«[363] Das Bundesverfassungsgericht in Karlsruhe stellte
2006 zwar klar, dass das Grundgesetz den Abschuss eines von
Terroristen gekaperten Jets verbiete, doch das Luftsicherheits-

gesetz ist nach wie vor in Kraft. Tritt nun der Fall der Fälle ein, müsste das Nationale Lage- und Führungszentrum (NLFZ) für Sicherheit im Luftraum eine der auf den Flughäfen Wittmund und Neuburg an der Donau stehenden Alarmstaffeln der Luftwaffe losschicken. Die Rotte wäre innerhalb von 15 Minuten in der Luft, spätestens nach zehn Minuten hätten die Jäger das verdächtige Flugobjekt erreicht. Das NLFZ würde den *German Air Defence Commander* informieren, den Luftwaffen-Inspekteur im Verteidigungsministerium. Er müsste entscheiden – auch über den schlimmsten Fall.[364]

Flugzeuge werden jedoch nicht nur in der Luft, sondern auch vom Boden aus bedroht. Es ist ein Vierteljahrhundert her, da zeichnete sich im großen Djihad in Afghanistan nach einem halben Kriegsjahrzehnt die Niederlage der Mudjaheddin gegen die sowjetischen Besatzer ab. Die wirksamste Waffe der Invasoren war deren Luftwaffe, vornehmlich die Kampfhubschrauber. Mit dem 25. September 1986 änderte sich das Kriegsgeschehen dramatisch. An diesem Tag setzten die Gotteskrieger erstmals Stingerraketen ein. Die von den USA gelieferten Boden-Luft-Raketen, die ihr Ziel selbständig ansteuerten und von nur einem Kämpfer bedient werden konnten, zerstörten an jenem Tag drei gepanzerte Kampfhubschrauber. Im darauffolgenden Jahr wurden insgesamt 270 sowjetische Flugzeuge und Hubschrauber mit dieser Waffe abgeschossen.[365] Der erfolgreiche Einsatz der MANPADS *(Man Portable Air Defense System)* genannten Flugabwehrraketen fand seine Fortsetzung im globalen Djihad gegen die Ungläubigen.

Schon ein halbes Jahr nach den 9/11-Anschlägen warnte der BND vor Anschlägen gegen Passagierflugzeuge im deutschen Luftraum. Terroristen würden planen, mit tragbaren Flugabwehrraketen auf Verkehrsmaschinen zu schießen oder sie mit sprengstoffgefüllten Modellflugzeugen zum Absturz zu bringen. Zuvor war ein Funkspruch entsprechenden Inhalts abgefangen worden. Das abgehörte Gespräch führten »Hamsa« und »Tabbah«, hier ein Auszug. Hamsa: »Die Hitzeentwicklung der Triebwerke ist so groß, dass man das Flugzeug mit einer Wärmesensorkamera nicht verfehlen kann.« Tabbah: »Interessant ist die Lage der Flugschneisen und die Möglichkeit, sofort zu verschwinden. Im Hotel siehst du dann im Fernsehen, ob du Erfolg hattest.« Hamsa: »Das ist nur eine Sache der Planung.«[366] Das Gespräch über diese Anschlagsideen hatte ursprünglich ein Hobbyfunker in Kenia abgehört.

Nur ein halbes Jahr später brachten hier Djihadisten in der Nähe des Flughafens von Mombasa einen Jeep mit zwei russischen Boden-Luft-Raketen vom Typ SAM-7 Strela in Stellung. Ziel der Abwehrraketen war an diesem 28. November 2002 die Boeing 757 der israelischen Fluggesellschaft Arkia mit 261 Passagieren an Bord. Kurz nach dem Start feuerten die Attentäter die Raketen aus geringer Distanz ab – glücklicherweise zu früh. Die Raketen verfehlten die Maschine nur knapp. Unbeschadet flog diese weiter nach Israel. Ein Jahr später mussten zwei Passagierflugzeuge der israelischen Fluggesellschaft El Al umgeleitet werden, weil es Hinweise auf einen geplanten al-Qaida-Angriff mit Raketen gegeben hatte. Im Frühjahr 2003 führten Warnungen vor einem Terroranschlag zum Einsatz der britischen Armee auf dem Londoner Flughafen Heathrow. Man wollte die Gefahr eines Raketenangriffs auf ein startendes Flugzeug nicht ausschließen. Und im November wurde ein DHL-Frachtflugzeug beim Start aus Bagdad von einer Boden-Luft-Rakete getroffen und fing Feuer. Den Piloten gelang es trotzdem, den Jet zu landen.[367]

In den letzten 25 Jahren waren bis zu diesem Zeitpunkt insgesamt 35 Raketenangriffe auf zivile Flugzeuge bekannt geworden. Rund zwei Dutzend Maschinen wurden abgeschossen, 500 Menschen starben. Die meisten Attacken erfolgten in Krisensituationen oder Krisengebieten Afrikas.[368] Dies änderte sich mit dem Beschuss der israelischen Maschine in Ostafrika. Nicht Rebellen, sondern Djihadisten hatten in Kenia 2002 zur Waffe schultergestützte Rakete gegriffen. Vier Jahre später stuften Terrorexperten den Angriff auf zivile Flieger mit Boden-Luft-Raketen als Dauergefahr ein, waren doch schätzungsweise 150 000 dieser MANPADS weltweit im Umlauf.[369] Deutschland ist von dieser Bedrohung weder im Aus- noch im Inland ausgenommen.

Antworten auf Fragen zu dieser Art Bedrohung kamen schon früh aus Israel. Wie bei ihren Militärflugzeugen bereits üblich, wollte man nach 2002 die zivilen Passagier- und Frachtmaschinen ebenso mit Systemen ausstatten, die Raketen von ihren Zielen ablenken, mit Hilfe von Lichtblitzen oder Hitzekörpern. Im Oktober 2003 wurden die ersten El-Al-Maschinen mit einem derartigen Raketenabwehrsystem ausgestattet.[370] Drei Jahre später hieß es, dass israelische Passagierflugzeuge mit einem neuen Schutzsystem gegen tragbare Luftabwehrraketen ausgestattet werden könnten.[371]

Wie der Regelungsbedarf in Deutschland, aber auch anderen Ländern aussieht, hängt wohl von der konkreten Bedrohungslage ab. Flugzeuge können jedoch nicht nur direkt, sondern auch indirekt vom Boden aus bedroht werden, was ein vereitelter Anschlag in Hessen deutlich machte. Hier hatte eine »sechsköpfige Zelle mit islamistischem Hintergrund« im Sommer 2006 mit den Vorbereitungen für einen Sprengstoffanschlag auf ein Verkehrsflugzeug begonnen. Mehrere Verdächtige hatten eine Person mit Zugang zum Sicherheitsbereich des Flughafens Frankfurt am Main gefragt, ob sie für 130 000 (bis 200 000) Euro einen Koffer/eine Tasche mit Sprengstoff in eine Maschine der israelischen Airline El Al schmuggeln würde.[372] Mehrere Treffen mit einem »Sprengstoffkurier« kamen nicht zustande, auch wollten die Männer den Betrag nicht zahlen. Der Flughafenangestellte informierte die Sicherheitsbehörden. Die aus Jordanien, dem Libanon, Kuwait und dem Irak stammenden Verdächtigen wurden im November in Rheinland-Pfalz und Hessen vorübergehend festgenommen. Sie verstanden sich als eine Art Dienstleister islamistischer Attentäter. Sie wollten »ihr Konzept für den Bombenschmuggel an eine Terrororganisation verkaufen«[373]. Die Ermittler vermuteten, dass die seit Juli 2006 überwachte Gruppe »zunächst die Sicherheitsmaßnahmen testen wollten«[374].

Auf dem Airport Frankfurt am Main gibt es rund 68 000 Mitarbeiter. Die »Schwachstelle Mensch« war und ist für djihadistische Anschlagsplaner von hohem Interesse, sie bezieht sich nicht nur auf Arbeiter, die mit dem Reinigen von Flugzeugen oder dem Transportieren von Gepäck beschäftigt sind. Die vom Boden ausgehenden Gefährdungen des Flugverkehrs sind noch vielfältiger. In jüngster Zeit kommt es immer wieder dazu, dass unbekannte Täter Flugzeuge beim Landeanflug mit leistungsstarken Laserpointern anstrahlen. Sie blenden die Piloten damit mehrere Sekunden so stark, dass diese sich nicht voll auf den Sinkflug konzentrieren können. Vor den genannten Hintergründen sah BKA-Präsident Jörg Ziercke noch Ende Januar 2010 den Flugverkehr weiterhin als Hauptziel des Terrorismus, »weil Anschläge auf Flugzeuge in besonderem Maße geeignet sind, die Bevölkerung zu beunruhigen«[375].

Die Gefahr der »rollenden Bomben« – Kein Rundumschutz für Deutschlands Verkehrswege

Neben dem Luftweg können auch die Verkehrswege auf der Straße, auf der Schiene und zu Wasser/auf See Anschlagsziele sein. Ob ihrer Größenordnung in der Personen- und Güterbeförderung können sie – wenn überhaupt – nur zum Teil geschützt werden.

Verkehrsweg Schiene

Das Streckennetz der staatlichen Eisenbahnen umfasste 2008 weltweit rund 1260 Millionen Kilometer, davon 160 000 Kilometer im Europäischen Wirtschaftsraum (in Frankreich zum Beispiel 29 246 Kilometer). In Deutschland wird der öffentliche Schienenverkehr durch die Deutsche Bahn AG und rund 150 Regionaleisenbahngesellschaften betrieben. Die Zahl der Streckenkilometer betrug im Jahr 2008 41 531 Kilometer (davon Deutsche Bahn 34 729), die der Bahnhöfe trotz Reduktion 5718. Über 1,9 Milliarden Personen und über 378,7 Millionen Tonnen

Güter wurden in diesem Jahr befördert.[376] Auch vor dem Hintergrund der Bilder der libanesischen Kofferbomben-Attentäter im Kölner Hauptbahnhof machen diese Dimensionen deutlich, dass es im Fernverkehr keinen ausreichenden Objekt- und Personenschutz geben kann. Gleiches trifft für den öffentlichen Nahverkehr zu.

Im Februar 2010 hatte der 24-jährige Afghane Najibullah Zazi in einer Gerichtsverhandlung in New York zugegeben, zum achten Jahrestag der 9/11-Anschläge einen Selbstmordanschlag auf die New Yorker U-Bahn vorbereitet zu haben. Er habe darauf aufmerksam machen wollen, was das US-Militär in Afghanistan tut.[377] Zwei Jahre zuvor, Ende Januar 2008, hatte die spanische Polizei eine pakistanische Terrorzelle zerschlagen, die ein Attentat auf die U-Bahn von Barcelona verüben wollte. Die Gruppe stand nicht nur unmittelbar vor dem Bombenanschlag auf den Umsteigebahnhof der Metro unter der Plaça de Catalunya, sondern hatte auch Anschläge in Portugal, Frankreich, England und Deutschland geplant. Ein Mitglied der Gruppe war einen Tag vor den Festnahmen nach Frankfurt am Main geflogen, um dort allein einen Anschlag vorzubereiten.[378]

Anschlagsplanungen, Anschlagsvorbereitungen und vollendete Anschläge über zwei Jahrzehnte auf U-Bahnen in großstädtischen Ballungszentren in Asien, Europa und Amerika machen mehr als deutlich, dass ein derartiger Terrorakt auch U-Bahnen in deutschen Städten treffen könnte. Wie im Fernverkehr können diese Gefahren auch im Nahverkehr nur bedingt abgewehrt werden – mittels Videoüberwachungen, Personen- und Gepäckkontrollen, Katastrophenschutzübungen.

Anschläge, Anschlagsversuche und Anschlagsplanungen mit Explosivstoffen und chemischen Kampfstoffen auf städtische U-Bahnen

Moskau, 8. März 1977: Eine U-Bahn-Bombe fordert sieben Tote. Die mutmaßlichen Täter, Armenier, werden zwei Jahre später hingerichtet.

Baku, 19. März 1994: In der U-Bahn der aserbaidschanischen Hauptstadt fordert eine vermutlich von militanten Muslimen oder Armeniern gelegte Zeitbombe 13 Tote und 50 Verletzte.

Tokio, 20. März 1995: Angehörige der japanischen Endzeitsekte AUM-Shinry-Kyo leiten das Nervengas Sarin in mehrere U-Bahn-Waggons ein. Es sterben zwölf Menschen, fast 5000 werden verletzt.

Paris, 25. Juli 1995: Mitglieder der algerischen »Groupe Islamique Armé« (GIA) legen eine Bombe in einer Métro-Station. Dem Anschlag erliegen acht Menschen.

Moskau, 11. Juni 1996: Vier Tage vor den Präsidentenwahlen explodiert auf einer vielbefahrenen U-Bahn-Linie eine Bombe, die vier Menschen tötet und zwölf verletzt.

Mailand, 11. März 2002: Im U-Bahn-Bereich unter dem Mailänder Dom wird eine 30 Kilogramm schwere Gasflasche entschärft.

London, 9. November 2002: Scotland Yard nimmt drei Männer der islamistischen »Nordafrikanischen Front« fest, die verdächtigt werden, im Auftrag des »Djihad-Terrornetzwerks« einen Giftgasanschlag mit Cyanid auf die U-Bahn geplant zu haben.

Daegu, 18. Februar 2003: In der drittgrößten Stadt Südkoreas löst ein geistig verwirrter Attentäter mit einem Benzinkanister eine Explosion aus, bei der mehr als 120 Menschen getötet werden.

New York, 2003: Planung eines Giftgasanschlags mit Cyanid auf die U-Bahn. Auf dem Computer eines festgenommenen Djihadisten in Saudi-Arabien waren Pläne zum Bau eines Apparats für den Cyanid-Anschlag gefunden worden.

Moskau, 6. Februar 2004: Das Selbstmordattentat einer tschetschenischen »Schwarzen Witwe« in der U-Bahn kostet 39 Menschen das Leben, über 160 werden verletzt.

London, 7. Juli 2005: Selbstmordanschläge von vier pakistanischstämmigen Briten (*home grown terrorists*) auf die U-Bahn töten 52 Menschen, 700 werden verletzt.

London, 21. Juli 2005: Vier Islamisten versuchen, angeleitet vom al-Qaida-Netzwerk, die Selbstmordanschläge vom 7. Juli exakt nachzuahmen. Die Angriffe mit Rucksackbomben auf drei U-Bahnen und einen Bus schlagen fehl, weil nur die Zünder, nicht aber die Sprengsätze detonieren.

Moskau, 29. März 2010: Die Selbstmordattentate zweier dagestanischer »Schwarzer Witwen« an den Metro-Stationen Lubjanka und Park Kultury töten 40 Menschen.

Zusammenstellung Berndt Georg Thamm, September 2010

Verkehrsweg Straße

In Deutschland stoppte die Polizei am 3. November 2009 auf
der A 3 bei Hengsberg einen Laster mit 18 Tonnen Sprengstoff.
Die Untersuchung ergab, dass die Paletten mit dem Sprengstoff
nicht genügend gesichert waren und sich bereits aufeinander-
zubewegten. Zudem waren Stromleitungen schlecht isoliert
und kamen dem Sprengstoff gefährlich nahe. Die Fahrer der
»tickenden Zeitbombe« sowie die Transportfirma erhielt eine
Strafanzeige.[379] Nur vier Wochen später geriet in Österreich ein
Tankwagen auf der Südautobahn nahe Graz in Brand, nachdem
er gegen die Leitplanke gekracht und umgekippt war. Das Fahrzeug hatte Diesel und Benzin getankt. Es bestand höchste Ex-
plosionsgefahr.[380] Ungezählt sind diese »rollenden Bomben«,
die auf den Straßen des europäischen Wirtschaftsraums und
damit auch Deutschlands unterwegs sind. Hier werden jedes
Jahr Millionen Tonnen ätzende, giftige und radioaktive Stoffe
befördert. Was wäre, wenn nicht ein nachlässiger oder über-
müdeter Fahrer, sondern ein Djihad-Terrorist am Steuer sitzen
würde, mit der Bereitschaft, mit seinem Gefahrengut zum Märtyrer zu werden? Die Explosion eines Tanklasters könnte Hunderte zivile Opfer fordern, Tote und Verwundete mit schweren
Brandverletzungen.

Verkehrsweg Wasser/See

Die deutsche Seeschifffahrt verfügt mit 3350 Frachtschiffen
über die weltweit drittgrößte Flotte an Handelsschiffen, von
denen 2720 unter fremder Flagge fahren. Zur Handelsflotte, die
unter deutscher Flagge fährt, gehören 636 Schiffe, darunter 334
Containerschiffe, 94 Stückgutfrachter, 21 Mineralöl- und acht
Chemikalientanker sowie 95 Fahrgastschiffe.[381] Derart gut aufgestellt ist Deutschland in den letzten Jahren auch zum Ziel von
Piraten geworden.[382]
    Eine der wichtigsten Verbindungen zwischen Europa und

Asien ist der Seeweg durch den Suezkanal und das Rote Meer sowie den Golf von Aden. Ihn befahren jährlich bis zu 30 000 Frachtschiffe und Öltanker, auch aus Deutschland – von denen 2009 lediglich 116 von Piraten angegriffen wurden. Der internationale Militäreinsatz, an dem sich auch die deutsche Marine beteiligt, blieb bis heute ohne Abschreckungswirkung. Zwar konnte der Einsatz weitere Überfälle direkt am Golf von Aden verhindern, die Piraten reagierten in der Folge jedoch einfach mit der Verlagerung ihres Aktionsgebietes. Sie wichen in die ungeschützte freie See des Somalibeckens aus. Der internationale Marineeinsatz trug damit unabsichtlich »dazu bei, dass sich der Kreislauf aus Angriffen, Kaperungen und Lösegeldzahlungen stabilisierte«, so das Ergebnis einer Studie des Deutschen Instituts für Wirtschaftsforschung (DIW) vom Juli 2010.[383]

Bereits seit 2008 warnen westliche Nachrichtendienste wie der französische Auslandsnachrichtendienst DGSE davor, dass nach Irak und Afghanistan eine »neue Front« aufgebaut werden könnte, wenn militante Islamisten die Piraten unterstützten. Die »al-Qaida auf der Arabischen Halbinsel« (AQAH) könnte über den Jemen modernste Waffen, Schiffsausrüstungen und Geräte für Satellitennavigation oder Laptops liefern.[384] »Wir haben klare Hinweise darauf, dass sich die Terrororganisation al-Qaida bei den Piraten eingeschaltet hat«, ergänzte die CIA. Al-Qaida plane »offenbar sogar Selbstmordanschläge an Bord von Kreuzfahrtschiffen, um die westlichen Staaten in Bedrängnis zu bringen«[385].

2008 buchten erstmals mehr als eine Million Deutsche eine Kreuzfahrt (Fluss oder Hochsee). Die größten deutschen Kreuzfahrtschiffe waren 2009 die Aida-Schiffe *Bella*, *Diva* und *Luna* (2050 Passagiere, 607 Crewmitglieder), das größte der Welt die *Independence of the Seas* (4370 Passagiere, 1360 Crewmitglieder). Zu den elf neuen Kreuzfahrtschiffen, die 2010 in See stechen, gehört auch die *Allure of the Seas*, auf der 5400 Passagiere Platz finden. Es kann und darf nicht ausgeschlossen werden, dass diese »schwimmenden Kleinstädte« zum Ziel des maritimen Djihad-Terrorismus werden. Im Februar 2006 hatte das russische Parlament den Abschuss entführter Flugzeuge gestattet, falls diese für einen Terroranschlag eingesetzt werden sollten. Von Terroristen entführte Schiffe dürfen ebenso angegriffen werden. Dies gilt auch dann, wenn sich Passagiere in der Gewalt der Entführer befinden[386] – eines der »letzten Mittel« in der Terrorbekämpfung.

»Killerstrategien« –
Einsatz »letzter Mittel« in der Terrorbekämpfung

Die Terroranschläge auf die Vorortzüge in Spaniens Hauptstadt am 11. März 2004 töteten 191 Menschen, über 1800 wurden verletzt. Zwei Tage später wurde in einem Papierkorb nahe der großen Moschee am westlichen Stadtrand von Madrid ein Bekennervideo gefunden, in dem Abu Dudschan al-Afghani,[387] Militärsprecher der al-Qaida für Europa, erklärte: »Ihr liebt das Leben, und wir lieben den Tod.«[388] Sechs Wochen später nahm Bundesinnenminister Otto Schily in einem Interview mit dem *Spiegel* auf diese Aussage Bezug und erwiderte an die Adresse potenzieller Terroristen: »... Dieser Satz ist wirklich eine starke Provokation ... Die Terroristen sollten aber wissen: Wenn ihr den Tod so liebt, dann könnt ihr ihn haben ... Aber wir müssen und werden uns zur Wehr setzen – notfalls auf eine Art, die das Leben der Terroristen nicht schonen kann ... Gibt es nicht sogar ein Notwehrrecht gegenüber Terroristen, die Massenmorde planen? Das führt uns zu der Frage, ob im äußersten Fall auch die Tötung einer Person als Notwehr zu rechtfertigen ist ...«[389] Mit diesem Interview löste der Bundesinnenminister seinerzeit eine kontroverse sicherheitspolitische Diskussion um das »allerletzte Mittel« – die gezielte Tötung – aus.

»Wer den Tod liebt, der kann ihn haben« – Die gezielte Tötung

Sind gezielte Tötungen rechtmäßig? Das hängt vom Ziel und der Lage ab. Das »letzte Mittel« kann zur Gefahrenabwehr rechtmäßig sein, etwa nach deutschem Polizeirecht. Hier ist der »(finale) Rettungsschuss« nach einigen Landespolizeigesetzen zulässig, »wenn er das einzige Mittel zur Abwehr einer gegenwärtigen Gefahr einer schwerwiegenden Verletzung der körperlichen Unversehrtheit ist ... Der Rettungsschuss braucht nicht angedroht werden, wenn die rechtzeitige Abwehr der Gefahr sonst nicht möglich ist. Er ist auch gegen Personen zulässig, die dem äußeren Eindruck nach noch nicht 14 Jahre alt sind. Bei gegenwärtiger Lebensgefahr darf ein Rettungsschuss auch abgegeben werden, wenn erkennbar auch Unbeteiligte – zum Beispiel in einer Menschenmenge – mit hoher Wahrscheinlichkeit gefährdet werden.«[390] Auch nach der Europäischen Menschenrechtskonvention und anderen Rechtsordnungen ist es dem Staat im äußersten Fall erlaubt, einen Menschen zu töten, um eine unmittelbar drohende Gefahr für das Leben anderer abzuwenden.

Was nun aber, wenn die Gefahr durch eine andere Lage, einen bewaffneten Konflikt zum Beispiel, mittelbarer Natur ist? Oder wenn sie durch einen Präventivschlag erst gar nicht mehr zur Gefahr werden kann? Was zur Frage führt: Kann in der Terrorbekämpfung der Bedrohung durch djihadistische Märtyrer, also Selbstmordattentäter, wirksam und zugleich rechtmäßig begegnet werden?

Auf diese Frage musste Israel durch Konfrontation palästinensischer Selbstmordattentäter schon früh eine wehrhafte Antwort finden – und die hieß »Liquidierungsstrategie«. Seit diese Strategie des Militärs jedoch das ursprüngliche Ziel – die Ausschaltung von »tickenden Bomben«, also von Selbstmordattentätern auf dem Weg zum Anschlag – verließ und »Drahtzieher jeder Art« zum Ziel wurden, wobei auch die Zahl der getöteten unschuldigen Zivilisten immer stärker anstieg, kreiste um diese Frage eine Debatte »um Ethik und Moral der israelischen

Terrorbekämpfung«[391]. Vor diesem Hintergrund kam es im September 2003 zu einem Eklat, der die Gesellschaft Israels bewegte. Jiftach Spector, Brigadegeneral der israelischen Luftwaffe, und weitere Kampfpiloten hatten in einem offenen Brief an den Luftwaffenkommandeur angekündigt, sie würden nicht mehr an Angriffen auf dicht besiedelte Palästinensergebiete teilnehmen. Wenig später forderte der Verteidigungsausschuss des israelischen Parlaments die Armee auf, die 28 Kampfpiloten ob ihrer Weigerung, »gezielte Tötungseinsätze gegen Palästinenser zu fliegen«, zu entlassen.[392]

Zu den »gezielten Tötungen« hatte Mitte Dezember 2006 das Oberste Gericht Israels Stellung genommen und das Vorgehen in bestimmten Fällen gebilligt. Damit bekräftigte das Gericht das Recht Israels, mutmaßliche palästinensische Urheber und Hintermänner von Anschlägen zu liquidieren – ohne Anklageerhebung, Beweisführung oder Urteilsfindung. Die Armee müsse aber Sorge tragen, dass bei den Tötungsaktionen zivile Opfer vermieden würden, hieß es in dem Urteil. Damit gab der Oberste Gerichtshof den Einsätzen einen rechtlichen Rahmen – und wies eine Klage israelischer und palästinensischer Menschenrechtsorganisationen zurück. Der Prozess hatte im Januar 2002 begonnen.[393]

In jenem Jahr hatten sich die USA zur Liquidationsstrategie in der Terrorbekämpfung entschlossen. Als Folge des 9/11 sah die Regierung »das Aufspüren und Töten einzelner Qaida-Mitglieder ohne Gerichtsverfahren als berechtigte, militärische Aktion an in einer neuen Art von Krieg, der gegen internationale Terrororganisationen und unberechenbare Staaten geführt wird«[394]. US-Präsident Bush führte die »Liquidierungsliste« ein, die CIA-Mitarbeitern und Militärs das Recht gab, Terrorverdächtige umzubringen, wenn eine Festnahme unmöglich erscheint oder zu viele Opfer fordern würde. Zeitweise standen rund zwei Dutzend Verdächtige auf dieser Liste.[395]

Erstes Opfer dieser neuen »Killerstrategie« des Pentagons war der mutmaßliche Urheber der Anschläge auf das US-Kriegsschiff *Cole*; er war am 3. November 2002 mit weiteren al-Qaida-

Kämpfern in einem Fahrzeug im Jemen unterwegs, als dieses durch die »Hellfire«-Rakete einer unbemannten »Predator«-Drohne zerstört wurde. Über sieben Jahre später wurde mit dem jemenitischstämmigen Amerikaner Anwar al-Awlaki (38), mutmaßlicher Führer der »al-Qaida auf der Arabischen Halbinsel«, zum ersten Mal ein US-Staatsbürger von der US-Regierung »zur gezielten Tötung freigegeben«[396].

Selten wurde die Existenz streng geheimer »Zugriffs- und Tötungslisten« im Kampf gegen die Taliban bekannt, deren Führer aufgespürt, gefangen genommen oder getötet wurden. An diesen Aktionen der *US Special Operation Forces* – verdeckt kämpfen, gezielt töten – soll auch die deutsche Eliteeinheit Kommando Spezialkräfte (KSK) beteiligt gewesen sein.[397] Im Februar 2010 waren die »Todeslisten« auch Gegenstand der Befragung des Untersuchungsausschusses des Bundestags zur Kundus-Affäre. Nur ein halbes Jahr später veröffentlichte die Internetplattform *WikiLeaks* über 70 000 US-amerikanische Datensätze, meist als geheim eingestufte Dokumente über den Kampf gegen afghanische Taliban in der Zeit vom 1. Januar 2004 bis zum 31. Dezember 2009.[398] Auch mit diesen »Afghanistan-Protokollen« wurden die Aufgaben der US-Sondereinheit »Task Force 373« bekannt, eben die »gezielte Tötung von Hochwertzielen *(High Value Targets)*« wie wichtigen Taliban-Kommandeuren oder Sprengstoffspezialisten der al-Qaida. Es wurde des Weiteren öffentlich, dass deutsche Stellen seit 2007 »Todeskandidaten« der NATO zulieferten. Mindestens ein von Deutschland auf Fahndungslisten der NATO gesetzter Taliban-Kommandeur wurde von den US-Spezialkräften getötet.[399] Die gezielte Tötung hochrangiger Taliban-Führer in Afghanistan, so ein Sprecher des Bundesverteidigungsministeriums Ende Juli 2010, ist in Einzelfällen durch das Völkerrecht gedeckt. Deutsche Soldaten würden sich an solchen Aktionen jedoch nicht beteiligen.[400]

Bis heute hat die den Djihad-Terrorismus bekämpfende Staatengemeinschaft noch keinen Konsens auf die Anwendungspraxis der gezielten Tötung als »letztes Mittel« gefunden. »Da verschwimmen inzwischen die Grenzen von Strafrecht, Polizeirecht und Kriegsrecht. Die Fragen sind so schwierig, dass es darauf noch keine schlüssigen Antworten gibt«, wusste Bundesinnenminister Otto Schily bereits vor einigen Jahren.[401]

Präventivschlag mit Nuklearwaffen –
Erstschlagsstrategie als neue Verteidigungsdoktrin

Ein halbes Jahr nach den Anschlägen des 9/11 fingen Militärs in den USA damit an, in der Gefahrenabwehr auch das Undenkbare zu denken. Im März 2002 wurde mit der Pentagon-Denkschrift »Nuclear Posture Review« (NRP) eine neue nationale Sicherheitsstrategie vorgestellt, in der unter anderem der Frage nachgegangen wurde, ob, wann und unter welchen Umständen Amerika in der Terrorbekämpfung auch (noch zu entwickelnde) kleinere Nuklearwaffen *(Mini-Nukes)* einsetzen sollte.[402] Damit sah die NRP-Studie den nuklearen Erstschlag unter anderem auch gegen Ziele vor, denen mit konventionellen Waffen nicht beizukommen war – und löste so international eine breite Diskussion um den Präventivkrieg aus.

Während in Deutschland im Juni 2002 Experten bei einer Anhörung im Bundestag »vor einer Preisgabe völker- und menschenrechtlicher Standards im internationalen Kampf gegen den Terror« warnten,[403] wurde in Australien fünf Monate später »die Verankerung von Präventivschlägen im Völkerrecht« als Maßnahme gegen den internationalen Terrorismus verlangt. »Internationale Gesetze, die zur Bewältigung von Konflikten wie den Ausbruch des Zweiten Weltkrieges gedacht waren, sind nicht unbedingt auf die gegenwärtige Situation anwendbar«, so seinerzeit Ministerpräsident John Howard.[404] Der bayerische Ministerpräsident Edmund Stoiber stärkte ein halbes Jahr später die Position Australiens. Er sprach sich Anfang Juli 2003 ebenfalls dafür aus, die Möglichkeit zu Präventivschlägen in der UN-Charta zu verankern. »Das in Artikel 51 festgelegte Recht auf Selbstverteidigung im Angriffsfall reicht angesichts der neuartigen Bedrohungen nicht mehr aus«, so der CSU-Chef bei einer Tagung in Tutzing. »Verteidigung muss früher einsetzen, Angriffe von Terroristen müssen nach Möglichkeit verhindert, nicht abgewehrt werden.«[405] Bereits im Februar jenen Jahres hatte das Vereinigte Königreich deutlich gemacht, dass es im Fall einer »extremen nationalen Selbstverteidigung« den Einsatz von Atomwaffen nicht ausschließen wollte. »Das ist und bleibt Position der Regierung«, so Verteidigungsminister Geoff Hoon.[406] Und auch Frankreich definierte angesichts der terroristischen Bedrohung seine Nuklearstrategie neu. Künftig sollten atomare Miniwaffen gegen »Schurkenstaaten oder Terroristen« eingesetzt werden können, die mit chemischen oder bakteriologischen Attacken drohen, so die Regierung im Oktober 2003.[407]

In den USA genehmigte einen Monat später der Kongress das Budget für die Entwicklung neuartiger Nuklearwaffen. Beide Kammern verabschiedeten eine Vorlage, in der ein Millionenbetrag »für die Entwicklung kleiner Atombomben vorgesehen war, die tief in der Erde liegende Objekte zerstören können«. Keine zwei Jahre später, ab März 2005, prüfte das Pentagon den Entwurf einer neuen Verteidigungsdoktrin mit dem Titel »Doktrin für gemeinsame nukleare Operationen«[408], die präventive Atomangriffe empfahl. Dieser Entwurf griff die neue Weltlage seit den Anschlägen des 9/11 auf und markierte mit seiner »Erstschlagsstrategie« eine tiefgreifende Wende in der US-Militärstrategie. Man wollte »potenziellen Feinden nicht nur wie bisher bei einem Einsatz von ABC-Waffen mit atomaren Vergeltungsschlägen drohen, sondern gefährliche Gegner bereits im Vorfeld mittels Nuklearwaffe ausschalten … Den präventiven Nuklearschlag rechtfertige auch ein unmittelbar bevorstehender Angriff mit Biowaffen, die nur mit Kernwaffen vollständig vernichtet werden können.«[409]

Im Jahr zehn nach dem 9/11 bemühen sich Djihad-Terroristen immer noch, vielleicht sogar intensiver, um den Erwerb biologischer und chemischer Kampfstoffe; sie würden dieselben, wie auch eine »schmutzige Bombe«, gegen die Feinde des Islam zum Einsatz bringen. Diese Gefahr bleibt – ebenso die Gefahr eines Präventivschlags. Dies gilt insbesondere für die *dar al-Islam*, das »Gebiet des Islam«.

Der Dialog mit dem Feind –
Ein endloser »Kampf um Köpfe und Herzen«

»Der Islam mit seinen 1,3 Milliarden Gläubigen ist eine dezentrale und diversifizierte Religion ohne Oberhaupt und verbindlichen Regelkanon. Der Gläubige steht in direkter Verbindung zu Gott. Geistliche und Vorbeter helfen bei der Interpretation des Korans und der Worte des Propheten – bindend sind ihre Predigten und Rechtsgutachten (Fatwas) nicht«, so Alexander Ritzmann, Senior Fellow bei der European Foundation for Democracy (EFD) in Brüssel im Juni 2010.[410]

Antiterror-Fatwas der Islamgelehrten –
Hoffnung für den Westen?

Am 10. März 2010 verstarb der Religionsgelehrte Mohammed Said Tantawi während eines Besuchs in Saudi-Arabien. Der 81-jährige Großscheich des Al-Azhar-Instituts in Kairo und Imam der Al-Azhar-Moschee galt als oberste religiöse Autorität des sunnitischen Islam. Zeit seines Lebens vertrat er einen friedensstiftenden Islam. Schon kurz nach den Anschlägen des 9/11 verurteilte der Vorsitzende der einflussreichen islamischen Forschungsakademie Terrorismus und Selbstmordattentate als »abstoßendste Art von Ungerechtigkeit« und den »Verlust menschlicher Werte«. Anschläge der Hamas hingegen billigte Großscheich Tantawi als Akte der Selbstverteidigung.[411] Im Westen galt der Gelehrte als Liberaler, doch leider blieb auch hier seine Verurteilung des Terrorismus ohne großes Echo.

Drei Jahre später, am 6. Oktober 2004, veröffentlichten die beiden liberalen Websites *elaph.com* und *metransparent.com* ein von arabischen Liberalen verfasstes Manifest. Darin riefen sie die Vereinten Nationen auf, ein internationales Tribunal einzurichten, das Terroristen ebenso wie Individuen und Institutionen, die zum Terror aufrufen, strafrechtlich verfolgen soll. Insbesondere ging es dabei auch um religiöse Gelehrte, die in Fatwas terroristische Anschläge legitimierten.[412]

Ein Jahr später bekannten sich die Führer von mehr als 50 muslimischen Staaten auf einem Antiterror-Gipfel in Mekka zum Kampf gegen extremistische Ideologien. »Die Nation des Islam ist in einer Krise«, hieß es in der Abschlusserklärung Anfang Dezember 2005. Darin versprachen die Unterzeichner, extremistische Passagen aus Schulbüchern zu tilgen, die Terrorfinanzierung trockenzulegen und gegen menschenverachtende religiöse Erlasse vorzugehen.[413]

In Indien erließ Ende Mai 2008 die einflussreiche Deoband-Bewegung eine Fatwa gegen Terrorismus. Auf einer Versammlung in Neu-Delhi, an der die wichtigsten islamischen Vereinigungen des Landes teilnahmen, verlasen die Gruppen einen abgestimmten Text: »Sinn und Zweck des Islam ist es, alle Arten von Terrorismus auszulöschen und die Nachricht von globalem Frieden zu verbreiten. Solche, die den Koran und die Kunde des Propheten Mohammed benutzen, um Terror zu rechtfertigen, halten nur eine Lüge aufrecht.«[414]

Die wohl umfangreichste Fatwa gegen den Terror verfasste der britische Islamgelehrte Muhammad Tahir ul-Qadri (59), die er am 2. März 2010 in London vorstellte. In dem 600-seitigen Rechtsgutachten entkräftete der pakistanischstämmige Gelehrte die radikale Deutung des Islam durch Terrorgruppen wie al-Qaida, verurteilte jegliche Gewalt und warnte Selbstmordattentäter, dass sie »für die Hölle bestimmt« seien. Britische Imame forderte er auf, radikale Tendenzen zu verurteilen. Seine Fatwa war eine der wenigen, die auf Englisch verfasst im Internet zugänglich war.[415]

Experten bezeichneten Qadris Gutachten als Meilenstein, war es doch die bisher umfassendste theologische Widerlegung des radikalen Islam. Noch nie hatte ein Islamgelehrter so deutlich und so wissenschaftlich fundiert Terroristen als Ungläubige und

»Rebellen gegen den Islam« bezeichnet. Ziel der Fatwa war es, »den Schandfleck Terrorismus vom Gesicht des Islam abzuwaschen und Muslime mit den wahren Lehren des Korans und der Sunna vertraut zu machen«[416]. Realistisch gesehen, wird der Einfluss seiner im Westen mit Interesse notierten Fatwa wohl eher gering bleiben, haben die Ansichten des pakistanischen Briten in der arabisch-muslimischen Welt doch kaum Gewicht.

In dieser erließ der oberste Rat der islamischen Religionsgelehrten von Saudi-Arabien am 13. April 2010 zum ersten Mal eine Fatwa gegen die Finanzierung von Terrorgruppen. Im Gutachten hieß es: »Die finanzielle und moralische Unterstützung des Terrorismus ist ein Verbrechen.« Alle 20 Mitglieder des Rates zeichneten die Fatwa in Anwesenheit des Muftis, Scheich Abdul-Asis al Scheich.[417]

So erfreulich diese deutlichen antiterroristischen Positionierungen sind, man muss sie relativieren. Eine Fatwa gilt, anders als ein Gerichtsurteil, nur für Personen (Gläubige), die die Autorität des Verfassers auch anerkennen. Djihad-Terroristen, die den Islam nach eigener Vorstellung auslegen, suchen sich ihre religiösen Autoritäten selbst aus.

Verhandlungen mit dem Feind –
Auf der Suche nach den »gemäßigten« Taliban

Anfang Oktober 2008 wurden geheimdienstliche Berichte in Kabul bekannt, nach denen erstmals direkte Verhandlungen zwischen Vertretern der afghanischen Regierung und den Taliban stattgefunden hatten. Nach einem Geheimdossier soll sich auf Einladung des saudischen Königs Abdullah anlässlich des heiligen Fastenmonats Ramadan eine 17-köpfige afghanische Delegation vom 24. bis 27. September in Mekka getroffen haben.[418] Vier Tage lang sollen zwei Regierungsvertreter, elf Taliban als Gesandte ihres Führers Mullah Omar, ein Vertreter des islamistischen Warlords Gulbuddin Hekmatjar sowie drei weitere Delegierte darüber gesprochen haben, wie ein Ausweg aus diesem Konflikt gefunden werden könnte. Die Taliban sollen bei dieser Begegnung betont haben, dass ihr Führer nicht länger ein Verbündeter von Osama Bin Laden und dessen al-Qaida wäre.

Das Treffen mit »Eisbrecher-Charakter« soll zwei Jahre lang vorbereitet worden sein.[419] In dieser Zeit, Anfang April 2007, besuchte der rheinland-pfälzische Ministerpräsident und SPD-Chef Kurt Beck Afghanistan und sorgte unmittelbar vor Beginn des Einsatzes deutscher Tornado-Jets am Hindukusch mit einem überraschenden Vorschlag zur Neuorientierung der internationalen Afghanistanpolitik für Aufsehen. Internationale Strategien für Afghanistan waren 2001 und 2004 auf Konferenzen in Deutschland festgelegt worden – ohne Beteiligung der Taliban, wurden diese doch als Hindernis für einen Frieden im Land angesehen. Beck schlug nun eine Friedenskonferenz unter Beteiligung der radikal-islamischen Taliban-Milizen vor. »Wir können die Möglichkeit der nationalen Versöhnung unter Einbeziehung von Taliban ausloten«, sagte er zum Abschluss seiner Reise in Kabul.[420]

Während der sicherheitspolitische Vorstoß Becks in Deutschland auf Widerstand stieß (»irreal, irreführend, abenteuerlich – es gibt keine moderaten Taliban. Wären sie moderat, wären sie keine Taliban«), erneuerte Präsident Karzai sein Angebot an die Taliban-Milizen, die Waffen niederzulegen und sich am politischen Prozess des Landes zu beteiligen. »Afghanische Taliban sind immer willkommen, sie gehören zu diesem Land … Wenn sie umkehren, wenn sie bereuen, wenn sie in ihr eigenes Land zurückwollen, dann sind sie willkommen«, so der Staatspräsident, der auch Taliban-Führer Mullah Omar von den Friedensgesprächen nicht ausschließen wollte.[421]

Vor dem Hintergrund dieser Entwicklungen stellte man sich insbesondere im Westen die Frage: Gibt es so etwas wie gemäßigte Taliban, mit denen man verhandeln könnte? Tom Koenigs, UN-Sonderbeauftragter für Afghanistan, differenzierte die »vielen Elemente des gewaltsamen Widerstands« gegen die Kabuler Regierung: »Es sind die von der Macht vertriebenen Taliban; junge Kämpfer, die oft bloß Geld brauchen; Leute, die sich durch korrupte und parteiische Regierungsbeamte benachteiligt sehen; Drogen- oder sonstige Kriminelle; überzeugte islamische Fundamentalisten, die sich langfristig auf der richtigen Seite sehen.«[422] Irgendwann, so auch Volker Perthes, Leiter der Stiftung Wissenschaft und Politik (SWP) in Berlin, werde man angesichts der Lage »nicht daran vorbeikommen, mit Teilen der Taliban zu verhandeln«. Eine Studie seines Hauses beschrieb diese Teile als »lokale, nicht ideologisierte Träger des Aufstandes«[423].

Belebt und aufgewertet wurde die Diskussion um gemäßigte Taliban durch die Überlegungen des US-Präsidenten Barack Obama im März 2009, der sich offen für Kontakte mit denselben gezeigt hatte. Als unlogisch wurde die präsidiale Gesprächsbereitschaft von den Taliban in Afghanistan bezeichnet: »Die Taliban sind vereint, haben einen Führer, ein Ziel, eine Politik«, sagte ihr Sprecher Kari Mohammed Jusuf. Wenn es sich um ein Angebot an diejenigen handeln sollte, die zu Hause säßen und nicht kämpften, sei das Gespräch mit ihnen bedeutungslos.[424]

Mit der deutlichen Ablehnung der mächtigen »Bösen« war und ist die Fiktion, man könnte sich die »Guten« aussuchen und mit ihnen verhandeln, nicht vom Tisch der Politik des Westens. Hier werden zunehmend Einstellungsänderungen gefordert. »Wir müssen uns angewöhnen, an vielen Punkten die Afghanen selber bestimmen zu lassen. Ein Grundfehler des Einsatzes bisher war es, unsere Ordnungsvorstellungen an den Hindukusch exportieren zu wollen. Das ist im Desaster geendet«, so der Leiter der SWP-Forschungsgruppe Markus Kaim Ende 2009.[425]

Originäre afghanische Ordnungsvorstellungen hatte Rangin Dadfar Spanta, Außenminister seines Landes und Leiter der Kabuler Regierungsdelegation, schon vor Beginn der Londoner Afghanistan-Konferenz im Januar 2010 im Gepäck: »Wir haben einen dreistufigen Reintegrationsplan für afghanische Taliban. Aufständische, die nicht integraler Bestandteil von al-Qaida sind und die Waffen niederlegen wollen, können in die Sicherheitskräfte aufgenommen werden. Auch ein Teil der mittleren Führungsebene dürfte sich integrieren lassen. Schwierig wird es bei der Führungsebene, doch auch da wollen wir uns bemühen. Wir müssen ihnen eine Amnestie anbieten und die Voraussetzung für eine Rückkehr in die Gesellschaft und die Politik schaffen. Dazu planen wir eine *Loya Jirga* [»Große Versammlung«, Anm. des Verf.].«[426] Dieses Programm, es gilt bis heute als Teil eines Versöhnungsplans mit den Aufständischen, war eine Art Wiedereingliederung, und zwar über finanzielle Anreize, juristische Milde und insbesondere über Arbeitsangebote. Kostenpunkt: über eine Milliarde US-Dollar.[427] Männer bestechen, damit sie den Kampf gegen Kabul einstellen oder gar die Seiten wechseln, war eine andere Sicht des Plans mit folgender Rechnung: »100 Dollar Sold bekommt der afghanische Soldat, 200 Dollar der Taliban-Kämpfer. Ein Aufkaufprogramm für 10 000 Terroristen würde eine Million Dollar pro Monat kosten, eine sprichwörtliche Peanut im Vergleich zu den Ausgaben für die ausländischen Truppen.«[428] Vier Wochen nach der Londoner Afghanistan-Konferenz hieß es im ISAF-Hauptquartier in Kabul, dass das geplante Programm ein wichtiger Beitrag in der neuen Gesamtstrategie zur Stabilisierung des Landes wäre. Das Taliban-Aussteiger-Programm für geschätzte 25 000 bis 36 000 Kämpfer und 900 Kommandeure wollte man massiv unterstützen.[429]

Ein halbes Jahr später, am 10. August, stellte die Unterstützungsmission der Vereinten Nationen in Afghanistan (UNAMA) in Kabul ihren Halbjahresbericht für das Land vor, in dem sie auf zwei beunruhigende Entwicklungen hinwies: Die Aufständischen würden immer umfangreichere und ausgeklügeltere Anschläge im ganzen Land verüben; und die Zahl der Morde an Zivilisten durch regierungsfeindliche Kräfte würde dramatisch ansteigen. Eines der Opfer war eine schwangere Frau. Die 40-jährige Witwe war im August von den Taliban für schuldig befunden worden, durch eine unerlaubte Affäre schwanger geworden zu sein. Die Taliban hatten sie drei Tage eingesperrt und mit 200 Hieben ausgepeitscht. Anschließend wurde sie von einem örtlichen Kommandanten mit drei Schüssen in den Kopf getötet[430] – zur gleichen Zeit sprachen sich in Deutschland erste Spitzenpolitiker für die Kooperation mit den Taliban und deren Beteiligung an der Macht in Afghanistan aus.

Aussteigerprogramme für Djihadisten:
Lassen sich Gotteskrieger umerziehen?

Die Idee, »Gotteskrieger auf Entzug« zu schicken, wurde in
Saudi-Arabien nicht durch die 9/11-Anschläge, sondern durch
persönliche Betroffenheit ausgelöst. Am 13. Mai 2003 verübten
Selbstmordattentäter in Riad eine Serie von Bombenanschlägen, die 35 Menschen tötete und mehr als 190 verletzte. Danach
bombten al-Qaida-Kämpfer vermehrt im Königreich. So auch
am 29. Dezember 2004, als die saudische Hauptstadt von zwei
Terroranschlägen erschüttert wurde. Terroristen versuchten
nach der Zündung von zwei Autobomben, das Innenministerium zu stürmen.[431] Zur Terrorbilanz der Jahre 2003/2004 gehörten 22 Terrorangriffe mit Gesamtschäden von 266 Millionen
Dollar, 507 Verletzte, 90 ermordete saudische Zivilisten und
Ausländer sowie 39 getötete Sicherheitskräfte auf der einen
Seite. Auf der anderen wurden 92 Terroristen, darunter 20 der
26 Top-Terroristen, getötet und 700 Verdächtige inhaftiert.[432]
 In den Gefängnissen »begann man mit religiöser Umerziehung, als Fortsetzung der Tradition, dass Familien ihren inhaftierten Angehörigen oft Geistliche zu Besuch schicken«[433].
Zudem achtete man darauf, dass islamistische Sympathisanten
und »Djihadis, die noch keine schweren Verbrechen begangen
hatten«, nicht mit beinharten Kämpfern und Ideologen zusam-
menkamen. Für sie fing das Innenministerium in Kooperation
mit dem Ministerium für Islamische Angelegenheiten 2004 mit
der Entwicklung von Wiedereingliederungsprogrammen mit
dem Schwerpunkt der religiösen Unterweisung an. Eine psychologische Betreuung dieser Häftlinge, die darüber hinaus viele
Sportmöglichkeiten und berufliche Trainingsprogramme nutzen
konnten, ergänzten das Kernprogramm. Nach drei Jahren hieß
es nach offiziellen Angaben, dass keiner der Kandidaten, die
nach Tests aus diesen Programmen entlassen worden waren,
rückfällig wurden. »Ihre Ideologie hat sich geändert, und sie
sind überzeugt davon, dass sie sich geirrt haben«, hieß es im
Innenministerium 2007.[434]

Parallel dazu suchte die Abteilung »Ideologische Sicherheit« an der König-Fahd-Akademie zu ergründen, welche jungen Männer besonders anfällig für radikale al-Qaida-Werber waren. Alle Erfahrungen flossen in eine Leitidee: »Um diese Leute zu entradikalisieren, müssen wir ihr Vertrauen gewinnen und ihnen helfen, ihr Leben wieder auf die Reihe zu kriegen«, so Abdulraham Al Hadlaq, Leiter der Abteilung und Vordenker einer sanften Resozialisierung von Terroristen.[435]

Vor den genannten Hintergründen fing im Jahr 2007 das Innenministerium mit einem einzigartigen Programm an. Es gründete ein Rehabilitationsinstitut, das nach dem Vize-Innenminister benannt wurde: »Mohammed Bin Nayef Zentrum für Beratung, Behandlung und Betreuung«. Das Vorzeigeprojekt im Kampf gegen islamischen Extremismus befand sich in einer ehemaligen Ferienanlage, 30 Kilometer nordöstlich von Riad. In Gruppen durchliefen die »Djihadis«, 120 ehemalige Guantánamo-Insassen sowie 173 saudische al-Qaida-Kämpfer, eine zweimonatige Umerziehung, die zum Ziel den Entzug vom radikalen Gedankengut hatte. »Ideen mit Ideen bekämpfen«, so Generalmajor Mansur al-Turki, Sprecher für Sicherheitsfragen des Innenministeriums.

Religiöse Ideen mit religiösen Ideen bekämpfen, müsste man ergänzen.[436] Dementsprechend versuchte man eine »Korrektur des Djihad-Verständnisses« durch eine innovative Rehabilitation zu erzielen. Kern des Programms war und ist der Religionsunterricht (»Islam ist eine Religion der Liebe«), der ergänzt wird durch Kunsttherapie, psychologische Betreuung, Sport und Programmeinheiten zur Wiedereingliederung in die Gesellschaft.[437] Das Rehabilitationszentrum, so Abdulraham Al Hadlaq, ist »eine Art Investition. Das Ganze kostet uns Millionen, aber das Geld ist gut angelegt« – auch wenn die Rückfallzahlen bei den Guantánamo-Häftlingen Anlass zur Sorge geben. Elf sind bisher wieder zu al-Qaida zurückgekehrt und haben sich wahrscheinlich in den Jemen abgesetzt. Fünf weitere wurden wieder verhaftet, fünf sind untergetaucht. Damit liegt die Quote knapp unter 20 Prozent. »Sichere Aussagen über den Erfolg unseres Programms aber wird man erst in einigen Jahren machen können.«[438] Immerhin soll das Reha-Zentrum mit seiner Kapazität von 100 Männern bald ersetzt werden durch fünf feste Zentren in allen Teilen des Landes, die jeweils bis zu 250 Personen aufnehmen können.

Dass im Königreich das erste und bis in unsere Tage einzige Terroristen-Rehabilitationszentrum der Welt begründet wurde, ist auch durch eine permanent gegebene Gefahrenlage zu erklären. So ist in saudischen Zeitungen zu lesen, dass bis zu zwei Millionen Menschen im Land mit al-Qaida sympathisieren und 10 000 sofort zum Kämpfen bereit wären – und zwar aus allen Schichten der Bevölkerung.[439] Einer von ihnen verübte am 27. August 2009 ein Attentat auf den Namensgeber des Programms für reuige Djihadisten, Prinz Mohammad Bin Nayef. Unter der Vorspiegelung, ein »reuiger Djihadist« zu sein, hatte der Selbstmordattentäter Kontakt aufgenommen.

Dennoch, das Zentrum ist zur Vorzeigeadresse geworden. Aus vielen Ländern der muslimischen, insbesondere der arabischen Welt waren schon Experten hier. Von den Saudis hat sich wohl auch der Präsident Mauretaniens inspirieren lassen, dessen Land seit 2008 zum Ziel terroristischer Attacken der »al-Qaida im Islamischen Maghreb« (AQIM) geworden ist. Seit 2010 schickt er Islamgelehrte ins Gefängnis Lahsar in der Landeshauptstadt Nouakchott. Die Gelehrten sollen die dort inhaftierten Djihadisten mittels religiöser Debatte dazu bewegen, von der Gewalt abzuschwören.[440]

Aber auch in der nicht muslimischen Welt haben sich in den letzten Jahren islamische Antiterror-Initiativen entwickelt. So wurde im Vereinigten Königreich Ende April 2008 von britischen Muslimen die »Quilliam Foundation« ins Leben gerufen. Die Gründer gehörten vor ihrer persönlichen »Umkehr« der islamistischen Gruppe »Hizb ut-Tahrir (HuT) al-Islami« (»Partei der Islamischen Befreiung«) an, saßen zum Teil über Jahre in Gefängnissen, sagten sich dann vom Djihad los und fingen damit an, ihre Kampfgefährten von früher zu missionieren. Zu diesem Zweck wurde die Stiftung gegründet. Schon deren Name ist Programm. William Abdullah Quilliam war ein Brite, der als Reisender in Nordafrika in der zweiten Hälfte des 19. Jahrhunderts zum Islam konvertierte. Nach seiner Konversion hatte er in Liverpool 1889 Großbritanniens erste Moschee begründet. Die Gründer der Quilliam-Stiftung sehen in ihrer Organisation eine Art »Thinktank gegen Extremismus und Fundamentalismus unter Muslimen in Europa«. Wie der Namensgeber sich einst dem Dialog mit Angehörigen anderer Religionen verschrieben hatte, knüpft der neue Thinktank an eben diese Tradition an. Einerseits erforscht und bekämpft er den politischen Islam, andererseits beschreitet er einen Weg mit dem Ziel einer »Harmonie zwischen dem Westen und dem Islam«. Die Stiftung finanziert sich aus Spenden.[441] Ihr Direktor ist Maajid Nawaz, der als Sohn pakistanischer Eltern 1978 in Westcliff-on-Sea in Essex geboren wurde. Der Ex-Djihadist berät heute »auch westliche Staaten in der Terrorismusbekämpfung. Die britische Regierung konsultiert ihn ebenso wie die österreichische, dänische und griechische, dem Berliner Innenministerium stellte er sich ebenso wie dem US-Senat.«[442]

Und auch in Deutschland gab es Überlegungen zur »Deradikalisierung« von militanten Islamisten. Hierfür wurde Mitte Dezember 2009 im »Gemeinsamen Terrorismusabwehrzentrum« (GTAZ) in Berlin ein neues Forum gegründet, das die bisherigen Ansätze in diesem Bereich bündeln und neue Strategien erarbeiten soll. Die Bemühungen zielen auf radikale Konvertiten ebenso wie auf extremistische Muslime mit Migrationshintergrund. Im Fokus der Innenminister sind zudem bereits verurteilte Djihadisten, die auch noch »im Gefängnis eine besondere Gefahr darstellen – etwa indem sie Mitgefangene rekrutieren. Nach den Plänen der Innenminister soll auf diese Gefährder künftig unter anderem durch religiöse Organisationen oder gemäßigte Imame deradikalisierend eingewirkt werden.«[443] Ein halbes Jahr später, im Juni 2010, kündigte Bundesinnenminister Thomas de Maizière anlässlich der Präsentation des Jahresberichts 2009 des Bundesamts für Verfassungsschutz ein »Aussteigerprogramm« an, ein Angebot für junge militante Islamisten »oder solche, die auf dem Wege sind«. Den unvermindert hohen Gefahren islamistischer Terroraktionen wollte man damit gegensteuern. Es werde eine Telefon-Hotline und eine Internetadresse für Muslime geben, »die in den Einflussbereich fundamentalistischer und terroristischer Strukturen geraten sind«, so BfV-Präsident Heinz Fromm. Aussteigewilligen würden Ansprechpartner zur Verfügung stehen, die etwa Arabisch oder Türkisch beherrschen.[444] Nur wenige Wochen später, am 19. Juli 2010, startete der Verfassungsschutz das »Aussteigerprogramm« für Islamisten. Ausstiegswillige sowie ihre Freunde und Angehörige können sich per E-Mail oder telefonisch unter dem Begriff HATIF (»Heraus aus Terrorismus und islamistischem Fanatismus«) an BfV-Mitarbeiter wenden. Die Gespräche werden vertraulich geführt. Ausstiegswillige sollen Hilfen erhalten, etwa wenn ein Ortswechsel nötig ist, schulische oder berufliche Qualifizierungen angestrebt oder Behörden kontaktiert werden müssen.[445]

Doch wie ist es um die Inhalte des Angebots bestellt? Ein »Aussteigerprogramm« stellt auf den »Ausstieg aus der Gewalt« ab. Wissen wir tatsächlich schon, wie aus gewaltbereiten Islamisten nichtgewaltbereite Islamisten werden? Ist ein »Ausstieg aus dem bewaffneten Kampf« auch zugleich ein »Ausstieg aus der islamistischen Ideologie«? Lassen sich überhaupt Djihadisten, überzeugte »Glaubenskämpfer«, umerziehen? Schon die nahe Zukunft – das Jahr zehn des 9/11 – wird zeigen, welcher Djihadist von diesem Angebot Gebrauch machen wird. Vier Wochen nach der fernmündlichen Schaltung des Aussteigerangebots meldete sich die al-Qaida-nahe »Islamic Jihad Union« (IJU) aus dem fernen Hindukusch mit einem Video. In diesem begrüßte der aus Bonn stammende »Gotteskrieger« Abu Adam al-Almani auf Deutsch drei muslimische Brüder als neue Terrorkämpfer: »Es freut mich, unter euch neue Gesichter zu sehen … Zu euch sage ich: Herzlich willkommen auf dem Boden der Ehre, auf dem Boden, wo Allahs Wort das Höchste ist.«[446]

»Strategie der 1000 Schnitte« –
Terroraktionen werfen ihre Schatten voraus

September 2010

Das Gedenken zum neunten Jahrestag des 9/11 wurde in den USA durch zwei umstrittene Vorhaben überschattet. Zum einen durch die Debatte um den geplanten Bau eines Islamischen Zentrums in unmittelbarer Nähe des Ground Zero in New York, was zu wütenden Protesten von Amerikanern führte, die sich in einem »Kulturkampf« wähnen. Zum anderen durch die Ankündigung des Pastors einer evangelikalen Freikirche (Christian Dove World Outreach Center) in Gainsville/Florida, am 11. September rund 200 Ausgaben des Korans öffentlich zu verbrennen.[447] Die Drohung löste weltweite Proteste, insbesondere in der muslimischen Welt, aus. US-Präsident Barack Obama verurteilte diesen Plan in einem ABC-Interview als »Rekrutierungs-Bonanza« für das islamistische Terrornetzwerk al-Qaida.[448] Sein General David Petraeus, Oberbefehlshaber der NATO-Truppen in Afghanistan, zeigte sich besorgt über den Plan, konnte die Schändung des Heiligen Buches der Muslime doch das Leben der Soldaten im Hindukusch gefährden. In Afghanistan kam es am 10. September zu schweren Unruhen, auch vor einem Bundeswehrstützpunkt. Ob der globalen Proteste verzichtete US-Pastor Terry Jones mit seiner fundamentalistischen Gemeinde auf die explosive Provokation.

Zum Ende des Monats wurden zwei auch für Deutschland bedrohliche Terroranschlagsszenarien bekannt. Zum einen sollte mit Younis al-Mauretani ein führender al-Qaida-Mann Anschläge in Europa, auch in Deutschland, auf Finanz- und Wirtschaftssysteme geplant haben. Dazu sollte »ein Netzwerk von Personen in ganz Europa« aufgebaut werden. Einer der informativen »Urheber« dieses Szenarios soll der Deutsch-Afghane Ahmad Walid Sidiqi (36) gewesen sein. Der Islamist aus Hamburg, der zur Islamischen Bewegung Usbekistan (IBU) gezählt wird, wurde Anfang Juli in Kabul von US-Sicherheitskräften festgenommen. In der Folge wurde er im Militärgefängnis in Bagram einvernommen.[449]

Wenig später übermittelten Amerikaner Warnungen vor einem weiteren, ebenfalls in Waziristan/Pakistan geplanten Anschlagsszenario. Diesem zufolge waren mehrere Kleingruppen mit insgesamt bis zu 25 Djihadisten nach Europa unterwegs, um nach dem »Modell Mumbai« (Bombay, November 2008) zeitgleich in Metropolen in Frankreich, Großbritannien und Deutschland mit Billigung des al-Qaida-Führers Osama Bin Laden zuzuschlagen. Zu diesen Einheiten sollten deutsche, arabische und tschetschenische Kämpfer gehören. In Deutschland sollten die militanten Islamisten besonders »weiche Ziele«, darunter U-Bahnhöfe, Züge und Menschenansammlungen, angreifen.[450] Fast zeitgleich meldeten Medien (Sky News, *Wall Street Journal*), dass US-Geheimdienste durch gezielte Drohnenangriffe auf Islamisten in Waziristan dort geplante Terroranschläge auf Ziele in London sowie in großen Städten in Deutschland und Frankreich verhindert hätten.[451]

Oktober 2010

Am 7. Oktober wurde in der nordafghanischen Provinz Baghlan Oberfeldwebel Florian Pauli (26) aus Halle/Sachsen-Anhalt Opfer eines Selbstmordattentäters. Er war der 44. deutsche Soldat, der im Krieg am Hindukusch getötet wurde.

Mitte des Monats erschien im Internet die zweite Ausgabe von *Inspire*, dem neuen Online-Magazin der al-Qaida. Mit diesem wollte und will man Sympathisanten, aber auch Kämpfer gewinnen, die insbesondere »zu Hause, im eigenen Land Anschläge verüben sollen«. So enthielt schon die erste Ausgabe im Juli den Artikel »Wie ich in der Küche meiner Mutter eine Bombe baue«. Nummer zwei war ein 76 Seiten starkes Propagandakonvolut, mit dem sich die Djihadisten »speziell an junge, unzufriedene Muslime in westlichen Ländern« wandten.[452]

Auf der Herbsttagung des Bundeskriminalamtes (21. Oktober) warnte BKA-Präsident Jörg Zierke vor einer wachsenden Gefahr durch islamistischen Terror – und bezeichnete die gegenwärtige Bedrohung Deutschlands durch diesen als präsenter denn je.

Ende des Monats wollten islamistische Terroristen ein Flugzeug über der Ostküste der USA in die Luft sprengen. Vom Jemen aus war der in zwei Druckerpatronen versteckte Sprengstoff Nitropenta (PETN) über Dubai (hier wurde eine der Printerkartuschen abgefangen) nach Deutschland gelangt. Auf dem Flughafen Köln-Bonn wurde die Paketbombe auf eine Frachtmaschine der Firma UPS umgeladen. Doch erst beim Zwischenstopp im britischen Nottingham konnte die Sprengladung entdeckt und entschärft werden. Über die gefährliche Fracht hatten die Saudis das BKA informiert, das die Meldung an die Briten weitergab.[453] Eine Woche später bekannte sich die »al-Qaida auf der Arabischen Halbinsel« (AQAH) zu den Anschlagsversuchen, behauptete zudem, für die »Explosion« einer UPS-Maschine Anfang September in Dubai verantwortlich zu sein, und rief nicht zuletzt dazu auf, weitere Paketbomben »in westlichen Passagierflugzeugen, aber auch Frachtflugzeugen« zu deponieren.[454] In der Folge feierte die AQAH ihre fehlgeschlagenen Anschläge als großen Erfolg und als Beispiel für eine neue Strategie. Demnach waren die an jüdische Einrichtungen adressierten und in Dubai und England abgefangenen Sendungen Teil der »Operation Blutsturz« gewesen, die wiederum Teil einer neuen »Strategie der 1000 Schnitte« gewesen sei. »Um Amerika in die Knie zu zwingen, müssen wir nicht groß zuschlagen«, so die AQAH zu ihrer Strategie. »In einem Umfeld der Sicherheitsphobie, die Amerika erfasst, … soll der Feind ausgeblutet werden«. Gemeint war damit die neue »Strategie der wirtschaftlichen Schädigung«. Nach eigenen Angaben hatte die AQAH für die beiden Paketbomben nur 4200 Dollar investiert, deren Versendung »Amerika und den Westen zweifellos einige

Milliarden Dollar für neue Sicherheitsmaßnahmen (= der Frachtgutkontrollen im Luftverkehr) kosten ... Das nennt sich Hebelwirkung«. Die Reaktion der auf Überwachung islamistischer Gruppen spezialisierten US-Organisation IntelCenter: »Wir haben noch nie erlebt, dass eine Djihadisten-Gruppe in der al-Qaida-Welt jemals eine derart genaue Darstellung ihrer Philosophie, des Einsatzverlaufs, ihrer Absichten und der nächsten Schritte veröffentlicht.«[455]

Unter den 480 Millionen Muslimen des Nahen und Mittleren Ostens leben noch 17 Millionen Christen. Unter diesen wurde im Irak in der Sayidat-al-Nejab-Kathedrale in Bagdad das schwerste Massaker seit Generationen verübt. Ein Kommando der mit al-Qaida verbundenen Terrorgruppe »Islamischer Staat Irak« (ISI) hatte am 30. Oktober die katholische Kirche in ihre Gewalt gebracht und drohte mit der Tötung von 120 irakischen Christen, wenn nicht inhaftierte Kämpfer der Gruppe im Irak und Ägypten freigelassen würden. Bei der folgenden polizeilichen Erstürmung des Gotteshauses wurden mindestens 58 Menschen, darunter 46 Gläubige und zwei Priester, getötet. In einer Internet-Drohung an die »Götzendiener am Tigris und Nil« hieß es, alle christlichen Kirchen und Einrichtungen, alle Kirchenführer und ihre Anhänger seien »legitime Ziele für heilige Krieger«[456].

November 2010

Vor dem Kammergericht in Berlin muss sich ab dem 5. November Feliz Gelowicz (29), Ehefrau des Anführers der »Sauerland-Gruppe«, zusammen mit dem Deutsch-Türken Alican T. (21) verantworten. Der Bundesanwaltschaft zufolge haben beide die terroristischen Vereinigungen »Islamic Jihad Union« (IJU) und »Deutsche Taliban Mudjaheddin« (DTM) von November 2009 bis Februar 2010 mit Geld unterstützt sowie Propagandamaterial über das Internet verbreitet. Das Geld sei in Deutschland für den »Heiligen Krieg« gesammelt worden, so die Anklage.[457]

Fast zeitgleich nahm in Neunkirchen/Saarland die Polizei den Djihadisten Kevin S. (18) fest. Dieser hatte mittels Drohvideos auf der Internetplattform *YouTube* versucht, ein verurteiltes Mitglied der »Sauerland-Gruppe« (Daniel Martin Schneider) freizupressen. Der Verfassungsschutz hatte den aus Kamerun stammenden »hochemotionalen und sehr gefährlichen Einzeltäter« zuvor über Monate beobachtet.[458]

In der *Bild am Sonntag* (7. November) warnte Bundesinnenminister Thomas de Maizière nach den versuchten Anschlägen mit Paketbomben vor weiteren Terrorakten: »Es gibt ernst zu nehmende Hinweise auf Anschläge in Europa und den USA … Die Ereignisse sind für mich Anlass, meine Sorgen erstmals öffentlich zu machen … Ich möchte die Bevölkerung bitten, in ihrem Umfeld wachsam zu sein und alles, was ihnen verdächtig erscheint, der Polizei zu melden.«[459]

In Athen fand die erste gesamteuropäische Internet-Sicherheitsübung »Cyber Europe 2010« statt. IT-Spezialisten aus 30 Staaten probten die Reaktion auf Versuche von kriminell oder politisch motivierten Tätern, Online-Verbindungen zu manipulieren. Zu den simulierten Szenarien zählten die Sabotage von Regierungsseiten im Netz, Datendiebstahl, Finanzbetrug oder die Umprogrammierung von Industrieanlagen. Europas Staaten, so ein Ergebnis, müssten enger kooperieren, um sich gegen Cyber-Angriffe zu wappnen.[460]

Nach einer Terrorwarnung aus den USA Mitte des Monats soll sich ein vierköpfiges Kommando auf dem Weg nach Deutschland befunden haben. Zwei Inder und zwei Pakistani sollen in zentralasiatischen Camps ausgebildet worden sein und noch für diesen Monat im Auftrag der al-Qaida einen Anschlag geplant haben.[461]

Nach weiteren Warnhinweisen – so sollte es nach Kenntnissen der Saudis »in Deutschland Ende November einen Anschlag geben« – informierte Bundesinnenminister Thomas de Maizière am 17. November die Bevölkerung mittels Medien über »erstmals konkrete Hinweise auf bevorstehende Anschläge in Deutschland«, nannte gar mit Ende November einen möglichen

Zeitpunkt dafür: »Meine Damen und Herren, es gibt Grund zur
Sorge, aber keinen Grund zur Hysterie.« So direkt, so umfas-
send und so alarmierend hatte kein Innenminister jemals vor
Attentaten in Deutschland gewarnt. In der Folge ordnete der
Minister »bis auf weiteres deutliche Polizeipräsenz auf Fern-
bahnhöfen und Flughäfen sowie vor wichtigen Gebäuden im
Land an«; das BKA war nun auch verdeckt im Einsatz und im
Gemeinsamen Terrorabwehrzentrum (GTAZ) verfolgte eine
Sondereinheit die aktuellen Entwicklungen.[462] Die erhöhte Ter-
rorgefahr war dann auch das dominierende Thema der Innen-
ministerkonferenz (IMK) am 18. November in Hamburg.

Nur wenige Tage später berichteten die Medien von einem
möglichen Anschlag auf den Deutschen Bundestag in Berlin.
Danach wollten »islamistische Terroristen [der al-Qaida] im
Februar oder März [2011] den Reichstag stürmen, Abgeordnete
als Geiseln nehmen und ein Blutbad anrichten«[463]. Ob dieser
Drohszenarien schloss die Bundestagsverwaltung die Kuppel
und die Dachterrassen des Reichstages erstmals seit ihrem Bestehen außerplanmäßig für Besucher.

Nach Schätzungen des pakistanischen Geheimdienstes ISI
am 25. November befanden sich in Terrorcamps im Grenzgebiet
zu Afghanistan etwa 20 Deutsche, mehrheitlich deutsche Staatsbürger aus muslimischen Herkunftsländern. Außer Deutschen
wurden auch Amerikaner oder Briten in den Lagern ausgebildet. Die genaue Zahl der Ausländer war nicht bekannt.[464]

Die sechs bislang in Afghanistan eingesetzten Tornado-
Kampfjets kehrten Ende des Monats nach gut dreieinhalb Jahren
wieder zurück zu ihrer Heimatbasis. Sie waren zur Luftaufklä-
rung eingesetzt worden und lieferten nach Angaben des Bundesverteidigungsministeriums seit April 2007 rund 50 000 Lage-
bilder.[465]

Dezember 2010

Anfang Dezember verlängerte der Bundestag das Mandat für die maritime Antiterror-Operation »Active Endeavour« im Mittelmeer für ein weiteres Jahr. Bei diesem Einsatz können bis zu 700 Bundeswehrsoldaten zur Überwachung des Seeverkehrs entsandt werden.[466]

Das Enthüllungsportal *WikiLeaks* veröffentlichte am 6. Dezember eine Liste mit sicherheitsrelevanten Einrichtungen außerhalb der USA. Das Dokument, das vom US-Außenministerium 2008/2009 erstellt worden sein soll, enthielt auch deutsche Einrichtungen: Chemie-, Pharma- und Rüstungsfirmen, eine Ölpipeline und Überseekabel. Namentlich genannt wurden darin die Konzerne BASF und Siemens sowie kleinere Firmen.[467]

Berlins Innensenator Ehrhart Körting warnte in der ARD davor, die Gefährdungslage zu unterschätzen. Mit jedem Tag, an dem es keinen Terroranschlag gebe, entspanne sich die Lage zwar ein bisschen, »doch der Spuk ist noch nicht vorbei«. Zumindest bis zum Frühjahr 2011 hinein besteht nach Ansicht der Behörden eine erhöhte Anschlagsgefahr.[468]

Ein Selbstmordanschlag in Stockholm alarmierte auch deutsche Sicherheitsbehörden. Mitten im vorweihnachtlichen Trubel war am 11. Dezember in der Einkaufsmeile Drottninggata zuerst ein Auto explodiert, wobei zwei Menschen verletzt wurden. Kurz darauf tötete sich der Besitzer des Autos selbst, als eine am Körper getragene Bombe, wahrscheinlich irrtümlich zu früh ausgelöst, detonierte. Der Attentäter trug neben sechs umgeschnallten Rohrbomben auch einen mit Sprengstoff sowie Reißnägeln gefüllten Rucksack und einen Druckbehälter unbekannten Inhalts. Bei einer Detonation in vollem Umfang hätte es nach Schätzung der schwedischen Sprengstoffexperten »bis zu 100 Tote und zahlreiche Verletzte gegeben«[469]. Der Tote wurde als schwedischer Staatsbürger irakischer Abstammung identifiziert. Bis zum Anschlag war Taimur Abdulwahab al-Abdali (28) der Sicherheitspolizei Söpo »völlig unbekannt«. Der Familienvater, der mit Frau und drei Kindern unauffällig in einer Kleinstadt lebte, soll nach Angaben der Agentur Iraqi Media Net ein Djihad-Training im Irak erhalten haben. Die der al-Qaida nahestehende Terrororganisation »Islamic State of Iraq« (ISI) pries ihn als »Märtyrer« und kündigte an, dass die »Schlacht um Stockholm« der Beginn einer »neuen Ära unseres heiligen Krieges« sei, in dem »Europa unser Schlachtfeld« wird.[470] Der Anschlag galt wahrscheinlich einer Zeitung und war wohl als Vergeltung für die Veröffentlichung von Mohammed-Karikaturen geplant gewesen. Nach Überzeugung der Ermittler hatte der Selbstmordattentäter Mithelfer bei der Vorbereitung, führte die Tat aber allein aus. Dazu der Vorsitzende des Innenausschusses im Bundestag, Wolfgang Bosbach: »Der Terroranschlag in Schweden macht deutlich, wie ernst die Situation ist. Für Deutschland heißt das, dass wir zum jetzigen Zeitpunkt keine Entwarnung geben können.«[471]

Anmerkungen

1   Auf: http://www.vatican.va/holy_father/benedict_xvi/speeches/
    2006/september/documents/hf_ben-xvi_spe_20060912_univer-
    sity-regensburg_ge.html (abgerufen am 22. Oktober 2006).

2   Bundesminister des Innern (Hrsg.): *Verfassungsschutzbericht
    2009* (Vorabfassung). Berlin 2010. S. 186, 188.

3   Bundesminister des Innern (Hrsg.): *Verfassungsschutzbericht
    2008*. Berlin 2009. S. 204.

4   dpa-/ddp-Meldung vom 3. Juni 2006.

5   Matthias Kowalski: »Neue Weltordnung«. In: *Focus* 26/2006.
    S. 130–133.

6   Die USA unterhalten 16 Geheimdienste und Auswertungsbehör-
    den. Zur *Intelligence Community* der USA zählt zudem das ei-
    gentlich als Strafverfolgungsbehörde arbeitende FBI. Von den
    Diensten sind 15 Ministerien, insbesondere dem Verteidigungs-
    ministerium, zugeordnet; nur die CIA hat einen eigenständigen
    Status. Die Dienste sind im Verteidigungsministerium die 1. Army
    Military Intelligence (MI) des Heeres, 2. Air Force Intelligence,
    Surveillance and Reconnaissance Agency (AFISRA) der Luft-
    waffe, 3. Office of Naval Intelligence (ONI) der Marine, 4. Marine
    Corps Intelligence Agency (MCIA) des Marine-Corps, 5. Natio-
    nal Security Agency (NSA) als Abhörspezialist, 6. Defense Intelli-
    gence Agency (DIA) für Rüstungsspionage, 7. National Geospa-
    tial-Intelligence Agency (NGA) und 8. National Reconnaissance
    Office (NRO). Energieministerium: 9. Office of Intelligence and
    Counterintelligence (OICI). Ministerium für Heimatschutz:
    10. Office of Intelligence and Analysis (I & A), 11. Coast Guard
    Intelligence (CGI). Justizministerium: 12. Federal Bureau of In-
    vestigation (FBI), 13. Drug Enforcement Administration (DEA).
    Außenministerium: 14. Bureau of Intelligence and Research
    (INR). Finanzministerium: 15. Office on Terrorism and Financial
    Intelligence (TFI) & 16. Central Intelligence Agency (CIA). Die
    Koordination aller relevanten Informationen dieser Dienste lau-
    fen (idealtypisch) beim Director of National Intelligence (DNI)
    zusammen, der dem Präsidenten die Lageanalyse vorträgt.

7 National Intelligence Council: *Global Trends 2025. A Transformed World*. Washington 2008. S. 68 ff.

8 Samuel P. Huntington: *Der Kampf der Kulturen*. München, Wien 1997. S. 402.

9 Ebd.

10 Armageddon, griechisch *Harmagedon*, stammt wohl vom hebräischen *har-Megiddo* = Berg von Megiddo; geheimnisvolle Bezeichnung für den Ort, wo der endzeitliche Entscheidungskampf stattfindet. Im englischen Sprachgebrauch steht der mythische Begriff auch für die politische Katastrophe.

11 »Erklärung des Heiligen Krieges gegen die Amerikaner, die das Land der beiden heiligen Stätten besetzen« (vom 23. August 1996). In: Gilles Kepel und Jean-Pierre Milelli (Hrsg.): *Al-Qaida – Texte des Terrors*. München, Zürich 2006. S. 67.

12 Ebd. S. 67–71.

13 »Erklärung der Internationalen Islamischen Front für den Heiligen Krieg gegen die Juden und Kreuzfahrer« (vom 23. Februar 1998). In: Gilles Kepel und Jean-Pierre Milelli (Hrsg.): *Al-Qaida – Texte des Terrors*. München, Zürich 2006. S. 87.

14 »Kriegserklärung gegen die US-Soldaten« (23. August 1996). In: Marwan Abou-Taam und Ruth Bigalke (Hrsg.): *Die Reden des Osama bin Laden*. Kreuzlingen, München 2006. S. 63, 66 (entspricht der »Erklärung des Heiligen Krieges gegen die Amerikaner, die das Land der beiden heiligen Stätten besetzen« bei Keppel und Milelli).

15 Mark A. Gabriel: *Islam und Terrorismus*. Gräfelfing 2004. S. 135.

16 Hans G. Kippenberg und Tilman Seidensticker (Hrsg.): *Terror im Dienste Gottes*. Frankfurt am Main 2004. S. 95.

17 Fouad Hussein. Auf: http://en.wikipedia.org/wiki/Fouad_Hussein (abgerufen am 15. Oktober 2009).

18 Lawrence Wright: »The Master Plan. For the new theorists of jihad, Al Qaeda is just the beginning«. *The New Yorker*, 11. September 2006. Auf: http://www.newyorker.com/archive/2006/08/11/060911fa_fact3?printable=true (abgerufen am 15. Oktober 2009).

19 Berndt Georg Thamm: »Programmiert zum Töten – Die ›Auserwählten‹ islamistischer Rettungsideologien«. In: *Deutsche Polizei* 55, 6/2006. S. 18 f.

20 Nach ihren ersten Eroberungen benannten die Taliban 1996 die afghanische Heimat in »Hort der Verteidiger der Religion Al-

lahs« um. Ihr Führer Mullah Omar wurde im April jenes Jahres von 1000 muslimischen Geistlichen zum Emir, zum »Befehlshaber der Gläubigen« *(Amir el-mu'minin)* gewählt. In dieser Funktion stand er dem Religionsrat *(Schura)* vor, der in Kandahar zusammenkam.

21 Babak Khalatbari: *Dschihadi Layaah. Das neue Regelbuch der Taliban*. Konrad-Adenauer-Stiftung (Hauptabteilung INT, Team Asien). Kabul 2006.

22 AP-/dpa-Meldung vom 23./24. Oktober 2006.

23 »Key quotes from new Taliban book«. Auf: http://english.aljazeera.net/news/asia/2009/07/200972775236982270.html (abgerufen am 4. August 2009).

24 Stanley A. McChrystal: »Commander's Initial Assessment, August 30, 2009«. NATO International Security Assistance Force (US Forces). Afghanistan.

25 Susanne Koelbl: »Jeder gegen jeden«. In: *Der Spiegel* 9/2010. S. 102 ff.

26 Josef Joffe: »Der Rabauke. Vom Balkan nach Afghanistan: Eine Begegnung mit US-Sonderbotschafter Richard Holbrooke«. In: *Die Zeit* 2/2010. S. 5.

27 Auszüge der Rede des US-Präsidenten George W. Bush. In: *Der Tagesspiegel*, 8. Oktober 2001. S. 2.

28 Seinerzeit konnten Quantität und Qualität des militärischen Gegenübers der OEF-Streitkräfte nur geschätzt werden. Das britische Fachblatt *Jane's Intelligence Review* bezifferte 2001 die Taliban-Miliz auf rund 50 000 Kämpfer. Die sie unterstützenden etwa 12 000 »Fremdenlegionäre des Djihad« galten als Elitetruppen. Zu diesen gehörten zwischen 5000 und 7000 Djihadisten aus Pakistan und mindestens 2000 Gotteskrieger aus den Golfstaaten, Ägypten und Algerien. Weitere Kämpfer – Kirgisen, Uiguren, Usbeken und Tadschiken – kamen aus Zentralasien, andere waren aus dem Kaukasus gekommen, insbesondere aus Tschetschenien. Den diszipliniertesten Teil unter den ausländischen Djihadisten, so das Internationale Institut für Strategische Studien (IISS) in London, sollen 2000 oder mehr Kämpfer der al-Qaida gestellt haben.

29 Dietmar Ostermann: »Verstärkung am Hindukusch«. In: *Berliner Zeitung*, 2. Dezember 2009. S. 6.

30 Die Afghanistan-Konferenz ist eine seit Ende 2001 unregelmäßig stattfindende Zusammenkunft verschiedener Staaten, die die Koordinierung des politischen und wirtschaftlichen Wiederaufbaus

des Landes nach 23 Jahren Krieg zum Ziel hat: 1. Konferenz auf dem Petersberg in Königswinter bei Bonn vom 27. November bis 5. Dezember 2001; 2. Konferenz in Tokio vom 21. bis 22. Januar 2002; 3. Konferenz auf dem Petersberg in Königswinter bei Bonn am 2. Dezember 2002; 4. Konferenz in Berlin vom 31. März bis 1. April 2004; 5. Konferenz in London vom 31. Januar bis 1. Februar 2006; 6. Konferenz in London am 28. Januar 2010. »Auf dem Bonner Petersberg nahm alles seinen Anfang«. In: *Deutsche Polizei* 59. 3/2010. S. 14.

31   Auf der dritten Afghanistan-Konferenz auf dem Bonner Petersberg wurde am 2. Dezember 2002 die Struktur und Größe der aufzubauenden Afghanischen Nationalarmee (ANA) festgelegt. Anfang 2010 betrug die Anzahl der zumeist ausschließlich infanteristisch geschulten ANA-Soldaten rund 100000; bis Oktober 2011 soll die Anzahl rund 170000, bis Ende 2013 schließlich 240000 umfassen. Bis 2016 soll auch eine Luftwaffe mit 8000 Soldaten aufgebaut werden. Bundesministerium der Verteidigung, »ISAF Fact Sheet«.

32   Anfang 2010 betrug die Anzahl afghanischer Polizeikräfte (Polizei, Grenzpolizei, Nationalgarde und Antidrogenpolizei) 96 380; die Anzahl soll bis Oktober 2011 bei 134000, Ende 2013 schließlich bei 160000 liegen. »ISAF Fact Sheet«.

33   S. Bilzen und T. Kielinger: »Die große Sehnsucht nach Frieden in Afghanistan«. In: *Die Welt*, 29. Januar 2010. S. 3.

34   In den 1830er-Jahren begann die Kolonialmacht Britannien ihre *Forward Policy* mit dem Ziel, in Afghanistan einen Pufferstaat gegen das Vordringen des zaristischen Russlands zu etablieren. Vor diesem Hintergrund kam es zum Ersten Anglo-Afghanischen Krieg (1838–1842), dem ein zweiter 1879 folgte. Der »Vertrag von Gandomak« (26. Mai 1879) machte Afghanistan zum halbautonomen Protektorat Britisch-Indiens, in dem britische Truppen stationiert wurden. Bei Kandahar musste die britische Armee in der offenen Feld-»Schlacht von Maiwand« (27. Juli 1880) eine schwere Niederlage gegen die Afghanen hinnehmen. Nach dem Dritten Anglo-Afghanischen Krieg 1919 sicherte der »Vertrag von Rawalpindi« (8. August 1919) Afghanistan die Unabhängigkeit. Bernhard Chiari (Hrsg.): *Afghanistan*. Paderborn 2009. S. 246, 248.

35   Unter den 620000 Rotarmisten waren 525000 Soldaten der regulären Streitkräfte, 90000 der KGB-Truppen (einschließlich der Grenztruppen) sowie 5000 Angehörige des Innenministeri-

ums. Hinzu kamen noch 21 000 Arbeiter und Angestellte aus der UdSSR, die speziell für Militärbauten eingesetzt wurden. Zusammenstellung nach F. G. Kriwosjow: *Ohne Stempel und Geheimhaltung.* Moskau 1994. In: Peter Gosztony: »Ein Abenteuer in vier Akten«, *Reinischer Merkur* Nr. 28, 15. Juli 1994. S. 6.

36 Die zehn größten Truppensteller der 84 150 ISAF-Soldaten im Dezember 2009 waren die USA mit 45 780 Soldaten, gefolgt von Großbritannien (9500), Deutschland (4280), Frankreich (3750), Italien (3150), Kanada (2830), Polen (1955), Niederlande (1950), Türkei (1755) und Spanien (1065). ISAF, *iCasualties.org* 2009. Ein halbes Jahr später, Ende Juni 2010, gehörten insgesamt 119 500 ISAF-Soldaten zu den zehn größten Truppenstellern; die USA mit 78 430 Soldaten, gefolgt von Großbritannien (9500), Deutschland (4350), Frankreich (3750), Italien (3300), Kanada (2830), Polen (2050), Türkei (1710), Niederlande (1705) und Australien (1550). ISAF, *iCasualties.org* 2010.

37 Josef Joffe: »Der Rabauke«. S. 5.

38 Berndt Georg Thamm: »Die Milizen der Taliban«, Teil 2 (»Gotteskrieger in Afghanistan«). In: *SuchtReport*, 15. 2/2001. S. 14.

39 Elisabeth Schöndorf: »Die Vereinten Nationen im Visier. Personal in VN-Friedensmissionen braucht besseren Schutz«. In: SWP-*Aktuell* 2010 A 17.

40 »CIA setzt mehr Drohnen in Pakistan ein. Parallel zum Krieg in Afghanistan soll der Kampf in den Stammesgebieten verstärkt werden«. In: *Neue Zürcher Zeitung*, 7. Dezember 2009.

41 Einem spanischen Medienbericht zufolge soll der Selbstmordattentäter auch in die Terroranschläge auf Pendlerzüge in Madrid im März 2004 verwickelt gewesen sein. Der Jordanier al-Balawi habe offenbar das Bekennerschreiben verfasst, so der Radiosender Cadena Ser. AFP-Meldung vom 13. Januar 2010.

42 Der jordanische Geheimdienst GID ist nach eigenen Angaben der erste Dienst gewesen, der »als Kämpfer getarnte Agenten in afghanische Trainingslager einschleuste«. *Der Stern* 42/2001. S. 49. Siehe auch Berndt Georg Thamm: »Hindukusch – Kaderschmiede des islamistischen Privatterrorismus«. In: *Politische Studien* 381. Januar/Februar 2002. S. 65.

43 Yassin Musharbash: »Das ist der Traum eines Selbstmordattentäters«. *Spiegel online*, 1. März 2010.

44 Christoph von Marschall: »Doppelagent Al Balawi: Der Täuscher«. In: *Der Tagesspiegel*, 6. Januar 2010. S. 3.

45 Rund 80 Angriffe der ferngesteuerten und mit Raketen bewaffneten Flugroboter der CIA sollen in knapp zwei Jahren mehr als 400 feindliche Kämpfer und etwas mehr als 20 Zivilisten getötet haben, berichtete die *New York Times* unter Berufung auf Regierungsbeamte. Das Drohnenprogramm wäre ein »durchschlagender Erfolg«. »Obama schickt mehr Drohnen nach Pakistan«. *Spiegel online*, 4. Dezember 2009.

46 AFP-Meldung vom 10. Januar 2010.

47 Das verstärkte Auftreten der Aufständischen im Norden resultiert zum einen aus dem enormen militärischen Druck, den die ISAF in Ost- und Südafghanistan sowie in den Stammesgebieten Pakistans aufbauen konnte. Ausweichende Kämpfer versuchten nun verstärkt, in den Westen und Norden des Landes, entlang der ganz Afghanistan umspannenden »Ring-Road« zu gelangen, um ihren militärischen Schwerpunkt dorthin zu verlagern. Zum anderen sorgte die Bekämpfung der Führungsriege von Taliban und al-Qaida in Pakistan durch US-gelenkte Drohneneinsätze für die Forderung nach dem Aufbau einer zweiten Front im Norden und damit für die Ausweitung von Anschlägen, Angriffen und Terror gegen die ISAF-Truppe im Regionalkommando Nord. »Deutsche Operationsführung in Kundus 2009« (Abschnitt »Krieg in Afghanistan«). Auf: *Wikipedia* (zuletzt geändert am 5. Dezember 2009).

48 Ebd.

49 Damir Fras: »Guttenberg spricht von Krieg in Afghanistan«. In: *Berliner Zeitung*, 6. April 2010. S. 6.

50 Institut für Sicherheitspolitik an der Universität Kiel (Hrsg.): *Jahrbuch Terrorismus 2009*. Opladen, Farmington Hills 2010. S. 85.

51 Holger Schmale: »Lehrstunde beim Patriarchen«. In: *Berliner Zeitung*, 12. März 2010. S. 3.

52 UNODC (Hrsg.): *Afghanistan Opium Survey 2009*. Wien, Kabul 2009.

53 Citha D. Maas: »Afghanistans Drogenkarriere. Von der Kriegs- zur Drogenökonomie«. In: SWP-*Studien* 2010 S 2.

54 Berndt Georg Thamm: »Narcostaat Afghanistan – Rauschgift als Finanzier des Djihad«. In: *Europäische Sicherheit* 56. 4/2007. S. 20.

55 AP-Meldung vom 11. Oktober 2008.

56 Marc Thörner: *Afghanistan-Code*. Hamburg 2010.

57 NAM. *Die Vietnam-Erfahrung 1965–75*. 15 (Kapitel 90: »Drogen«). London 1987/88. S. 463–467.

58 Berndt Georg Thamm: *Mehrzweckwaffe Rauschgift*. Hilden 1994. S. 406.

59 Die Iranischen Revolutionsgarden (informell auch Pasdaran) sind eine 125 000 Mann starke Elitetruppe, die mit eigenen Streitkräften vehement die Prinzipien der Islamischen Revolution von 1979 verteidigt und direkt dem geistigen Oberhaupt Ayatollah Ali Chamenei untersteht. Sie führt die paramilitärischen Bassidsch-Milizen, ihr unterstehen Spezialeinheiten wie die Marineinfanterie und die Raketentruppen, und sie ist auch mit zuständig für die Kontrolle unruhiger Grenzgebiete. Zu diesem zählen vor allem der iranische Teil Kurdistans, Chusistan an der irakischen Grenze – die einzige iranische Provinz mit arabischer Bevölkerungsmehrheit –, und auch Sistan-Belutschistan. AFP-/Reuters-Meldung vom 19. Oktober 2009.

60 AP-Meldung vom 10. Dezember 2003.

61 Martin Gehlen: »Region im Aufstand«. In: *Der Tagesspiegel*, 25. Oktober 2009. S. 6.

62 *Der Spiegel* 35/2007. S. 93.

63 Florian Flade: »Ahmadinedschad entging knapp dem Tod«. Auf: http://www.welt.de/politik/ausland/article4888977/Ahmadinedschad-entging-nur-knapp-dem-Tod.html (18. Oktober 2009).

64 dpa-Meldung vom 7. Januar 2010.

65 Wolfgang Schreiber (Hrsg.): *Das Kriegsgeschehen 2007*. Wiesbaden 2009. S. 49, 52.

66 Ebd. S. 50.

67 Gabriele Venzky: »Die Angst vor dem großen Knüppel«. In: *Der Tagesspiegel*, 19. Dezember 2001. S. 7.

68 AFP-Meldung vom 2. Januar 2007.

69 Zum aktiven Kern der Aufständischen gehören laut indischen Sicherheitsexperten heute etwa noch 1500 Mann, bei einem relativen Anteil ausländischer Kämpfer von etwa 50 Prozent. Hinter der durch eine Grenzsperranlage gesicherten *Line of Control* (LoC), durch die der indische vom pakistanischen Teil Kaschmirs getrennt ist, werden bis zu 2500 weitere kampfbereite Rebellen vermutet. Den bewaffneten Gruppen stehen im indischen Bundesstaat Jammu und Kaschmir geschätzte 500 000 Soldaten der indischen Armee sowie zusätzliche paramilitärische Einheiten gegenüber. Wolfgang Schreiber: *Kriegsgeschehen*, S. 51.

70 Jorge Scholz: *Der Pakistan-Komplex*. München, Zürich 2008. S. 37 f.

71 *Berliner Morgenpost*, 13. April 2010. S. 1.

72 Guido Steinberg, Christian Wagner und Nils Wörmer: »Pakistan gegen die Taliban«. In: SWP-*Aktuell* 2010 A.

73 Susanne Koelbl: »Siegeszug der Taliban«. In: *Der Spiegel* 9/2009. S. 105.

74 *Der Fischer Weltalmanach 2010*. Frankfurt am Main 2009. S. 399f.

75 Willi Germund: »Pakistans Offensive in Süd-Waziristan«. In: *Berliner Zeitung*, 24. Oktober 2009. S. 6.

76 Jochen Hippler: *Das gefährlichste Land der Welt?* Köln 2008.

77 *Bulletin of Atomic Scientists* 9/2009.

78 »Taliban-Angriffe auf Atomwaffen-Lager«. In: *Frankfurter Rundschau*, 12. August 2009.

79 Ebd.

80 Willi Germund: »Pakistans Offensive«, S. 6.

81 Paul-Anton Krüger: »Angst vor Taliban mit Atomwaffen. Die Islamisten in Pakistan greifen verdächtig oft Nuklearanlagen an«. In: *Süddeutsche Zeitung*, 14. August 2009. S. 8.

82 Hein G. Kiessling: »Der pakistanische Geheimdienst ISI«. In: KAS-*Auslandsinformationen* 21. 5/2005. S. 71–92.

83 Die letzte noch größere Konferenz auf Einladung der USA fand 1945 statt. US-Präsident Franklin D. Roosevelt hatte viele seiner Kollegen nach San Francisco zur Gründung der Vereinten Nationen geladen. An der »Konferenz der Vereinten Nationen über eine internationale Organisation« nahmen 50 Länder teil.

84 Bettina Vestring: »Die Bombe ans Licht holen«. In: *Berliner Zeitung*, 15. April 2010. S. 4.

85 dpa-Meldung vom 14. April 2010.

86 *Berliner Morgenpost*, 14. April 2010. S. 4.

87 Egmont R. Koch: *Atomwaffen für Al Qaida*. Berlin 2005.

88 Anfang Mai 2006 wurden die Ermittlungen um Abdul Qadeer Khan abgeschlossen. Das gaben die pakistanischen Behörden bekannt. Khan war Ende 2003 unter Hausarrest gestellt worden, nachdem er zugegeben hatte, in den neunziger Jahren auf dem Atomschwarzmarkt nukleares Know-how sowie Material an Staaten wie Nordkorea, Libyen und den Iran verkauft zu haben. Die Regierung, so eine Sprecherin des Außenministeriums, hätte eine gründliche Untersuchung durchgeführt und sämtliche Erkenntnisse mit der Internationalen Atomenergiebehörde (»International Atomic Energy Agency«; IAEA), den USA und anderen Ländern geteilt. *Berliner Morgenpost*, 4. Mai 2006. S. 6.

89 Bernard-Henri Lévy: *Wer hat Daniel Pearl ermordet?* München 2003.

90 Berndt Georg Thamm: »Netzwerkterrorismus (Networkterrorism) – am Beispiel der transislamistischen ›Basis‹ (al-Qaida)«. In: Reinhard C. Meier-Walser und Rainer Glagow (Hrsg.): *Die islamische Herausforderung – eine kritische Bestandsaufnahme von Konfliktpotenzialen* (Aktuelle Analysen der Hanns-Seidel-Stiftung 26, Akademie für Politik und Zeitgeschehen). München 2001. S. 95.

91 Rolf Mowatt-Larssen: »Al Qaeda Weapons of Mass Destruction Threat: Hype or Reality?« Belfer Center for Science and International Affairs. Cambridge. MA 02138, Januar 2010.

92 rtr-Meldung vom 19. März 2007.

93 dpa-Meldung vom 4. August 2008.

94 Joseph Croitoru: »Die Alchemisten des Terrors«. In: *Frankfurter Allgemeine Zeitung*, 11. Januar 2010.

95 Michael Kemper: *Herrschaft, Recht und Islam in Daghestan.* Wiesbaden 2005. S. 50.

96 Clemens P. Sidorko: *Dschihad im Kaukasus.* Wiesbaden 2007.

97 Gustave Edmund von Grunebaum (Hrsg.): *Der Islam* II. *Die islamischen Reiche nach dem Fall von Konstantinopel* (Bd. 15 der Fischer Weltgeschichte). Frankfurt am Main 1971. S. 291.

98 Lytton Strachey: *General Gordons Ende.* Berlin 2005.

99 Winston S. Churchill: *Kreuzzug gegen das Reich des Mahdi.* Frankfurt am Main 2008.

100 Yaroslav Trofimov: *Anschlag auf Mekka.* München 2008.

101 Michaela Prokop: *Saudi-Arabien.* Kreuzlingen, München 2005. S. 38.

102 Aschot Manutscharjan: »Exklusivinterview mit Ahmed Schah Massud«. In: *Berliner Morgenpost*, 8. April 2001. S. 6.

103 *Der Spiegel* 51/2008. S. 98f.

104 Bruce Hoffman: *Terrorismus – Der unerklärte Krieg.* Frankfurt am Main 2006. S. 308.

105 Birger P. Priddat: »Djihad als Netzwerkunternehmen eines global tribe: al-Qaida«. In: Dirk Baecker, Peter Krieg und Fritz B. Simon (Hrsg.): *Terror im System.* Heidelberg 2002. S. 110–129.

106 Yassin Musharbash: *Die neue al-Qaida. Innenansichten eines lernenden Terrornetzwerks.* Köln 2006. S. 124.

107 So die auf der BKA-Herbsttagung 2007 vorgestellten Ergebnisse des Internet-Experten Gabriel Weimann von der Universität Haifa (Israel), der in einem Langzeitprojekt die Kommunikation

islamistischer Gruppen beobachtete. *Der Tagesspiegel*, 26. November 2007. S. 4.

108 Christoph von Marschall: »Aus Al Qaida wird @-Qaida«. In: *Der Tagesspiegel*, 8. August 2005. S. 6.

109 PAN AMP AG: *Terror-Schule Internet: Das Ende der Inneren Sicherheit.* Hamburg 2005.

110 Alexander Ritzmann: »Wie al-Qaida Todeskrieger wirbt«. In: *Berliner Morgenpost*, 10. Oktober 2008. S. 4.

111 Ebd.

112 Michael Schmidt: »Terrorschule im Kinderzimmer«. In: *Der Tagesspiegel*, 26. November 2007. S. 4.

113 Ein Gericht entzog der Konvertitin nach ihrer Festnahme im April 2006 das Sorgerecht. Sonja B. wurde nie bestraft, weil die Andeutungen im Internet nicht ausreichten. Die offene Observation der Frau durch Kriminalbeamte wurde durch Verwaltungsgerichtsbeschluss eingeschränkt, später eingestellt. Das Familiengericht beschloss Ende März 2007, dass das Kind wieder zur Mutter kommen konnte, mit einem Familienhelfer zur Seite.

114 Ruth Reichenstein: »Freiwillige für den Heiligen Krieg«. In: *Der Tagesspiegel*, 3. Dezember 2005. S. 9.

115 PAN AMP AG: *Terror-Schule.*

116 »Wir haben Glück gehabt«. Interview mit BKA-Präsident Jörg Ziercke. In: *Der Spiegel* 9/2007. S. 36.

117 Yassin Musharbash: »Al-Qaidas Sehnsucht nach der Superbombe«. *Spiegel online*, 26. Januar 2010.

118 AP-Meldung vom 17. März 2008, basierend auf dem Bericht »Cyber-Djihad: Islam-Krieger per Fernstudium«. In: *Focus* 12/2008. S. 13.

119 Michael Schmidt: »Warnung vor Terroristen im Internet«. In: *Der Tagesspiegel*, 22. November 2007. S. 6.

120 »Internet ist Plattform des Heiligen Krieges«. In: *Der Tagesspiegel*, 14. September 2007. S. 4.

121 dpa-Meldung vom 15. Januar 2010.

122 Ein Handbuch, das mit hoher Wahrscheinlichkeit Bin Ladens al-Qaida zuzuordnen ist, wurde im Mai 2000 in Manchester in der konspirativen Wohnung eines Islamisten gefunden. Die Zusammenfassung trug den Titel *Militärische Studien des Djihad im Kampf gegen die Tyrannen.* Das Buch hatte außerdem eine Art Eigentumsvermerk im Einband: »Gehört dem Gästehaus«, was amerikanische Ermittler als Hinweis werteten, dass es aus

einem der afghanischen Häuser stammte, in denen Bin Laden
Terroristen schulte. Stefan Aust und Cordt Schnibben: *11. September*. München 2003. S. 259.

123 *Militärische Studien des Djihad im Kampf gegen die Tyrannen*. 2. Lektion, 8. Absatz.

124 Ebd. 2. Lektion, 3. Absatz.

125 Berndt Georg Thamm: *Al-Qaida*. Kreuzlingen, München 2005.
S. 77.

126 Wie kein Zweiter verkörperte der im heutigen palästinensischen
Jenin geborene Azzam die Verbindung zwischen den beiden
Hauptkampfplätzen der Islamisten in den achtziger Jahren, Palästina und Afghanistan. »Azzam gehörte zu den Gründern der
Hamas«, so der Islamforscher Khalid Duran. »Er musste sich
zeitlebens gegen den Vorwurf zur Wehr setzen, mit dem Afgha-
nistan-Einsatz von Palästina abzulenken, das doch schließlich
das ›zentrale Anliegen des Islam‹ sei. Azzam wollte ernsthaft für
Afghanistan kämpfen, um hier die Basis für den späteren Kampf
gegen Israel zu schaffen.« Khalid Duran: »Der einen Teufel, der
anderen Held«. In: *Frankfurter Allgemeine Zeitung*, 20. September 2001.

127 Julia Gerlach: »Bin Ladens Schriftsteller«. In: *Berliner Zeitung*,
8. März 2002. S. 11.

128 Hans G. Kippenberg und Tilman Seidensticker (Hrsg.): *Terror*.

129 Bernard Lewis: *Die Assassinen*. Frankfurt am Main 1989.

130 Für den Dienst im Djihad wurden aber auch die Ärmsten der
Armen und Zigtausende Kinder herangezogen, denen der Eh-
rentitel des Märtyrers und die finanzielle Unterstützung ihrer
Verwandten in Aussicht gestellt wurde. Diesem Märtyrertum
wurde mit dem »Gräberfeld des Paradieses« *(Behescht-e Zahra)*
ein für westliche Vorstellungen schauriges Denkmal gesetzt.
Südlich von Teheran, an der Straße zur heiligen Stadt Ghom
(dem Geburtsort des Assassinen-Begründers), wurde Anfang
1984 ein riesiger Brunnen erreichtet, über dessen zahllose Kas-
kaden pausenlos rot gefärbtes Wasser strömte – ein Symbol für
das »Blut der Märtyrer«, das im Djihad gegen alle »Feinde des
Islam« vergossen wurde. Lautsprecherparolen hämmerten den
Friedhofsbesuchern während des Krieges ständig ein, den Eltern
der gefallenen Helden gebühre kein Beileid, sondern Glückwunsch, denn die Toten weilten als Märtyrer schon längst im
Paradies. Gerhard Schweizer: *Iran*. Stuttgart 2000. S. 324.

131 Ebd.

132 Hans G. Kippenberg: *Gewalt als Gottesdienst*. München 2008. S. 90.

133 Gero von Randow und Ulrich Ladurner: *Die iranische Bombe*. Hamburg 2006.

134 Reuters-/AFP-/AP-Meldung vom 3. April 2006.

135 Christoph von Marschall: »Planspiele in Washington«. In: *Der Tagesspiegel*, 9. April 2006.

136 dpa-Meldung vom 27. April 2006.

137 Clemens Wergin: »Die dritte Herausforderung«. In: *Der Tagesspiegel*, 11. Mai 2006. S. 1.

138 *Berliner Morgenpost*, 7. November 2006. S. 4.

139 Die Leitworte der Hamas-Charta sind identisch mit denen des Gründungsmanifests der von Hasan al-Banna (1906–1949) gegründeten Muslimbruderschaft: »Gott ist unser Streben, der Prophet unser Führer, der Koran unsere Verfassung, der Djihad unser Weg und für Gott zu sterben unser höchstes Ziel.« Im Artikel 35 der Charta heißt es: »Angesichts des Raubes Palästinas durch die Juden ist es unausweichlich, das Banner des Djihad zu entfalten. Dazu ist es notwendig, das islamische Bewusstsein unter den Massen des Volkes auf regionaler, arabischer und islamischer Ebene zu verbreiten, den Geist des Djihad in der Nation *(umma)* zu stärken und sich den Reihen der Glaubenskämpfer anzuschließen, um die Feinde zu bekämpfen.«

140 Die zweite Intifada wurde ausgelöst durch einen als Provokation empfundenen Besuch des damaligen israelischen Oppositionsführers Ariel Scharon auf dem Tempelberg in Jerusalem am 28. September 2000. Im Umfeld der dortigen Al-Aqsa-Moschee kam es zu Auseinandersetzungen, die mehrere palästinensische Demonstranten das Leben kostete. In der Folge schlossen sich junge Mitglieder der »Bewegung zur nationalen Befreiung Palästinas« (FATAH), der wichtigsten Organisation des PLO-Führers und Scharon-Gegenspielers Jassir Arafat (1929–2004), in Gedenken der »Al-Aqsa-Märtyrer« zu Brigaden zusammen, die zunächst Angriffe auf jüdische Siedler und Soldaten verübten.

141 dpa-Meldung vom 29. Januar 2002.

142 Julia Jusik: *Die Bräute Allahs*. St. Pölten, Wien, Linz 2005.

143 AFP-Meldung vom 7. April 2010.

144 Elke Windisch: »Die Schwarze Witwe aus Dagestan«. In: *Der Tagesspiegel*, 4. April 2010. S. 6.

145 Olaf Ihlau und Volkhard Windfuhr: »Das wird ein Flächenbrand«. In: *Der Spiegel* 6/2003. S. 94.

146 Carlos Widmann: »Die Todesküsse der Märtyrer«. In: *Der Spiegel* 15/2003. S. 38.

147 Christine Möllhoff: »Mitten ins Herz«. In: *Der Tagesspiegel*, 13. März 2010. S. 7.

148 Berndt Georg Thamm: »Märtyrer – Waffengattung im ›Heiligen Krieg‹ (Djihad): militärische Nutzung islamistischer Selbstmordattentäter«. In: *Europäische Sicherheit* 58. 5/2009. S. 43–48 (1. Teil); 6/2009. S. 72–79 (2. Teil).

149 Hans Magnus Enzensberger: *Schreckens Männer.* Frankfurt am Main 2006. S. 48.

150 dpa-/AFP-Meldung vom 25. März 2010.

151 Es handelt sich um die jemenitische Nordprovinz Al-Jawf (mit längerer Grenze zu Saudi-Arabien), um die sich südlich anschließenden Provinzen Marib und Shabwa (hier lagern die – vom Militär beschützten – größten Ölvorkommen des Landes) und um die im Süden gelegene Küstenprovinz Abyan, wo sich al-Qaida auf der Arabischen Halbinsel niedergelassen hatte.

152 Albrecht Metzger: »Die zweite Generation«. In: *Die Zeit* 2/2010. S. 17 (Dossier).

153 *Spiegel online*, 26. September 2009.

154 Berndt Georg Thamm: »Sprengstoffanschläge auf den Luftverkehr – Neuer *modus operandi* des Djihadterrorismus«. In: *Deutsche Polizei* 59. 2/2010. S. 18 ff.

155 Josef Köhler, Rudolf Meyer und Axel Homburg: *Explosivstoffe.* Weinheim 2008.

156 dpa-/rtr-Meldung vom 25. Januar 2010.

157 Yassin Musharbash, Volkhard Windfuhr und Bernhard Zand: »Glückwunsch aus Washington«. In: *Der Spiegel* 1/2010. S. 76.

158 Joseph Croitoru: »Alchemisten«.

159 Im Juni 2009 nahmen in Wolfsburg Angehörige, Freunde und Mitglieder der freichristlichen Immanuelgemeinde von den im Nordjemen ermordeten Praktikantinnen, der 24-jährigen Anita G. und der 26-jährigen Rita S., mit einer Trauerfeier Abschied. Die beiden Frauen, so Wolfsburgs Oberbürgermeister, seien in den Jemen gegangen, um »in bester Absicht und mit Idealismus im Herzen Menschen in ärmeren Regionen zu helfen«. Ihre sterblichen Überreste wurden auf dem Friedhof von Wettmershagen im Landkreis Gifhorn beigesetzt. AP-Meldung, 24. Juni 2009.

160 *Der Spiegel* 3/2010. S. 13. Siehe auch dpa-Meldung vom 28. Januar 2010.

161 »Neue Strategie bei Terroristen«. In: *Focus* 3/2010. S. 12.

162 Nach dem Ende des algerischen Bürgerkrieges (1992–2002), bei dem rund 150000 Menschen getötet worden waren, gab es im Land kaum noch Verständnis für militante Organisationen. 1997 hatte sich die »Groupe salafiste pour la Prédication et le Combat« (GSPC) von der »Groupe Islamique Armé« (GIA) abgetrennt. Die Spaltung der beiden Terrorgruppen wurde durch einen Streit darüber ausgelöst, ob auch Zivilisten legitime Ziele von Attentaten seien. Die radikale GIA befürwortete dies, die GSPC vertrat dagegen den Standpunkt, nur Mitglieder von Sicherheitskräften oder Regierungsstellen seien legitime Ziele. Dementsprechend lehnte die GSPC 2005 ein Amnestieangebot der Regierung (als einzige Gruppe) ab und blieb mit mehreren Hundert Kämpfern im Untergrund. Zwei Jahre später erwuchs aus der GSPC die »Al-Qaida im Islamischen Maghreb« (AQIM). Nun wurden auch Zivilisten wieder zu Zielen.

163 Martin Gehlen: »Sterben für bin Laden«. In: *Der Tagesspiegel*, 13. Dezember 2007. S. 6.

164 AFP-Meldung vom 10. August 2009.

165 AFP-Meldung vom 8. September 2008.

166 Berndt Georg Thamm: *Al-Qaida*, S. 123.

167 *Berliner Morgenpost*, 23. Januar 2007. S. 4.

168 dpa-Meldung vom 13. November 2007.

169 dpa-Meldung vom 7. Februar 2008.

170 *Der Spiegel* 15/2004. S. 59.

171 Sara Lemel und Maher Abukhater: »Er wollte ins Paradies«. In: *Berliner Zeitung*, 26. März 2004. S. 7.

172 AP-/dpa-Meldung vom 3. Februar 2008.

173 Britta Sandberg und Bernhard Zand: »Bomben unter der Abaja«. In: *Der Spiegel* 8/2008. S. 109.

174 Josef Hufelschulte und Christian Sturm: »Attentäter aus der Klinik«. In: *Focus* 50/2004. S. 51.

175 BKA, 26. April 2010. Siehe auch *Welt Online*, 26. April 2010.

176 Berndt Georg Thamm: »Märtyrer-Konvertiten made in Germany. Anmerkungen zur Internationalisierung militanter Djihadisten aus Deutschland«. In: *Die Kriminalpolizei* 4/2008. S. 116–122.

177 Breiningers unvollendete Memoiren (mit dem Titel »Mein Weg nach Jannah«) sind das 106 Seiten starke biografische Dokument eines Djihadisten, vergleichbar vielleicht mit den umfangreichen Geständnissen der vier Mitglieder der »Sauerland-Gruppe«, die vom OLG Düsseldorf im März 2010 zu hohen

Haftstrafen verurteilt worden waren. Nach Breiningers Märtyrer-Tod wurden seine Memoiren im Internet von Anhängern der
Taliban als Propagandaschrift verbreitet. Auf der Website ist der
Kopf der Leiche des Saarländers abgebildet sowie Fotos, die
einen lachenden Breininger zeigen, der in seinen Armen ein
Maschinengewehr hält. Die Memoiren sind sprachlich passabel
formuliert, vermutlich hat ein Mitkämpfer der »deutschen Taliban« die Aufzeichnungen redigiert. Frank Jansen: »Jung und
fromm in den Tod«. In: *Der Tagesspiegel*, 7. Mai 2010. S. 5.

178   AFP-Meldung vom 9. Mai 2010.
179   Frank Jansen: »Jung und fromm«.
180   Ebd.
181   *Der Tagesspiegel*, 16. April 2010. S. 2.
182   *Welt Online*, 1. März 2010.
183   Martin Gerner: »Tage des Donners«. In: *Der Tagesspiegel*,
      1. Juni 2006. S. 3.
184   Erich Follath und Holger Stark: »Wo der Terror wohnt«. In: *Der
      Spiegel* 38/2007. S. 135.
185   H. Gude et al.: »Zerstört ihre Welt«. In: *Focus* 26/2007. S. 36 ff.
186   Michael Schmidt: »Die Schüler des Terrors«. In: *Der Tagesspie-
      gel*, 7. September 2007. S. 2.
187   Yassin Musharbash und Holger Stark: »Deutsche Kolonie«. In:
      Der Spiegel 39/2009. S. 27.
188   *Focus online*, 19. Juli 2009.
189   Florian Flade: »Islamist aus Bonn in Pakistan getötet«. In: *Ber-
      liner Morgenpost*, 23. November 2009. S. 4.
190   Matthias Gebauer: »BKA plakatiert in Afghanistan Warnung vor
      deutschem Islamisten«. *Spiegel online*, 15. November 2009.
191   Markus Wehner: »Auch Deutsche gehen gern in die Schule des
      Hasses«. In: *Frankfurter Allgemeine Sonntagszeitung*, 10. Ja-
      nuar 2010. Siehe auch dpa-Meldung vom 10. Januar 2010.
192   Markus Wehner: »Deutschland sucht den Super-Djihadisten«.
      In: *Frankfurter Allgemeine Sonntagszeitung*, 14. Februar 2010.
193   AP-Meldung vom 24. Dezember 2009.
194   AP-Meldung vom 19. Juli 2009.
195   *Focus* 19/2010. S. 17.
196   Yassin Musharbash, Marcel Rosenbach und Holger Stark: »Die
      dritte Generation«. In: *Der Spiegel* 14/2010. S. 21 ff.
197   Laut einer vertraulichen BKA-Analyse dienen den radikalen Kon-
      vertiten »bestimmte Moscheen« als Anlaufpunkte. Dazu zählen
      Einrichtungen im Raum Ulm/Neu-Ulm sowie die al-Quds-Mo-

schee in Hamburg, wo sich einige Attentäter des 9/11 getroffen hatten. Etwa ein Drittel der als bedrohlich eingestuften Konvertiten leben in Baden-Württemberg, fünf in Bremen, jeweils vier in Hamburg und Nordrhein-Westfalen. *Focus* 17/2010. S. 16.

198 *Focus* 24/2010. S. 16.

199 In den siebziger Jahren trat bei einigen militant islamistischen Gruppen an die Stelle der streitbaren Selbstbehauptung des Islam die radikale Ablehnung der eigenen Gesellschaft als unislamisch. Nicht die Reform, sondern der Kampf wurde zu Parole und Tat. Dies kam bei der ägyptischen »Gemeinschaft der Bezichtigung des Unglaubens und der Aufgabe der unislamischen Lebensweise« (»Jamaat at-takfir wa-l-hijra«) schon im Namen zum Ausdruck. Die Takfir-Gruppe wurde 1977 weit über Ägypten hinaus in der muslimischen Welt bekannt, als sie den damaligen Religionsminister entführte und ermordete. Von den Entwicklungen in Ägypten wurden Islamisten auch in anderen Regionen, beispielsweise in Gaza, angeregt. Die Takfir-Gruppe zählt zu den fundamentalistischen Untergrundbewegungen, die als die erbittertsten Gegner jeglichen Intellektualismus im Islam gelten.

200 Der arabische Begriff *Salafiyya* bezeichnet eine Richtung des Reform-Islam, die die ersten Muslime zum Modell für eine neue muslimische Gemeinschaft erklärt. Damit ist nicht gemeint, dass das Leben der islamischen Urgemeinde wiederhergestellt werden soll; vielmehr soll an den »Geist der alten Muslime« angeknüpft werden, um eine der Gegenwart angemessene Ordnung zu errichten. Die *Salafiyya* wurde zur Inspiration zahlreicher Reformisten und Fundamentalisten, auch in der islamischen Welt Nordafrikas, etwa in Marokko und Algerien.

201 Senatsverwaltung für Inneres und Sport, Abteilung Verfassungsschutz (Hrsg.): *Verfassungsschutzbericht 2009*. Berlin 2010.

202 *Berliner Zeitung*, 16. Juni 2010. S. 18.

203 Berndt Georg Thamm: »Märtyrer-Konvertiten«.

204 dpa-Meldung vom 26. Januar 2004.

205 Steven Smyrek alias Abd al-Karim wurde Ende Januar 2003 im Rahmen eines Gefangenenaustauschs zwischen Israel und der Hisbollah mit Hilfe deutscher Vermittler nach Deutschland überstellt mit der Maßgabe, auf ihn – den mutmaßlichen *Shahid* (»Märtyrer«) – »aufzupassen«. Ein Jahr später trat Smyrek in einer ARD-Dokumentation auf, in der er sich zu seiner terroristischen Mission bekannte und beteuerte, er sei nach wie vor be-

reit, für Allah zu sterben: »Wir sind so gefestigt in unserer Religion, dass wir ohne Gefühle unser Leben geben.«

206 Burkhard Schröder: »Kaukasuskrieg erreicht das Netz«. In: *Der Tagesspiegel*, 18. Februar 2000. S. 38.

207 »Wie kann ich für den Jihad trainieren« (S. 2 von 7). Auf: http://www.qoqaz.de/Training.htm (abgerufen am 4. Juli 2000).

208 Johannes Rau: *Russland – Georgien – Tschetschenien*. Berlin 2005.

209 Dominik Cziesche, Uwe Klussmann und Caroline Schmidt: »Kämpfer für den Kaukasus«. In: *Der Spiegel* 45/2002. S. 134.

210 Dominik Cziesche: »Der schwäbische Krieger«. In: *Der Spiegel* 41/2004. S. 66–71.

211 »Terror gegen Touristen. Bin Ladens deutsches Netzwerk«. In: *Der Spiegel* 17/2002. S. 108–140.

212 Anordnung bezüglich der Anklageerhebung vor dem Schwurgericht, der Neueinstufung, der partiellen Verfahrenseinstellung, der Verfahrenseinstellung, der Verfahrensaufteilung und der Übergabe an das Strafgericht vom November 2007 (Übersetzung aus dem Französischen von R. Meyer).

213 Der Brief Ganczarskis an die deutsche Bundeskanzlerin für eine »faire Verhandlung« wurde in Paris mehreren Agenturen (unter anderem der dpa und der AP) zugestellt, die den Inhalt am 4./5. Januar 2009 in Meldungen öffentlich machten – ohne Reaktion der Adressatin.

214 AP-Meldung vom 6. Februar 2009.

215 Jost Müller-Neuhof: »Djerba-Opfer kritisieren Hilfen für Terrorüberlebende«. In: *Der Tagesspiegel*, 26. Januar 2009. S. 4.

216 *Der Spiegel* 21/2010. S. 74.

217 AP-/dpa-Meldung vom 25. November 2003.

218 Holger Stark: »Endstation Djihad«. In: *Der Spiegel* 9/2004. S. 48f.

219 Berndt Georg Thamm: »Märtyrer-Konvertiten«.

220 dpa-Meldung vom 28. Januar 2008.

221 dpa-Meldung vom 7. Mai 2008.

222 *Der Spiegel* 26/2007. S. 15.

223 Berndt Georg Thamm: »Raus aus Afghanistan? Wer zu früh geht, den bestraft das Leben«. In: *Deutsche Polizei* 56. 9/2007. S. 7.

224 dpa-Meldung vom 4. Februar 2008.

225 Susann Kreutzman: »Video-Terror«. In: *Berliner Zeitung*, 12. März 2007. S. 2.

226 »Drohung gegen Deutsche«. In: *Der Spiegel* 16/2007. S. 19.

227 AFP-Meldung vom 20. Juni 2007.

228 *Focus* 26/2007. S. 36.

229 *Berliner Zeitung*, 12. Juli 2007. S. 3.

230 *Berliner Zeitung*, 30. Oktober 2007. S. 49.

231 *Der Tagesspiegel*, 14. September 2007. S. 9.

232 Fabian Löhe: »Deutsche Cyber-Terroristen auferstanden«. Auf: http://www.focus.de/politik/deutschland/tid-7473/el-kaida_aid_133516.html (abgerufen am 24. September 2007).

233 dpa-Meldung vom 21. November 2007.

234 dpa-Meldung vom 1. Dezember 2007.

235 AP-/dpa-Meldung vom 3. März 2008.

236 ddp-Meldung vom 26. November 2008.

237 Berndt Georg Thamm: »Unsere Atombombe ist eine Autobombe: Neue Qualität medialer Terrordrohungen gegen Deutschland«. In: *Deutsche Polizei* 58. 3/2009. S. 31.

238 *Der Spiegel* 3/2009. S. 12.

239 AFP-/AP-Meldung vom 19. Januar 2009.

240 dpa-Meldung vom 18. Januar 2009.

241 AFP-/Reuters-Meldung vom 26. Januar 2009.

242 AFP-Meldung vom 28. Januar 2009.

243 Hubert Gude u. a.: »Wir werden eine Armee senden«. In: *Focus* 5/2009. S. 30.

244 AFP-Meldung vom 19. Januar 2009.

245 *Focus* 7/2009. S. 9.

246 *Berliner Zeitung*, 2. Februar 2009. S. 2.

247 AFP-/AP-Meldung vom 27. Februar 2009.

248 dpa-Meldung vom 13. März 2009.

249 Reuters-Meldung vom 25. April 2009.

250 *Der Tagesspiegel*, 30. April 2009. S. 5.

251 »Neues Terrorvideo mit dem Deutschen Breininger«. *Welt online*, 5. Juni 2009.

252 dpa-Meldung vom 19. September 2009.

253 *Berliner Morgenpost*, 26. September 2009. S. 2.

254 Ebd.

255 Ehrhart Körting: »Vorwort«. In: Senator für Inneres und Sport (Hrsg.): *Verfassungsschutzbericht 2009 des Landes Berlin*, 2010. S. III.

256 »Die Ruhe trügt«. Interview mit BKA-Präsident Jörg Ziercke. In: *Focus* 26/2008. S. 48.

257 Der überwiegende Teil der Konvertiten teilt sich auf das ganze Spektrum des Islam auf, er integriert sich in friedliche Gruppierungen oder praktiziert den Islam ausschließlich privat. Aber zum Spektrum der Konvertiten gehören auch »bildungsnahe Kreise mit einem Hang zur Weltverbesserung, gepaart mit Antiamerikanismus, Antikapitalismus und Antizionismus«, so Claudia Dantschke (Gesellschaft Demokratische Kultur) und fährt fort: »Im linken Milieu wird der Islam als letzte Alternative für einen sozialrevolutionären, weltumspannenden Kampf gesehen.« Ein besonderes Augenmerk muss dementsprechend der Minderheit der spektakulären Konversionen gelten; eben jenen, die einen radikalen Bruch vollziehen. Ob es jedoch eine »Typologie des radikalen Konvertiten« gibt, ist strittig und wird strittig diskutiert. Noch im Jahr 2007 glaubten Konvertitenforscher an eine solche eher nicht. Gar für irreführend hielt der französische Soziologe Farhad Khosrokhavar von der Ecole des Hautes Etudes en Sciences Sociales (EHESS) derartige Typisierungen: »Wir haben kein Modell dafür, warum die Gefühle von Erniedrigung, Frustration und Hass auf die Gesellschaft plötzlich in eine terroristische Aktion umschlagen. Man kann bei diesen Tätern ihre Motive eigentlich nur im Nachhinein ermitteln.« In Deutschland ging die Kultursoziologin Monika Wohlrab-Sahr (Universität Leipzig) davon aus, dass allein die soziale Herkunft es nicht erlaube, ein typisches islamistisches Profil zu erstellen: »Nicht die Konversion zum Islam als solche führt den Menschen zur Gewaltbereitschaft, sondern eine bestimmte Psychodynamik oder politische Dynamik in ihrem Leben. Das Individuum mit seiner Biografie steht bei solchen Entwicklungen sehr viel stärker im Vordergrund als der neue Lebensrahmen des Islam, in den es hineinkonvertiert.« Nach diesen und ähnlichen Aussagen anderer Sozial- und Religionswissenschaftler kann eben keine generelle Gefahr in dem Sinne abgeleitet werden, dass bei Konversionen zum Islam der Weg in die Gewalt gewissermaßen naheliegt. Die Gefahr, so Konvertitenforscher in Europa, geht vielmehr von »radikalisierten politischen Biografien aus, die sich ihr Material suchen, wo sie es finden«. Ist dieses »Material« der militante Islamismus, dann ist die Richtung zum Djihadisten mit der Einsatzbereitschaft des Märtyrertodes vorgegeben. Berndt Georg Thamm: »Märtyrer-Konvertiten«. S. 121 f.

258 epd-Meldung vom 10. Mai 2007.

259 ddp-Meldung vom 6. Februar 2007.

260 Martin Gehlen: »Radikale Wende«. In: *Der Tagesspiegel*, 20. August 2007. S. 4.

261 Jens Anker: »Guter Nährboden für Islamisten«. In: *Berliner Morgenpost*, 7. September 2007. S. 3.

262 Mike Davis: *Die Geschichte der Autobombe*. Berlin, Hamburg 2007.

263 Frank Jansen und Michael Schmidt: »Deutschland entgeht Terroranschlägen«. In: *Der Tagesspiegel*, 6. September 2007. S. 1.

264 dpa-Meldung vom 12. September 2009.

265 Siehe auch Rolf Clement und Paul Elmar Jöris: *Die Terroristen von nebenan*. München, Zürich 2010.

266 Die Zitate vom Vorsitzenden Richter Breidling in seiner Erklärung des Urteils gegen die »Sauerland-Terroristen« finden sich bei Kristian Frigelj: »Todesengel im Namen des Islam«. In: *Berliner Morgenpost*, 5. März 2010. S. 2.

267 Die »verheerende Anziehungskraft des gewaltbereiten Islamismus« wirkte auch auf die Mitglieder der »Sauerland-Gruppe«, die dementsprechend schon in Deutschland radikalisiert wurden. Die IJU, der sie sich später im Ausland anschlossen, spielte für ihr religiöses Selbstverständnis kaum noch eine Rolle, so die Islamwissenschaftlerin Rotraud Wielandt von der Universität Bamberg Mitte Dezember 2009. Sie hatte die religiösen Schriften, die bei den Islamisten gefunden worden waren, analysiert. Die Angeklagten hätten sich der IJU eher zufällig angeschlossen. In Deutschland seien die Angeklagten dagegen dem Einfluss des radikalen Islamismus, genauer des wahhabitischen Salafismus saudi-arabischer Prägung, ausgesetzt gewesen, in dessen Schriften der Djihad verklärt wurde. dpa-Meldung vom 16. Dezember 2009.

268 »Die Hinwendung zum Djihadismus ist immer eine Konversion, für Muslime wie Nicht-Muslime, weil er kein religiöses, sondern ein ideologisches Phänomen ist. Niemand wächst als Heiliger Krieger auf. Die Doktrin bietet sich gerade denen an, die nicht in einer traditionellen muslimischen Gesellschaft mit den dazugehörigen Regeln aufgewachsen sind. In jedem Fall sind Menschen anfällig, die ihre Verbindung zu einer authentischen kulturellen Tradition verloren haben«, so der US-amerikanische Politologe Francis Fukuyama in einem Gespräch über den Djihad und die US-Politik. *Süddeutsche Zeitung*, 19. August 2006. S. 13.

269 *Der Tagesspiegel*, 28. Oktober 2009.

270 »De Maizière sieht Einsatz als Anti-Terror-Maßnahme«. *Welt online*, 27. April 2010.

271 Hinweise zum Bombenbau fanden sich im Internet schon vor bald zehn Jahren, beispielsweise im *Anarchy Cookbook* (Version 2000; nicht zu verwechseln mit dem *Anarchist Cookbook* aus dem Jahr 1969); ganze Bedienungsanleitungen im *Kitchen Improvised Plastic Explosives* I–III (von Tim Lewis), bis hin zu Büchern wie *Explosives and Homemade Bombs* oder *Fireworks and Explosives like Granddad used to make*.

272 Als der Afghanistankrieg 1989 beendet war, hieß es über die Veteranen auf afghanischer Seite: Sie haben eine der beiden Supermächte geschlagen, und jetzt knöpfen sie sich die andere vor. Den Djihad ins Herz der USA zu tragen, hatte sich Scheich Omar Abdul Rahman, Führer der fundamentalistischen »al-Gama'a al-Islamiyya« (»Islamische Gemeinschaft«), zur Aufgabe gemacht. Der »blinde Scheich« aus Ägypten nutzte dazu das Flüchtlingslager al-Kifah im New Yorker Stadtteil Brooklyn, das sich zum Hauptquartier des islamistischen Terrorismus entwickelte, unterstützt von nicht wenigen arabischen Afghanen. Die Anschlagsvorstellungen Rahmans wurden konkret, als am 31. August 1992 der aus Pakistan kommende Ramzi Yousef in den USA als angeblich verfolgter Iraker um Asyl nachsuchte. Der vermutlich in al-Qaida-Lagern zum Sprengstoffspezialisten ausgebildete Yousef wurde dem Scheich als »ein Freund aus Afghanistan« vorgestellt. In knapp sechs Monaten plante dieser das Attentat auf das World Trade Center bis zur Anschlagsreife durch. Das Ziel war zuvor von Gruppenmitgliedern ausgespäht worden, da – wie sie glaubten – die Mehrheit der dort arbeitenden Menschen Juden waren.

273 Stefan Aust und Cordt Schnibben (Hrsg.): *11. September*, S. 261.

274 *Brockhaus Enzyklopädie in 24 Bänden*, Bd. 7 (EX–FRT). 19. Auflage, Mannheim 1988. S. 26.

275 Walter Katzung: »Selbstherstellung von Explosivstoffen und pyrotechnischen Gemischen aus handelsüblichen Grundstoffen sowie Möglichkeiten zu ihrer Anwendung« (Studie). Berlin 1986 (überarbeitete Fassung von 1974, unveröffentlicht).

276 Lutz Krusche: »Explosion in Toulouse doch ein Terrorakt?« In: *Berliner Zeitung*, 6. Oktober 2001. S. 7.

277 Gut zwei Jahre nach der Explosion mit Ammoniumnitrat-Dünger in der Chemiefabrik AZF in Toulouse, im Dezember 2003, fing eine mysteriöse Gruppe an, die sich nach der betroffenen

Fabrik »AZF« nannte, den Staat Frankreich zu erpressen. In fünf Schreiben hatte sie vier Millionen Dollar und eine Million Euro gefordert, ansonsten würden zehn Bomben gezündet werden, die bereits unter Bahngleisen im Land platziert worden seien. Ob die Motive der Erpressergruppe dem damaligen Detonationsunfall geschuldet waren, war und ist unbekannt. Um zu zeigen, dass sie es mit ihrer Drohung (Massenmord an Bahnreisenden) ernst meinte, übermittelten sie die genaue Lage »der ersten Bombe«. Die Sprengstoffexperten mussten feststellen, dass der professionelle Sprengsatz an einem Viadukt nahe Limoges so angebracht war, dass der Zug bei Zündung entgleist wäre und alle Fahrgäste 57 Meter in die Tiefe gerissen hätte. Am 21. Februar 2004 hatte die »AZF« die Polizei zu dieser im Gleisbett versteckten Bombe gelotst. Spätestens seit diesem Zeitpunkt wurden die Täter als straff organisierte und methodisch arbeitende Gruppe wahrgenommen, die eine ernsthafte Bedrohung darstellte. Bei dem Know-how wollten die Fahnder nicht ausschließen, dass zum »AZF«-Täterkreis auch Geheimdienst- oder Militärexperten gehörten. Nach der Entdeckung einer zweiten Bombe im März 2004 setzten die Erpresser ihre Drohung vorerst aus. Es seien keine scharfen Sprengsätze mehr unter den Gleisen versteckt. Das bedeute jedoch keineswegs das Ende der Millionenforderung. »AZF« brauche Zeit, um »technologische, logistische und andere Schwächen« zu beheben, erklärte die Gruppe in einem Schreiben.

278   Walter Katzung: »Selbstherstellung«. S. 271 f.

279   Berndt Georg Thamm: »Zeit der Überfälle – globale Terrorgefahr nach dem 11. September«. In: *Deutsche Polizei* 51. 9/2002. S. 11.

280   AP-/dpa-Meldung vom 2. Oktober 2002.

281   Heiko Flottau: »Nichts wäre übrig geblieben«. In: *Süddeutsche Zeitung*, 28. April 2004. S. 6.

282   »Meine Befehle kamen von al Zarqawi«. In: *Frankfurter Allgemeine Zeitung*, 28. April 2004. S. 2.

283   Frank Jansen und Barbara Junge: »Ein Fall voller Extreme«. In: *Der Tagesspiegel*, 16. April 2001. S. 2.

284   Die am ersten Weihnachtsfeiertag 2000 festgenommenen Algerier waren der 37-jährige Fouhad Sabour, der 30-jährige Salim Boukhari und der 31-jährige Lamine Maroni – die erst wenige Wochen vor dem geplanten Attentat eingereist waren – sowie der 26-jährige Aeurobi Beandali, der seit 1992 illegal in Deutsch-

land lebte. Samir Karimou, der fünfte Mann, kam 1993 nach Deutschland. Der am 4. April 2001 festgenommene 35-Jährige verschleierte seine Herkunft durch diverse Alias-Namen.

285 Um das »Meliani-Verfahren« zu beschleunigen, beschloss der Strafsenat auf Anregung der Bundesanwaltschaft Anfang Januar 2003, den Vorwurf der Mitgliedschaft in einer terroristischen Vereinigung fallen zu lassen. Die Tatvorwürfe »Verabredung zum Mord« sowie »Vorbereitung eines Sprengstoffanschlags auf einen Weihnachtsmarkt« blieben bestehen.

286 Die Mitglieder der »al-Tawhid-Zelle« kommunizierten in einer »codierten Sprache des Djihad«, die der spätere Zeuge Abdallah entschlüsselte: schwarze Pillen = Sprengstoff; russische Äpfel = Handgranaten; Eichelfrüchte = Munition (für Faustfeuerwaffen); die Stumme = Pistole mit Schalldämpfer; Schweine = US-Soldaten in Afghanistan; Universität = Gefängnis; Sterilisierung = Verhaftung; Tänzerin = Reisepass; sieben Meere = Schengen-Visa; kleine Mädchen = gefälschte Führerscheine. Holger Stark: »Die Hunde hören mit«. In: *Der Spiegel* 48/2002. S. 46–49.

287 Am 24. April 2002 wurden 19 Wohnungen unter anderem in Berlin, München, Hamburg und Düsseldorf durchsucht und elf mutmaßliche Mitglieder festgenommen. Gegen acht Männer wurde Haftbefehl erlassen, so gegen einen 25-jährigen Palästinenser aus Krefeld, einen 32-jährigen Palästinenser und einen 28-jährigen Jordanier aus Beckum in Nordrhein-Westfalen sowie zwei Ägypter, 27 und 38 Jahre alt, und einen 28-jährigen Iraker aus München. Zudem gegen den Palästinenser Mohammed Abu Dhess alias Abu Ali, den Kopf der Gruppe in Essen. Einem 28-jährigen Palästinenser aus Leipzig wurde Unterstützung der »al-Tawhid« vorgeworfen. Die mutmaßlichen Mitglieder der Gruppe lebten, so die Bundesanwaltschaft, schon seit vielen Jahren in Deutschland.

288 Nach den Anschlägen des 11. September 2001 war beschlossen worden, einen »bunkerartigen Hochsicherheitstrakt für Terrorprozesse« zu bauen. Von Januar 2003 bis Januar 2004 entstand dieser für 37 Millionen Euro in Düsseldorf: bombenfester Beton, Panzerglas, Metalldetektoren, geheime Zufahrten, ein Hubschrauberlandeplatz. Der Name der Architektin des »Stammheim am Rhein« blieb geheim, Bauarbeiter mussten sich zum Schweigen verpflichten. Die festungsartige Anlage ist umgeben von Sicherheitszäunen und Betonkübeln zum Schutz vor Selbstmordattentätern. In zwei Sälen sind über 150 Zuschauerplätze

durch schusssicheres Glas getrennt von den Prozessbeteiligten. In den Katakomben sind 19 Einzelzellen für Angeklagte untergebracht, hinzu kommen Zellen für mögliche Störer aus den Zuschauerreihen. Am Eingang müssen Besucher Metallschleusen und eine Zone für Leibesvisitation passieren. In den beiden Gerichtssälen können Verfahren parallel stattfinden. Die Justiz nahm den Hochsicherheitstrakt mit dem am 10. Februar 2004 begonnenen zweiten al-Tawhid-Prozess in Betrieb.

289   AP-/dpa-Meldung vom 27. Oktober 2005.

290   Ulf Hannemann et al.: »Tatwaffe Handy«. In: *Focus* 14/2004. S. 113.

291   Frank Jansen: »Die Handy-Zünder waren schon vorbereitet«. In: *Der Tagesspiegel*, 21. März 2004. S. 9.

292   Im März 2003 verdichteten sich die Hinweise der Nachrichtendienstler, nach denen im Umfeld der al-Nur-Moschee in Berlin zu Beginn des Irakkrieges ein Terroranschlag in Deutschland geplant wurde. Daher ließ der Generalbundesanwalt am 20. März sechs Projekte in Berlin, darunter die al-Nur-Moschee, die Büroräume des gemeinnützigen Vereins »Die Islamische Gemeinschaft« sowie mehrere Wohnungen durch Beamte des BGS und des BKA durchsuchen. Sechs Personen wurden festgenommen, zu denen auch der Imam der Moschee und sein Bruder gehörten. Diese beiden Libanesen, zwei Tunesier und zwei Marokkaner wurden von der Bundesanwaltschaft verdächtigt, »im Auftrag des internationalen Netzwerks gewaltbereiter Islamisten in Berlin eine terroristische Vereinigung gegründet zu haben«. Sie hätten arabische Studenten anwerben wollen, um mit diesen »in naher Zukunft« Sprengstoffanschläge zu verüben. Fünf Verdächtige wurden wieder auf freien Fuß gesetzt, es wurde aber weiter gegen sie ermittelt. Gegen den sechsten Festgenommenen – einen 32-jährigen Tunesier – wurde Haftbefehl erlassen. Ihsan Garnaoui hatte 1995 in seiner Heimat eine Urlauberin aus dem brandenburgischen Velten kennengelernt. 1996 heirateten sie und er kam nach Deutschland. Zwei Jahre später folgte die Trennung. Danach arbeitete Garnaoui von Juni 1999 bis September 2000 zeitweise für das Bundesamt für die Anerkennung ausländischer Flüchtlinge in Berlin als Dolmetscher. Bereits in dieser Zeit war er nach Ermittlungen der Berliner Staatsanwaltschaft »in betrügerische Goldgeschäfte großen Stils« verwickelt gewesen. Anfang 2001 reiste Garnaoui nach Pakistan, um dort angeblich für zwei Jahre als Koranlehrer zu arbeiten. Wahr-

scheinlicher ist, dass er in dieser Zeit in Afghanistan war, um sich »für den weltweiten Djihad gegen Ungläubige« ausbilden zu lassen. Dort soll er auch in Herstellung und Gebrauch von Sprengstoffen unterrichtet worden sein. Wohl im Auftrag der al-Qaida-Führung kam er Anfang 2003 zurück nach Deutschland.

293 Michael Mielke: »Justiz scheitert erneut in einem Al-Qaida-Verfahren«. In: *Berliner Morgenpost*, 7. April 2005. S. 2.

294 Das Computerprogramm *Im Tiefflug über Deutschland* (Ladenpreis seinerzeit rund 40 Euro) enthielt mit modernster Satellitentechnologie aufgenommene Luftbilder von mehr als 170 Städten, inklusive hoch sensibler Standorte wie Chemiefabriken, atomarer und militärischer Anlagen.

295 Andreas Förster: »Ein vermutlicher Terrorist«. In: *Berliner Zeitung*, 7. April 2005. S. 3.

296 dpa-Meldung vom 20. Juli 2004.

297 Frank Jansen: »Pistolen für den Staatsbesuch«. In: *Der Tagesspiegel*, 21. Juni 2006. S. 4.

298 Senatsverwaltung für Inneres und Sport, Abteilung Verfassungsschutz (Hrsg.): *Verfassungsschutzbericht 2008*. Berlin 2009. S. 24 f.

299 Arno Heißmeyer/Josef Hufelschulte: »Rausch nach der Tat«. In: *Focus*, 7. August 2006. S. 28.

300 dpa-Meldung vom 19. August 2006.

301 Der Bahnbombenleger Youssef Mohamad al-Hajdib entstammt einem Clan aus der Region um die nordlibanesische Hafenstadt Tripoli. Mehrere Clan-Mitglieder standen/stehen mit der »Hizb ut-Tahrir (HuT) al-Islami« (»Partei der Islamischen Befreiung«) in Verbindung. Im Nahen (und Mittleren) Osten wurde die HuT aufgrund ihrer radikalen Ausrichtung – insbesondere wegen ihrer Aufrufe zum gewaltsamen Umsturz der Regierungen – unmittelbar nach ihrer Gründung verboten. Dementsprechend operierte sie weitgehend im Geheimen, ihre Anhänger wurden verfolgt. Der Aufenthaltsort des derzeitigen HuT-Vorsitzenden wird im Libanon vermutet. Vor dem Hintergrund der Nähe zur HuT hatte der libanesische Nachrichtendienst einige Mitglieder des al-Hajdib-Clans »auf dem Schirm«, er hörte wohl auch ein Telefonat ab, das der Verdächtige mit seiner Familie im Libanon führte. Diese Informationen gab der DRAL nach Deutschland weiter.

302 dpa-Meldung vom 2. September 2006.

303 Senatsverwaltung für Inneres und Sport, Abteilung Verfassungsschutz (Hrsg.): *Verfassungsschutzbericht 2008*, S. 22.

304 Senatsverwaltung für Inneres und Sport, Abteilung Verfassungsschutz (Hrsg.): *Verfassungsschutzbericht 2007*. Berlin 2008. S. 92.

305 Bundesminister des Innern (Hrsg.): *Verfassungsschutzbericht 2008*. Berlin 2009. S. 223.

306 AFP-/dpa-Meldung vom 5. März 2010.

307 Bundesminister des Innern (Hrsg.): *Verfassungsschutzbericht 2009* (Vorabfassung). Berlin 2010. S. 191.

308 dpa-Meldung vom 26. Januar 2010.

309 Hinweise auf die Zelle »Nordafrikanische Front« kamen vom französischen Nachrichtendienst. In der Folge wurde geprüft, ob die Verdächtigten Verbindungen zur algerischen »Groupe Islamique Armé« (GIA) hatten, die 1995 in Paris bei einem Sprengstoffanschlag in der Métro acht Menschen tötete. Nach der Zerschlagung der Pariser GIA-Zellen sollen Dutzende von GIA-Angehörige in London untergetaucht sein.

310 Die giftigen Samen der – überall auf der Welt gedeihenden – Rizinusstaude bilden den pflanzlichen Lieferanten des potenten Biokampfstoffs. Schon acht Samen können einen erwachsenen Menschen töten. Durch einen einfachen chemischen Prozess ist es möglich, Rizin aus dem Samen zu isolieren. Rizin kann in flüssiger und kristalliner Form oder als Pulver hergestellt werden.

311 Christopher Andrew: *MI5*. Berlin 2010. S. 704.

312 rtr-Meldung vom 19. Juni 2006.

313 Andreas Förster: »Lieber den großen Knall als das schleichende Gift«. In: *Berliner Zeitung*, 17. Februar 2006. S. 4.

314 Kofi Annan: »Atomterror ist nicht Science-Fiction«. In: *Der Tagesspiegel*, 12. März 2005. S. 8.

315 Andreas Förster: »Bomben auf Manhattan«. In: *Berliner Zeitung*, 20. Juni 2006. S. 4.

316 Joby Warrick: »Dirty Bomb Warheads Disappear Stocks of Soviet-Era Arms For Sale on Black Market«. In: *Washington Post*, 7. Dezember 2003.

317 AP-Meldung vom 9. Oktober 2005.

318 »Es existiert keine konkrete Bedrohung«. Interview mit dem Präsidenten des Bundesamts für Strahlenschutz Wolfram König. In: *Der Tagesspiegel*, 31. Januar 2006. S. 2.

319 dpa-Meldung vom 10. Oktober 2009.

320 dpa-Meldung vom 14. März 2010.

321 Paul-Anton Krüger: »Der Ungewissheit ausgeliefert«. In: *Süddeutsche Zeitung*, 13. April 2010. S. 2.

322 dpa-Meldung vom 25. März 2009.

323 Stefan Aust und Cordt Schnibben: *11. September*, S. 270.

324 Dominik Cziesche/Andreas Ulrich: »Explosive Mischung«. In: *Der Spiegel*, 25. Oktober 2004. S. 66–70.

325 Ortwin Buchbender et al.: *Wörterbuch zur Sicherheitspolitik.* Hamburg, Berlin, Bonn 2000. S. 290f.

326 dpa-Meldung vom 2. Dezember 2005.

327 Ebd.

328 AFP-/dpa-/Reuters-Meldung vom 27. Dezember 2005.

329 »… war ich nicht freier Mensch«. Interview mit Susanne Osthoff. Auf: http://www.heute.de/ZDFheute/inhalt/24/0,3672,3256408, 00.html1 (abgerufen am 29. Dezember 2005).

330 Klaus Heymach und Susanne Sporrer: »Mit Panzern und Postern«. In: *Der Tagesspiegel*, 4. Januar 2006. S. 5.

331 AFP-/AP-/dpa-Meldung vom 10. April 2006.

332 Frank Käßner und Sven Heitkamp: »Unterkühlte Anteilnahme«. In: *Berliner Morgenpost*, 4. Mai 2006. S. 3.

333 AP-Meldung vom 7. Mai 2006.

334 Dirk Banse und Michael Behrendt: »Erneut zwei Deutsche im Irak entführt«. In: *Berliner Morgenpost*, 12. Februar 2007. S. 1.

335 *Berliner Morgenpost*, 11. März 2007. S. 1.

336 Holger Schmale: »Geben Sie die Geiseln ihren Familien zurück«. In: *Berliner Zeitung*, 15. März 2007. S. 5.

337 Zuletzt war im Juli 2000 ein 48-jähriger Tourist in Indien verschleppt und erschossen worden.

338 Matthias Gebauer und Holger Stark: »Hinterhalt in Kabul«. In: *Der Spiegel* 42/2007. S. 34.

339 AFP-Meldung vom 4. Juni 2009.

340 Im Jahr 2009 hatten somalische Piraten mehr Schiffe zu überfallen versucht und entführt als je zuvor, obwohl im Golf von Aden über 30 Kriegsschiffe aus der EU, den USA, Russland, Indien, China und Japan patrouillieren. Insgesamt 214-mal – doppelt so oft wie 2008 – hatten Piraten versucht, Handelsschiffe und Fischerboote zu überfallen, in 47 Fällen waren sie erfolgreich (2008: 42 Fälle). Dabei haben sie schätzungsweise 94 Millionen Dollar Lösegeld erbeutet. Anfang Januar 2010 waren noch zwölf Boote mit insgesamt 263 Menschen in ihrer Hand. *Der Spiegel* 1/2010. S. 69.

341 Nach 15 Jahren Bürgerkrieg im Libanon waren nicht nur über 14 000 Menschen entführt worden. Beinahe 20 000 galten als vermisst, 800 000 waren ins Ausland geflohen, etwa 94 000 Zivilisten waren in dieser Zeit getötet und 115 000 verletzt worden. Rüdiger Dingemann: *Krisenherde der Welt* (Westermann Lexikon). Braunschweig 1996. S. 486.

342 dpa-Meldung vom 2. Dezember 2005.

343 Ebd.

344 Nach Angaben des Statistischen Bundesamts in Wiesbaden im Dezember 2009 lebte mehr als eine halbe Million Deutsche im europäischen Ausland. Die meisten wohnten in der Schweiz (203 000), in Spanien (182 000) und Österreich (120 000).

345 Marc Goergen: »Gerüchte als Waffe«. In: *Der Spiegel* 15/2003. S. 158.

346 Stefan Aust und Cordt Schnibben: *11. September*, S. 261.

347 Josef Hufelschulte, Axel Spilcker und Carl Thalmann: »Bin Ladens fünfte Kolonne«. In: *Focus* 17/2006. S. 51.

348 *Focus* 46/2009. S. 166.

349 AFP-/dpa-Meldung vom 13. November 2009.

350 Yassin Musharbash u. a.: »Der Krieg im Kopf«. In: *Der Spiegel* 46/2009. S. 106.

351 AP-Meldung vom 2. Februar 2007.

352 KNA-Meldung vom 6. November 2009.

353 KNA-Meldung vom 26. März 2004.

354 So löste die Bitte eines muslimischen Polizisten, vor der Botschaft Israels in London keine Wache schieben zu müssen, eine Kontroverse in Großbritannien aus. Der Chef der britischen Vereinigung muslimischer Polizisten, Dal Babu, sagte: »Ich denke, wir bewegen uns auf sehr glattem Terrain, wenn wir damit beginnen, Polizisten nach ihrem individuellen Gewissen einzusetzen.« Von den rund 35 000 Scotland-Yard-Polizisten bekennen sich 268 zum Islam. AFP-Meldung vom 6. Oktober 2006.

355 dpa-Meldung vom 3. August 2009.

356 dpa-Meldung vom 5. Juni 2006.

357 Ende Januar 2007 wurden neun Männer in Birmingham und Umgebung festgenommen. Sie sollen den Plan gehabt haben, einen britischen Soldaten muslimischen Glaubens zu entführen und ihn als »Verräter« vor laufender Kamera zu töten. Zwei Komplizen der Verdächtigen waren auf der Flucht. Opfer des mutmaßlichen Plans war ein junger Soldat, der sich nach einem Einsatz in Afghanistan gerade auf Heimaturlaub befand. Nach

der Aufdeckung der Entführungspläne stand dieser unter besonderem Schutz. Eine neue Sicherheitsrichtlinie innerhalb der Armee sollte auch für die engsten Angehörigen der Muslime gelten. AP-Meldung vom 2. Februar 2007.

358 *Behörden Spiegel* (Sonderdruck »Sicherheit/LÜKEx«), November 2009. S. 66f.

359 In Deutschland haben die 9/11-Terroranschläge und das Elbhochwasser im Sommer 2002 zu einem Umdenken geführt: Die Krisenanfälligkeit und Verwundbarkeit moderner Gesellschaften erfordern ressort- und länderübergreifende Übungen im Krisenmanagement. Die Innenministerkonferenz hatte daher 2002 eine »Neue Strategie zum Schutz der Bevölkerung« beschlossen und die Notwendigkeit von Übungen auf politisch-administrativer Ebene. Die länderübergreifende Krisenmanagement-Übung (Exercise) (LÜKEx) wurde als strategische Stabsrahmenübung konzipiert. Sie knüpft unter veränderten Bedingungen an die NATO-Wintex-Übungen an, die bis 1998 regelmäßig vor dem Hintergrund des Ost-West-Konflikts stattfanden und in dem Teilbereich CIMEX neben dem militärischen Teil wesentliche Komponenten der »Zivilen Verteidigung« enthielten. Seit 2009 ist die Aufgabe dieses »strategischen Krisenmanagements« auch gesetzlich verankert (§ 14 Zivilschutzgesetz 2009). LÜKEx-Übungen finden seit 2004 in der Regel alle zwei Jahre statt. Die Übungsvorbereitung kann bis zu 18 Monate dauern. In der Durchführungsphase sind bis zu 3000 Personen aus den Krisenstäben der Kernübungsländer und weiterer Übungsbeteiligten (in Form sogenannter Rahmenleitungsgruppen) in das Übungsgeschehen eingebunden. LÜKEx ist inzwischen zu einem anerkannten Markenzeichen eines vorausschauenden Krisenvorsorgesystems geworden. Quellen: Bundesamt für Bevölkerungsschutz und Katastrophenhilfe. »LÜKEx. Allgemeine Informationen«. Akademie für Krisenmanagement, Notfallplanung und Zivilschutz (Bad Neuenahr-Ahrweiler), 20. März 2009.

360 *Berliner Morgenpost*, 19. Januar 2010. S. 1.

361 Auf: http://womblog.de/2010/01/26/schmutzige-bombe (abgerufen am 4. März 2010).

362 Thomas Darnstädt: »Im Vorfeld des Bösen«. In: *Der Spiegel* 8/2007. S. 2.

363 Einladungstext zur Veranstaltung »Die Abschussbefugnis im Luftsicherheitsgesetz – Fanal einer militarisierten Innenpolitik?« der Friedrich Ebert Stiftung. Forum Berlin, 15. Februar 2006.

364 Hartmut Kistenfeger und Markus Krischer: »Jagd auf den Überläufer«. In: *Focus* 1/2010. S. 24.

365 Erwin Starke: »Zum letzten Gefecht«. In: *Der Tagesspiegel*,
7. Dezember 2009. S. 2.

366 Frank Jansen und Malte Lehming: »BND warnt vor Flugzeug-
attentaten«. In: *Der Tagesspiegel*, 13. Juni 2002. S. 1.

367 Günter Stauch: »Terrorsichere Flugzeuge«. In: *Focus* 13/2004.
S. 109.

368 Ulrich Jaeger: »Hitze fürs Gefecht«. In: *Der Spiegel* 3/2004.
S. 34.

369 Susanne Härpfer: »Eine brenzlige Frage«. In: *Der Tagesspiegel*
1. Mai 2006. S. 6.

370 Das von der Firma Israel Aerospace Industries entwickelte
Modul »Flight Guard«, mit dem im Oktober 2003 einige El-Al-
Maschinen ausgestattet worden waren, reagierte automatisch
auf anfliegende Raketen. Es schoss Leuchtbomben ab, die große
Hitze entwickelten und so die Infrarotsensoren der Raketen von
den Triebwerken des Jets ablenkten. Das rund 650 000 Euro
teure System wurde bereits von israelischen Militärflugzeugen
genutzt. Norbert Lössau: »Raketenabwehr für Passagierjets«. In:
Berliner Morgenpost, 29. Oktober 2003. S. 1.

371 Das neue Schutzsystem gegen tragbare Luftabwehrraketen, mit
dem israelische Passagierflugzeuge ab Frühjahr 2006 ausgestattet werden konnten, meldet den Sensoren des Sicherheitssys-
tems »Raketen im Anmarsch«. Dann wird der Schutzschild ak-
tiviert, Infrarotstrahlen lenken die Rakete ab. Die Hitzefackeln
sollen nach Angaben des Herstellers Elta nach wenigen Sekunden verglühen. Militärmaschinen sind seit langem mit solchen
Systemen ausgestattet. Susanne Härpfer: »Eine brenzlige Frage«,
S. 6.

372 In der Schweiz waren am 12. Mai 2006 sieben Nordafrikaner
festgenommen worden, die einen Anschlag auf ein Flugzeug der
israelischen Luftgesellschaft El Al geplant haben sollen. Die
Festnahmen waren bei Zürich und Basel erfolgt. Nur wenige
Wochen später wurden in Frankreich und der Schweiz zudem
Personen festgenommen, die islamistische algerische Terroristen
finanziert haben sollen. dpa-Meldung vom 9. Juni 2006. Verbindungen zur Gruppe in Hessen, die einen Bombenanschlag auf
eine El-Al-Maschine in Frankfurt geplant haben soll, wurden
nicht bekannt.

373 Hubert Gude und Josef Hufelschulte: »Service für Terroristen«. In: *Focus* 48/2006. S. 16.

374 *Der Spiegel* 48/2006. S. 16.

375 Martin Lutz: »BKA-Chef: Flugverkehr Hauptziel des Terrors«. In: *Berliner Morgenpost*, 31. Januar 2010. S. 2.

376 *Der Fischer Weltalmanach 2010*, S. 717f.

377 dpa-Meldung vom 24. Februar 2010.

378 Martin Dahms: »Terrorspur von Barcelona nach Frankfurt«. In: *Berliner Zeitung*, 28. Januar 2008. S. 6.

379 AFP-Meldung vom 7. November 2009.

380 AP-Meldung vom 5. Dezember 2009.

381 *Der Fischer Weltalmanach 2010*, S. 721.

382 Stefan Mair (Hrsg.): *Piraterie und maritime Sicherheit.* Berlin 2010.

383 Michael Schmidt: »Piraterie – ein Geschäft für viele«. In: *Der Tagesspiegel*, 22. Juli 2010. S. 8.

384 Friedrich Kuhn: »Al Qaida hilft den Piraten«. In: *Berliner Morgenpost*, 22. November 2008. S. 4.

385 ddp-Meldung vom 14. Dezember 2008.

386 AP-Meldung vom 27. Februar 2006.

387 Abu Dudschan war nach islamischer Überlieferung ein furchtloser Kämpfer und Vertrauter des Propheten.

388 AP-Meldung vom 15. März 2004.

389 »Wer den Tod liebt, kann ihn haben«. Interview mit Bundesinnenminister Otto Schily. In: *Der Spiegel* 18/2004. S. 44–50.

390 Reinhard Rupprecht (Hrsg.): *Polizei-Lexikon.* Heidelberg 1995. S. 446.

391 Moshe Zimmermann: »Terror und Moral«. In: *Der Tagesspiegel*, 26. März 2004. S. 25.

392 dpa-Meldung vom 1. Oktober 2003.

393 AFP-Meldung vom 15. Dezember 2006.

394 Seymour Hersh: »Weltweite Jagd«. In: *Der Spiegel* 52/2002. S. 105.

395 dpa-Meldung vom 8. April 2010.

396 *Der Spiegel* 15/2010. S. 82.

397 Ulli Rauss, Oliver Schröm und Michael Streck: »Geheimkrieg«. In: *Der Stern* 7/2010. S. 32.

398 Matthias Gebauer et al: »Protokoll eines Krieges«. In: *Der Spiegel* 30/2010. S. 70–81.

399 ddp-Meldung vom 1. August 2010.

400 Karl Doemens: »Vornehme Selbstbeschränkung«. In: *Berliner Zeitung*, 29. Juli 2010. S. 8.

401 »Wer den Tod liebt, kann ihn haben«, S. 47.

402 Malte Lehming: »USA arbeiten an Plänen zum Einsatz von Atombomben«. In: *Der Tagesspiegel*, 10. März 2002. S. 1. Uwe Vorkötter: »Amerikas neue Doktrin«. In: *Berliner Zeitung*, 14. März 2002. S. 4.

403 Gerold Büchner: »Experten gegen Präventivkrieg«. In: *Berliner Zeitung*, 13. Juni 2002. S. 8.

404 rtr-Meldung vom 30. November 2002.

405 dpa-Meldung vom 6. Juli 2003.

406 dpa-Meldung vom 3. Februar 2003.

407 Lutz Krusche: »Atomwaffen gegen Schurken«. In: *Berliner Zeitung*, 29. Oktober 2003. S. 3.

408 Der Entwurf (»Doktrin für gemeinsame nukleare Operationen«) im Volltext auf: http://www.bits.de/NRANEU(docs/3_12fc2.pdf (abgerufen Mitte September 2005).

409 Peter Gruber: »Taktische Atombombe«. In: *Focus* 38/2005. S. 210.

410 Alexander Ritzmann: »Mörder, nicht Muslime«. In: *Der Tagesspiegel*, 18. Juni 2010. S. 6.

411 Jürgen Todenhöfer: *Wer weint schon um Abdul und Tanaya?* Freiburg im Breisgau 2003. S. 138–141.

412 Auf: http://www.elaph.com/elaphweb/Politics/2004/10/17789. htm (abgerufen am 24. Oktober 2004) und http://www.mett-ransparent.com/texts/arab_liberals_appeal_to_un_for_int_court_against_terror_fatwas.htm (abgerufen am 24. Oktober 2004).

413 *Berliner Morgenpost*, 9. Dezember 2005. S. 6.

414 Britta Sandberg: »Die Überläufer der Qaida«. In: *Der Spiegel* 29/2008. S. 121.

415 »Fatwa gegen Islamisten«. Auf: http://www.welt.de/die-welt/politik/article6642447/Fatwa-gegen-Islamisten.html?prin (abgerufen am 4. März 2010).

416 Imke Henkel: »Terroristen kommen in die Hölle«. In: *Focus* 10/2010. S. 102.

417 dpa-Meldung vom 14. April 2010.

418 ddp-Meldung vom 7. Oktober 2008.

419 Ruth Ciesinger: »Geheimtreffen in Mekka«. In: *Der Tagesspiegel*, 7. Oktober 2008. S. 5.

420 Willi Germund, Damir Fras und Sigrid Averesch: »Beck will mit Taliban verhandeln«. In: *Berliner Zeitung*, 3. April 2007. S. 1.

421 Willi Germund: »Afghanischer Präsident pflegt Kontakt zu Taliban«. In: *Berliner Zeitung*, 7. April 2007. S. 7.

422 »Uno vermittelt Gespräche mit den Taliban«. Interview mit dem UN-Sonderbeauftragten für Afghanistan Tom Koenigs. In: *Berliner Zeitung*, 13. April 2007. S. 6.

423 Nach der SWP-Studie über die Taliban-Strukturen gibt es einen harten Kern von ideologisch-religiös geschulten Mudjaheddin-Führern um Taliban-Begründer Mullah Omar. Um diesen Kern herum gruppiert sich ein zweiter Kreis, der aus indoktrinierten Religionsschülern pakistanischer Koranschulen sowie ausländischen Sympathisanten besteht. An der Peripherie, im dritten Kreis, befinden sich Kämpfer von Paschtunenstämmen und anderen Gruppen, die oftmals nur für Lohn und Brot die Waffe in die Hand nehmen, aber bereit sind, gegen die US-Truppen zu kämpfen. Zumindest solche »lokalen, nicht ideologisierten Träger des Aufstandes« könnte man in den Wiederaufbauprozess einbeziehen. *Der Spiegel* 34/2007. S. 37.

424 dpa-/rtr-Meldung vom 11. März 2009.

425 »An mehr Truppen geht kein Weg vorbei«. Interview mit dem Leiter der SWP-Forschungsgruppe Markus Kaim. In: *Der Tagesspiegel*, 23. Dezember 2009. S. 4.

426 »Bis 2006 hatten wir falsche Prioritäten«. Interview mit dem Außenminister Afghanistans Rangin Dadfar Spanta. In: *Der Tagesspiegel*, 23. Januar 2010. S. 2.

427 epd-Meldung vom 16. Januar 2010.

428 Maritta Tkalec: »Ausstieg aus Afghanistan«. In: *Berliner Zeitung*, 26. Januar 2010. S. 4.

429 dpa-Meldung vom 20. Februar 2010.

430 *Berliner Morgenpost*, 10. August 2010. S. 2.

431 dpa-Meldung vom 31. Dezember 2004.

432 *Focus* 9/2005. S. 184.

433 Andrea Nüsse: »Gotteskrieger auf Entzug«. In: *Der Tagesspiegel*, 21. August 2008. S. 3.

434 Andrea Nüsse: »Sorge um die verlorenen Söhne«. In: *Der Tagesspiegel*, 15. Oktober 2007. S. 5.

435 Martin Gehlen: »Auf die sanfte Tour«. In: *Der Tagesspiegel*, 10. Januar 2010. S. 3.

436 Andrea Nüsse: »Gotteskrieger«, S. 3.

437 Zum Neustart des »reuigen Djihadisten« gehört, dass eine Woche lang die Familien/Clans auf Staatskosten anreisen dürfen. Jeder Ex-Kämpfer erhält einen Koffer mit Hemden, Hosen und

zwei Paar Schuhen. Selbst eine Dose mit Gesichtscreme, ein Portemonnaie und eine Armbanduhr gehören zum offiziellen Startset ins neue Leben. Am Ende kauft der Staat jedem Entlassenen eine komplette Wohnungseinrichtung. Obendrauf kommen ein Jahr Miete sowie eine monatliche Sozialhilfe von 550 Euro, bis der Rückkehrer Arbeit gefunden hat. Will der Reumütige heiraten, steuert das Königreich 7000 Euro als Mitgift bei. Martin Gehlen: »Auf die sanfte Tour«, S. 3.

438 Ebd.

439 Ebd.

440 *Der Spiegel* 6/2010. S. 97.

441 Markus Hesselmann: »Muslime organisieren sich gegen Extremismus«. In: *Der Tagesspiegel*, 7. April 2008. S. 6.

442 Claudia Fromme: »Verrat ist seine Mission«. In: *Süddeutsche Zeitung*, 10. September 2009. S. 3.

443 »Sicherheitsbehörden setzen auf Deradikalisierung von Islamisten«. In: *Der Spiegel* 49/2009. S. 20.

444 dpa-Meldung vom 22. Juni 2010.

445 dpa-Meldung vom 20. Juli 2010.

446 Maike Röttger: »Deutscher Islamist wirbt um Terrornachwuchs«. In: *Hamburger Abendblatt*, 13. August 2010. S. 3.

447 AFP/KNA-Meldungen vom 11. September 2010.

448 *Berliner Morgenpost*, 10. September 2010. S. 4.

449 FAZ.NET mit Reuters vom 5. September 2010.

450 *Welt Online* vom 30. September 2010.

451 *Der Standard* vom 29. September 2010.

452 *Inspire*, das neue Online-Magazin der al-Qaida, das per Mausklick mörderische Ratschläge für die Welt des islamistischen Terrors gibt, ist wie ein schickes, teures Hochglanzmagazin produziert, mit großen eindrucksvollen, qualitativ guten Fotos und einem aufwendigen, professionellen Layout. Geschichten und unterschiedliche journalistische Genres werden abwechslungsreich zusammengestellt. Der Djihad gegen die »Ungläubigen« wird zum aufregenden Abenteuer verklärt und gleichzeitig mit praktischen Tipps versehen, z. B. wie oft man sich im Feld die Füße waschen sollte oder wie man seine Zeit vor dem Einsatz verbringt und nicht die Geduld verliert. *Inspire* nennt als bevorzugte Einsatzländer für Anschläge die USA, Großbritannien, Australien, Frankreich, Deutschland, Dänemark und die Niederlande. Als Rechtfertigung (für Anschläge) wird gesagt: »Das Leben von Millionen von Muslimen wurde aufgrund von ameri-

kanischer Brutalität ausgelöscht. Es ist an der Zeit, dass die Muslime aufwachen und es Amerika zurückzahlen«; zit. n. Alfred Hackensberger: »In Mutters Küche eine Bombe bauen«. In: *Berliner Morgenpost*, 15. Oktober 2010. S. 4.

453 dapd-Meldung vom 14. November 2010.

454 AFP/dpa/Reuters-Meldungen vom 6. November 2010.

455 dpa-Meldung vom 23. November 2010.

456 Erst im Oktober 2010 hatte sich die katholische Kirche in einer historischen Sondersynode mit dem Schicksal der orientalischen Christen befasst. Ob Irak, Ägypten, Libanon, Türkei oder Iran – überall fühlten sich die Gläubigen durch das Erstarken des politischen Islam mit seinen »extremistischen Strömungen« bedroht, hieß es in Rom. Der Orient erlebe eine regelrechte »christliche Entvölkerung«, lautete das besorgte Fazit der 150 Bischöfe und Patriarchen der Region. Allein im Irak sind seit der amerikanischen Invasion 2003 zwei Drittel der einst 1,2 Millionen Christen ins Exil geflohen (zit. n. Martin Gehlen: »Al Qaida bedroht Christen«. In: *Der Tagesspiegel*, 5. November 2010. S. 7). Nach den schweren Angriffen von islamistischen Terroristen auf Christen im Irak kündigte Berlins Innensenator Erhart Körting Mitte November an, auf der Herbsttagung der Innenministerkonferenz (IMK) vorzuschlagen, »rasch 2500 irakische Christen und Angehörige weiterer verfolgter religiöser Minderheiten aufzunehmen, die nach Jordanien und Syrien geflohen sind« (dapd-Meldung vom 17. November 2010).

457 dpa-Meldung vom 5. November 2010.

458 dpa-Meldung vom 5. November 2010.

459 AFP/dpa-Meldungen vom 7. November 2010.

460 *Berliner Zeitung*, 11. November 2010.

461 AFP/dapd/Reuters-Meldungen vom 15. November 2010.

462 *Berliner Zeitung*, 17. November 2010.

463 Manuel Bewarder: »Was sollte ich machen, wenn hier eine Bombe hochgeht ...«. *Berliner Morgenpost*, 24. November 2010. S. 11.

464 dpa-Meldung vom 25. November 2010.

465 AFP-Meldung vom 1. Dezember 2010.

466 dpa-Meldung vom 3. Dezember 2010.

467 Nach *WikiLeaks* hatte das US-Außenministerium im Februar 2009 seine Diplomaten aufgefordert, Listen von Schlüsselindustrien, strategisch wichtigen Orten und Wirtschaftsschwerpunkten in ihren Gastländern zu erstellen. Die Mitarbeiter nannten

ihrem Ministerium Unterwasserkabel, Kommunikationseinrich-
tungen, Bodenschätze, Pipelines, logistische Knotenpunkte,
wichtige Rüstungskonzerne und marktführende Unternehmen
rund um den Globus. Deutschland schaffte es mit einer beträchtlichen Anzahl auf die Prioritätenliste. Die Lübecker Drägerwerk
AG findet sich dort wieder wegen ihrer technischen Führer-
schaft in der Gasmesstechnik, das BASF-Stammwerk in Lud-
wigshafen als »weltgrößter zusammenhängender Chemie-Kom-
plex«, Siemens als wichtiger Hersteller von Transformatoren
und Turbinen zur Stromgewinnung aus Wasserkraft, Junghans
Feinwerktechnik im baden-württembergischen Schramberg
(»Entscheidend bei der Herstellung von Minenwerfern«) sowie
diverse pharmazeutische Unternehmen. Selbst das ostfriesische
Norden und die Nordseeinsel Sylt gelangten auf die Liste – als
Anlandepunkte für transatlantische Unterseekabel zur Daten-
übertragung zwischen Europa und den USA; zit. n. Dietrich Alexander: »Warum Sylt wichtig für Amerikas nationale Sicherheit
ist«. *Berliner Morgenpost*, 7. Dezember 2010. S. 4; siehe auch
AFP/dpa/Reuters/rtr-Meldungen vom 7. Dezember 2010.

468 Steffen Hebestreit: »Kein Grund zur Entwarnung«. *Berliner
Zeitung*, 9. Dezember 2010. S. 6.

469 dpa-Meldung vom 15. Dezember 2010.

470 Hannes Gamillscheg: »Suche nach den Hintermännern«. *Berliner Zeitung*, 15. Dezember 2010. S. 7.

471 *Berliner Morgenpost*, 13. Dezember 2010. S. 1.

Literatur

Abou-Taam, Marwan: *Deutsche Sicherheit im Spannungsfeld des internationalen Terrorismus und der Weltordnungspolitik*. Hamburg 2007.

Ders. und Bigalke, Ruth (Hrsg.): *Die Reden des Osama bin Laden*. Kreuzlingen, München 2006.

Andrew, Christopher: *MI5. Die wahre Geschichte des britischen Geheimdienstes*. Berlin 2010.

Aust, Stefan und Schnibben, Cordt (Hrsg.): *11. September. Geschichte eines Terrorangriffs*. Stuttgart, München 2002.

Baecker, Dirk, Krieg, Peter und Simon, Fritz B. (Hrsg.): *Terror im System. Der 11. September und die Folgen*. Heidelberg 2002.

Brisard, Jean-Charles: *Das neue Gesicht der Al-Qaida. Sarkawi und die Eskalation der Gewalt*. Berlin 2005.

Brückner, Matthias und Pink, Johanna (Hrsg.): *Von Chatraum bis Cyberjihad. Muslimische Internetnutzung in lokaler und globaler Perspektive*. Würzburg 2009.

Buchbender, Ortwin et al.: *Wörterbuch zur Sicherheitspolitik*, 4. Auflage. Hamburg, Berlin, Bonn 2000.

Bundesministerium des Innern (Hrsg.): *Verfassungsschutzberichte 2006, 2007, 2008* und *2009*. Berlin.

Churchill, Winston S.: *Kreuzzug gegen das Reich des Mahdi*. Frankfurt am Main 2008.

Chiari, Bernhard (Hrsg.): *Afghanistan. Wegweiser zur Geschichte*. Paderborn 2009.

Clement, Rolf und Jöris, Paul Elmar: *Die Terroristen von nebenan. Gotteskrieger aus Deutschland*. München 2010.

Davis, Mike: *Die Geschichte der Autobombe*. Berlin, Hamburg 2007.

Depenheuer, Otto: *Selbstbehauptung des Rechtsstaates*. Paderborn 2007.

Dingemann, Rüdiger: *Krisenherde der Welt. Konflikte und Kriege seit 1945* (Westermann Lexikon). Braunschweig 1996.

Enzensberger, Hans Magnus: *Schreckens Männer. Versuch über den radikalen Verlierer*. Frankfurt am Main 2006.

Der Fischer Weltalmanach 2010. Frankfurt am Main 2009.

Gabriel, Mark A.: *Islam und Terrorismus. Was der Koran wirklich über Christentum, Gewalt und die Ziele des Djihad lehrt*. Gräfelfing 2004.

Graulich, Kurt und Simon, Dieter (Hrsg.): *Terrorismus und Rechtsstaatlichkeit. Analysen, Handlungsoptionen, Perspektiven*. Berlin 2007.

Grundmann, Johannes: *Islamische Internationalisten. Struktur und Aktivitäten der Muslimbruderschaft und der islamischen Weltliga*. Wiesbaden 2005.

Grunebaum, Gustave Edmund von (Hrsg.): *Der Islam II. Die islamischen Reiche nach dem Fall von Konstantinopel* (Bd. 15 der Fischer Weltgeschichte). Frankfurt am Main 1971. S. 291.

Hippler, Jochen: *Das gefährlichste Land der Welt? Pakistan zwischen Militärherrschaft, Extremismus und Demokratie*. Köln 2008.

Hoffman, Bruce: *Terrorismus – Der unerklärte Krieg. Neue Gefahren politischer Gewalt*. Frankfurt am Main 1999/2006.

Huntington, Samuel P.: *Kampf der Kulturen. Die Neugestaltung der Weltpolitik im 21. Jahrhundert*, 5. Auflage. München, Wien 1996.

Institut für Sicherheitspolitik an der Universität Kiel (Hrsg.): *Jahrbuch Terrorismus 2009*. Opladen, Farmington Hills 2010.

Jusik, Julia: *Die Bräute Allahs. Selbstmord-Attentäterinnen aus Tschetschenien*. St. Pölten, Wien, Linz 2005.

Khalatbari, Babak: *Dschihadi Layaah. Das neue Regelbuch der Taliban*. Konrad-Adenauer-Stiftung (Hauptabteilung INT, Team Asien). Kabul 2006.

Kemper, Michael: *Herrschaft, Recht und Islam in Daghestan. Von den Khanaten und Geheimbünden zum Djihad-Staat*. Wiesbaden 2005.

Kepel, Gilles und Milelli, Jean-Pierre (Hrsg.): *Al-Qaida – Texte des Terrors*. München, Zürich 2006.

Kippenberg, Hans G.: *Gewalt als Gottesdienst. Religionskriege im Zeitalter der Globalisierung*. München 2008.

Ders. und Seidenticker, Tilman (Hrsg.): *Terror im Dienste Gottes. Die »Geistliche Anleitung« der Attentäter des 11. September 2001*. Frankfurt am Main 2004.

Koch, Egmont R.: *Atomwaffen für Al Qaida. »Dr. No« und das Netzwerk des Terrors*. Berlin 2005.

Köhler, Josef, Meyer, Rudolf und Homburg, Axel: *Explosivstoffe*, Zehnte, vollständig überarbeitete Auflage. Weinheim 2008.

Kriwosjow, F. G.: *Ohne Stempel und Geheimhaltung*. Moskau 1994.

Küntzel, Matthias: *Die Deutschen und der Iran. Geschichte und Gegenwart einer verhängnisvollen Freundschaft*. Berlin 2009.

Lévy, Bernard-Henri: *Wer hat Daniel Pearl ermordet? Der Tod eines Journalisten und die Verstrickungen des pakistanischen Geheimdienstes mit al-Qaida*. München 2003.

Lewis, Bernard: *Die Assassinen. Zur Tradition des religiösen Mordes im radikalen Islam*. Frankfurt am Main 1989.

Lohlker, Rüdiger: *Dschihadismus. Materialien*. Stuttgart 2009.

Mair, Stefan (Hrsg.): *Piraterie und maritime Sicherheit. Fallstudien zu Afrika, Südostasien und Lateinamerika sowie Beiträge zu politischen, militärischen, rechtlichen und ökonomischen Aspekten*. Berlin 2010.

Meier-Walser, Reinhard C. und Glagow, Rainer (Hrsg.): *Die islamische Herausforderung – eine kritische Bestandsaufnahme von Konfliktpotenzialen* (Aktuelle Analysen der Hanns-Seidel-Stiftung 26, Akademie für Politik und Zeitgeschehen). München 2001.

Miles, Hugh: *Al-Dschasira. Ein arabischer Nachrichtensender fordert den Westen heraus*. Hamburg 2005.

Musharbash, Yassin: *Die neue al-Qaida. Innenansichten eines lernenden Terrornetzwerks*. Köln 2006.

National Intelligence Council: *Global Trends 2025. A Transformed World*. Washington 2008.

Nirumand, Bahman: *Iran. Die drohende Katastrophe*. Köln 2006.

PAN AMP AG: *Terror-Schule Internet: Das Ende der Inneren Sicherheit*. Hamburg 2005.

Polk, William R.: *Aufstand. Widerstand gegen Fremdherrschaft vom Amerikanischen Unabhängigkeitskrieg bis zum Irak*. Hamburg 2009.

Prokop, Michaela: *Saudi-Arabien*. Kreuzlingen, München 2005.

Randow, Gero von und Ladurner, Ulrich: *Die iranische Bombe. Hintergründe einer globalen Gefahr*. Hamburg 2006.

Rau, Johannes: *Russland – Georgien – Tschetschenien. Der Konflikt um das Pankisi-Tal (1997–2003). Ein Handbuch*. Berlin 2005.

Der Reibert. Das Handbuch für den deutschen Soldaten, aktualisierte Neuauflage. Hamburg, Berlin, Bonn 2009.

Rupprecht, Reinhard (Hrsg.): *Polizei-Lexikon*. 2. Auflage, Heidelberg 1995.

Schirra, Bruno: *Iran. Sprengstoff für Europa*. Berlin 2006.

Scholz, Jorge: *Der Pakistan-Komplex. Ein Land zwischen Niedergang und Nuklearwaffen*. München, Zürich 2008.

Schreiber, Wolfgang (Hrsg.): *Das Kriegsgeschehen 2007, 2008. Daten und Tendenzen der Kriege und bewaffneten Konflikte* (Arbeitsgemeinschaft Kriegsursachenforschung). Wiesbaden 2009, 2010.

Schwarz, Martin und Erdmann, Heinz: *Atomterror. Schurken, Staaten, Terroristen – die neue nukleare Bedrohung.* München 2004.

Schweizer, Gerhard: *Iran.* 4. Auflage, Stuttgart 2000.

Sedlaček, Dirk et al.: *Maritimer Terror und Piraterie auf hoher See.* Bremerhaven 2006.

Seidt, Hans-Ulrich: *Berlin, Kabul, Moskau. Oskar Ritter von Niedermayer und Deutschlands Geopolitik.* München 2002.

Senatsverwaltung für Inneres und Sport, Abteilung Verfassungsschutz (Hrsg.): *Verfassungsschutzberichte 2006, 2007, 2008* und *2009.* Berlin.

Sidorko, Clemens P.: *Dschihad im Kaukasus. Antikolonialer Widerstand der Dagestaner und Tschetschenen gegen das Zarenreich (18. Jahrhundert bis 1859).* Wiesbaden 2007.

Stehr, Michael: *Piraterie und Terror auf See. Nicht-Staatliche Gewalt auf den Weltmeeren 1990 bis 2004. Ein Handbuch.* Berlin 2004.

Strachey, Lytton: *General Gordons Ende.* Berlin 2005.

Thamm, Berndt Georg: *Mehrzweckwaffe Rauschgift. Von Kampfgiften, Verhördrogen und Wahrheitsseren.* Hilden 1994.

Ders.: *Terrorismus. Ein Handbuch über Täter und Opfer.* Hilden 2002.

Ders.: *Terrorbasis Deutschland. Die islamistische Gefahr in unserer Mitte.* Kreuzlingen, München 2004.

Ders.: *Al-Qaida. Das Netzwerk des Terrors.* Kreuzlingen, München 2005.

Ders.: *Der Dschihad in Asien. Die islamistische Gefahr in Russland und China.* München 2008.

Thörner, Marc: *Afghanistan-Code. Eine Reportage über den Krieg, Fundamentalismus und Demokratie.* Hamburg 2010.

Todenhöfer, Jürgen: *Wer weint schon um Abdul und Tanaya? Die Irrtümer des Kreuzzugs gegen den Terror.* Freiburg im Breisgau 2003.

Trofimov, Yaroslav: *Anschlag auf Mekka. 20. November 1979 – Die Geburtsstunde des islamistischen Terrors.* München 2008.

UNODC (Hrsg.): *Afghanistan Opium Survey 2009.* Wien, Kabul 2009.

Weinheimer, Hans-Peter: *Bevölkerungsschutz in Deutschland. Kann der Staat seine Bürger schützen?* Hamburg, Berlin, Bonn 2008.

Personenregister

Sachregister